NOOTKA

REGRESO A UNA HISTORIA OLVIDADA

A John Kendrick,
Robin Inglis y John Crosse,
por su contribución a
nuestra historia en común

© Ministerio de Asuntos Exteriores. Dirección General
de Relaciones Culturales y Científicas y Lunwerg Editores, S.A.

Creación, diseño y realización: LUNWERG Editores, S.A.
C/ Beethoven, 12. 08021 Barcelona
Tel: (93) 201.59.33
Fax: (93) 201.15.87
C/ Sagasta, 27. 28004 Madrid
Tel: (91) 593.00.58
Fax: (91) 593.00.70

© De los textos y las fotografías: sus autores e instituciones propietarias

NIPO: 026-98-019-7
ISBN: 84-7782-503-3
Depósito Legal: B-27931-2000

Todos los derechos reservados.
Esta publicación no puede ser reproducida ni en todo ni en parte, ni registrada,
ni transmitida por un sistema de recuperación de información en ninguna forma
ni por ningún medio, sea mecánico, fotoquímico, electrónico, electroóptico por
fotocopia o cualquier otro, sin la debida autorización.

Printed in Spain

NOOTKA
REGRESO A UNA HISTORIA OLVIDADA

Edición y Coordinación

Mercedes Palau
Carmen Fauria
Marisa Calés y *Araceli Sánchez*

MINISTERIO DE ASUNTOS EXTERIORES DE ESPAÑA
DIRECCIÓN GENERAL DE RELACIONES CULTURALES Y CIENTÍFICAS

CON LA COLABORACIÓN DE

EMBAJADA DE CANADÁ
ASOCIACIÓN ESPAÑOLA DE ESTUDIOS CANADIENSES
INSTITUT DE CULTURA DE BARCELONA
MUSEU ETNOLÒGIC, BARCELONA
MUSEO NAVAL, MADRID
MUSEO DE AMÉRICA, MADRID
AJUNTAMENT DE TORTOSA
ARCHIVO DEL MINISTERIO DE ASUNTOS EXTERIORES

EXPOSICIÓN MUSEU ETNOLÓGIC DE BARCELONA

DIRECCIÓN: *Carmen Fauría*
COMISARIA: *Araceli Sánchez*
COORDINACIÓN: *Mª Dolores Soriano* y *Marisa Calés*
DISEÑO DEL MONTAJE: *Araceli Sánchez* y
Mètode, Sistemas de Conservación y Exhibición
PRODUCCIÓN: *Mètode, Sistemas de Conservación y Exhibición*
MONTAJE: *Equipo Técnico del Museu Etnològic de Barcelona*

EXPOSICIÓN MUSEO NAVAL DE MADRID

PROYECTO Y COORDINACIÓN: *María Dolores Higueras*

CATÁLOGO

DIRECCIÓN: *Mercedes Palau*
TEXTOS: *Salvador Bernabeu, Mª Dolores Higueras, Eric Beerman,
Emma Martinell Gifré, Mª José Martínez, Emma Sánchez Montañés,
Leoncio Carretero Collado y Luisa Martín-Merás*
TRADUCCIONES AL INGLÉS: *Carmen Medina, Leoncio Carretero Collado y Conchita Burman*
COORDINACIÓN: *Mercedes Palau* y *Marisa Calés*
REALIZACIÓN Y PRODUCCIÓN: LUNWERG EDITORES, S.A.
DISEÑO Y MAQUETACIÓN: *Alberto Caffaratto* y *Félix García*
FOTOGRAFÍAS: *Museo Naval, Biblioteca Nacional, Museo de América,
Archivo del Ministerio de Asuntos Exteriores, Archivo Oronoz,
Emma Sánchez Montañés* y *Leoncio Carretero.*

ÍNDICE

PRESENTACIONES 9

ESPAÑA EN EL NOROESTE: NAVEGANTES Y PROYECTISTAS EN EL SIGLO XVIII
    Salvador Bernabeu 15

APORTACIÓN DE LA EXPEDICIÓN DE MALASPINA Y BUSTAMANTE AL CONOCIMIENTO
DE LA COSTA NOROESTE DE AMÉRICA SEPTENTRIONAL. 1791-1792.
    Mª Dolores Higueras 27

PEDRO ALBERNI Y LOS VOLUNTARIOS DE CATALUÑA EN NUTKA 1790-1792.
    Eric Beerman 33

EL INTERÉS POR LA LENGUA DE LOS POBLADORES DE LA COSTA NOROESTE
    Emma Martinell y Mª José Martínez 37

CAMBIO Y CONTINUIDAD EN EL ARTE DE LAS CULTURAS NATIVAS
DE LA COSTA NOROESTE DE AMÉRICA, EL CASO DE LOS NUU-CHAH-NULTH
    Emma Sánchez Montañés 43

"YOQUOT, AHAMINAQUUS, TSAXANA: EL LARGO CAMINO
DE LOS MOWACHAHT HACIA EL FUTURO
    Leoncio Carretero Collado 55

FONDOS CARTOGRÁFICOS ESPAÑOLES DE LA COSTA NOROESTE
DE AMERICA EN EL MUSEO NAVAL DE MADRID
    Luisa Martín-Merás 67

CATÁLOGO 77

ILUSTRACIONES 83

TRADUCCIÓN AL INGLÉS 165

A lo largo de la segunda mitad del siglo XVIII, fueron numerosas las expediciones de navegantes y científicos españoles que llegaron a las costas del oeste de Canadá para explorar esta parte del continente norteamericano. El primer europeo en llegar a las costas de la actual Columbia Británica fue el navegante español Juan Pérez, en 1774. Le siguieron hombres de la talla del Capitán de Navío Juan Francisco de la Bodega y Quadra, el marino italiano al servicio de España Alejandro Malaspina, el marino y cartógrafo Dionisio Alcalá Galiano y el Capitán de la Primera Compañía Franca de los Voluntarios de Cataluña Pedro Alberni, entre otros. Estos hombres dejaron su huella en Canadá que podemos encontrar hoy en día a través de los innumerables lugares que llevan su nombre, tales como la Isla Galiano, la Isla Quadra, Port Alberni o el Estrecho de Malaspina. Siendo yo de la provincia de Columbia Británica siempre me ha asombrado la estrecha relación que mantuvieron nuestros dos países en esa época y el recuerdo indeleble dejado por las expediciones españolas en la historia de la costa oeste canadiense.

La publicación hoy del libro *Nootka: regreso a una historia olvidada* representa una contribución esencial a la difusión de unos hechos históricos de gran relevancia. De forma paralela, tiene lugar en Barcelona una exposición de fotografías que reproduce los objetos y documentos originales que se hallan en diferentes museos y archivos españoles, destinada a dar a conocer y a explicar la vida de las comunidades indígenas en el momento del contacto con los europeos. Parte de esta exposición, que presenta dibujos, objetos y mapas, realizados por los españoles durante sus viajes de exploración por esa región, será donada posteriormente a la nación Mowachaht-Muchalaht de Columbia Británica, lo cual significa una extraordinaria aportación al legado histórico de estos pueblos y un gran enriquecimiento del patrimonio canadiense.

En nombre del Gobierno de Canadá y de todos los canadienses, quiero expresar desde aquí mi agradecimiento a las Instituciones y a las personas que han hecho posible este proyecto: la Dirección General de Relaciones Culturales y Científicas del Ministerio de Asuntos Exteriores de España —y muy en especial a la Dra. Mercedes Palau—; el Museo Naval de Madrid, el Museo de América de Madrid, el Instituto de Cultura del Ayuntamiento de Barcelona, el Museo Etnológico de Barcelona y la Asociación Española de Estudios Canadienses. Gracias a ellas, recordaremos que hace dos siglos unos hombres valerosos dedicaron su vida a explorar, cartografiar y conocer las culturas singulares y brillantes de la costa oeste canadiense y dejaron un testimonio histórico y cultural único para nuestra memoria colectiva.

Madrid, 30 de marzo de 1998.
Anthony Vincent
Embajador de Canadá

Nutka, en español, o *Nootka* en inglés, es un topónimo realmente simbólico en la historia de España en América. Para muchos, el nombre de la isla de Nutka representa el eje de las numerosas expediciones de navegantes y científicos españoles, llegados en el siglo XVIII a la costa noroeste de América para explorar y reconocer los actuales territorios de Canadá y Estados Unidos en la costa del océano Pacífico. Allí, partiendo del Virreinato de Méjico, los españoles se encontraron con los nativos canadienses, con los ingleses y con los rusos. Por ello, la Costa Noroeste y Nutka en concreto fue un punto de entrecruzamiento de culturas y naciones que habían llegado desde Europa y Asia, y por supuesto de las propias tierras de América.

Juan Pérez, Bruno de Heceta, Antonio Mourelle, Esteban Martínez, Salvador Fidalgo, Pedro Alberni, Cayetano Valdés, Alcalá Galiano, Jacinto Caamaño, Manuel Quimpero, José Narváez y Juan de Fuca, unidos a los más renombrados Bodega y Quadra o Alejandro Malaspina, son algunos de los que –al servicio de la Corona de España– contribuyeron de forma notable a las relaciones mutuas entre España y la América pacífica septentrional. Sus nombres pueden encontrarse en la geografía canadiense (prolongada por los estados de Alaska y Washington): Quadra Island, Galiano Island, Port Alberni, Strait of Juan de Fuca, etc. Su inmenso legado documental y etnográfico se conserva en las bibliotecas, archivos y museos de diversos países.

En España, la Costa Noroeste ha sido objeto de especial atención en las colecciones de la Biblioteca Nacional, del Museo Naval, del Museo de América, del Museo de Ciencias Naturales, del Archivo Histórico Nacional, del Jardín Botánico, de Madrid, así como en el Archivo General de Indias, de Sevilla. En conjunto, se conserva en España la mayor y más completa colección documental y gráfica de esa zona del mundo desde 1774 a 1796.

Este libro se publicó por primera vez en 1998, como el complemento de dos exposiciones, una de documentos originales del Museo Naval de Madrid; y otra de reproducciones de dibujos, mapas y objetos, organizada por el Museo Etnológic de Barcelona, cuyo destino final es el Centro Cultural de Nootka Sound.

La exposición de reproducciones se exhibe, entre julio y septiembre de 2000, en Nutka con motivo de la fiesta anual que celebra el pueblo mowachath/muchalath. La exposición se inauguró en mayo de 1998 en Barcelona, con la asistencia del Presidente del Senado canadiense, el Embajador de Canadá, el Presidente del Museo de las Civilizaciones de Ottawa, el Director del Patrimonio Canadiense de la Columbia Británica y el actual jefe de la nación Mowachath/Muchalath, Mike Macquinna, jefe de Nutka.

La exposición viajó después a Tortosa y Alicante. En octubre de 1999 se llevó a Canadá y se inauguró en el *Malaspina College* de Nanaimo, por la Presidenta del Senado español, Esperanza Aguirre; con la presencia del Embajador de España, senadores españoles, autoridades locales y profesores e investigadores que participaban en el congreso sobre las expediciones españolas a la Costa Noroeste, con especial atención a

Malsapina y Bodega y Quadra. Ese congreso fue organizado por el Instituto de Historia del Pacífico Español de Vancouver, con la colaboración de esta Dirección General.

Este libro y las exposiciones han sido posibles gracias a la eficaz y generosa colaboración de los autores de los artículos y de la comisaria de la exposición, a quienes esta Dirección General expresa una vez más su agradecimiento. También queremos agradecer su trabajo al Dr. Robin Inglis y la Dra. Teresa Kitchmer, Presidente y Vicepresidenta del mencionado Instituto y organizadores de la exposición y del congreso en Nutka y Nanaimo; y, por último, a la Secretaría General Técnica de este Ministerio por su aportación para esta nueva edición. Todo ello sin olvidar a Anthony Vincent (r.i.p.), Embajador de Canadá que tanto impulsó las relaciones entre ambos países a través de Nutka. Todos estos esfuerzos nos ayudan a comprender nuestro propio pasado y, por lo tanto nuestro presente, con la finalidad de que España y Canadá refuercen su amistad en su Historia común.

Rafael Rodríguez-Ponga
Director General de Relaciones Culturales y Científicas

It is a privilege to have the opportunity to write a few words of introduction to this second printing of *Nootka: Regreso a una Historia Olvidada* published to complement an exhibition of the same name organized by the Museu Etnològic de Barcelona. This book and exhibition are important contributions to a significant number of recent initiatives –exhibits, publications, conferences and Canadian-Spanish visits– that have served to focus attention upon and encourage a greater appreciation of a largely unknown episode in the history of both Canada and Spain in the Americas.

For many past scholars of Canada's earliest historical development, the exploration of the Northwest Coast provided them with the chance to engage with the Pacific exploits of the legendary James Cook; to praise the dedication and meticulous cartography of George Vancouver; and to celebrate the aggressive enterprise of those traders who here, as elsewhere across the world's oceans, were so vital in extending the reach of the British Empire. For them, the Spanish, not unlike the native people, were a mere backdrop, a mere footnote to the important story –the inevitable march of imperial progress.

We now understand more clearly, however, that Spain's contribution to Norhwest Coast exploration deserves to be neither forgotten nor undervalued. Indeed, her mariners sailing out of San Blas (and Acapulco in the case of the Malaspina Expedition) achieved heroic feats of navigation, cartography and scientific enquiry as a result of over forty voyages which sought to uphold the sovereignty of the King in the North Pacific and to determine, once and for all, the truth about the mythical Northwest Passage. Juan Francisco de la Bodega y Quadra, Esteban José Martínez, Salvador Fidalgo, José María Narváez, Alejandro Malaspina, Dionisio Alcalá Galiano, Cayetano Valdés and Jacinto Caamaño along with such scientists as José Mariano Moziño and artists José Cardero and Tomás de Suria have left a rich and remarkable legacy that recent research in museums and archives, most notably in Madrid, has now made so much better known to academic circles and beyond.

The establishment and fort at Friendly Cove in Nootka Sound was for six years the northern base for Spanish activities on the coast. Here the Malaspina Expedition visited for two weeks, and Bodega entertained Chief Maquinna and jousted diplomatically with George Vancouver. Here also was the staging post for three years of exploration into the Strait of Juan de Fuca, 1790-1792. One of the great benefits of the renaissance in Spanish Northwest Coast scholarship has been the development of mutual respect, understanding and appreciation between a current generation of Spaniards and the peoples of the Mowachath/Muchalaht First Nations. Work for this publication, and the exhibition that it represents, has helped forge and strengthen new friendships and co-operative initiatives. These make possible a belated recognition that there are, in the artifacts, drawings, written descriptions and maps, some beneficial results from that time when, two hundred years ago, their histories coincided in an era of remarkable men and substantial achievement.

Vancouver, 19 de junio de 2000
*Robin Ingli*s, President,
Instituto de Historia del Pacífico Español, Vancouver

El Museu Etnològic de Barcelona presenta la exposición *Nootka. Regreso a una historia olvidada*, que propone una minuciosa mirada sobre la costa del Noroeste de América, un área cultural que ha estado poco a nuestro alcance. Si se puede decir que las singularidades de América Latina tienen un espacio permanente en la programación del MEB, la costa Noroeste se puede considerar casi una novedad, a pesar de que teníamos un buen precedente, la magnífica exposición "El Ojo del Totem", que se presentó en el Museo hace ahora diez años, en 1988, organizada por Mercedes Palau, que contó con un excelente equipo de colaboradores. "El Ojo del Totem" mostraba una selección de objetos de cultura material y de obras de arte que se conservan en los museos europeos, norteamericanos y canadienses. En aquella ocasión los objetivos eran pedagógicos en su mayor parte, en el sentido de introducir al público en una realidad americana que no acostumbra a coincidir con los tópicos y que, en cualquier caso, es mucho más compleja.

La exposición fotográfica *Nootka. Regreso a una historia olvidada,* ha sido concebida con otros fines, ya que si bien es cierto que los objetos etnográficos y artísticos, junto con la documentación y la cartografía de la época de los descubrimientos permiten una visualización fugaz de otras sociedades, son también testigos de la presencia descubridora y científica de Europa en las costas occidentales de América del Norte, doscientos años atrás.

Por tanto, en la exposición de *Nootka*, destaca un carácter de restitución a los pobladores actuales de la isla de Nootka de algunos de los valores históricos y culturales que perdieron a partir de la dinámica generada por la presencia europea en sus tierras. Las fotografías de paisajes, de poblados, de la gente y sus actividades, de los objetos de uso cotidiano o ceremonial e incluso las características de las relaciones que establecieron con los extranjeros, pueden abarcar mucho más que la opción básica que permite conocer un mundo distante física y culturalmente de nosotros. Se trata de datos valiosísimos para los actuales descendientes de aquellos hombres y mujeres de entonces, que les permiten en cierta forma recuperar su pasado para integrarlo al presente. Así, la exposición *Nootka. Regreso a una historia olvidada,* después de una itinerancia por diferentes ciudades de Europa, estará presente en el pabellón de Canadá de la Exposición Universal de Hannover en el año 2000, incorporada al Proyecto Millenium de Mr. Bruce Lund, del Patrimonio Canadiense. Finalmente, las fotografías se instalarán en el futuro centro cultural de Yuquot, junto a los postes heráldicos y a los sombreros de los jefes nativos de las familias principales de las tribus Mowachaht y Muchalaht, que se han recuperado gracias a la obra de los artistas locales y que reflejan de nuevo su cultura tradicional, dotada de la fuerza suficiente para poder pensar en un futuro esperanzador después de un largo paréntesis y definitivamente alejado de ser solamente una página pasada, fijada en los manuales de la antropología más académica.

La exposición es también la recuperación de una manera de actuar de la España de la Ilustración, que valoraba el mundo de la ciencia en toda su diversidad, tal como muestran los documentos escritos, la cartografía, los dibujos y los diarios de los hombres que protagonizaban los viajes de descubrimiento, y que hace tan sólo doscientos años se aventuraban por costas en parte todavía desconocidas, en busca de pasos y mares que hoy ya forman parte del mito. La corta permanencia española en esta zona y la posterior colonización inglesa casi borraron la memoria de su paso.

Por tanto, se reivindica la actuación de personajes como Juan Pérez, Juan Francisco de la Bodega y Quadra, Alejandro Malaspina, Tomás de Suria y otros. Hay que contemplar también la presencia de la Compañia de Voluntarios de Cataluña que, bajo el mando del tortosino Pedro Alberni, desarrolló tareas de investigación y fue pionera en la colonización, entendida bajo el concepto de autosuficiencia alimentaria; así, nacieron los primeros huertos de verduras y frutales en Nootka para evitar el castigo del escorbuto en la tripulación de los barcos que allí recalaban periódicamente. Alberni tenía conocimientos agrícolas y sabía qué tipos de plantas podían darse en aquellas latitudes. Se construyeron y restauraron edificios, se utilizó un gran sentido de la diplomacia para dialogar con los nativos, y se aportaron valiosos datos etnográficos, linguísticos, cartográficos y naturalistas referentes a aquella zona. Todos ellos, y desde planteamientos de un alto valor científico, "descubrían" para Europa los últimos mundos que había dentro del Nuevo Mundo.

Desde la perspectiva actual, debe calificarse la presencia española en Nootka y en la Costa del Noroeste, sobre todo de enriquecedora, por el volúmen de conocimientos que aportó sobre una cultura que hoy lucha para restablecer definitivamente el hilo de su historia, tal como se desprende de los artículos de este catálogo, interesantes e intensos precisamente por la lucha que ocultan bajo las características de cada una de las disciplinas de las que se han escrito.

Que haya sido posible realizar este proyecto, fruto de la colaboración del Museo de América y del Museo Naval de Madrid, debe agradecerse especialmente al Director General de Relaciones Culturales y Científicas del Ministerio de Asuntos Exteriores. D. S*antiago Cabanas* y a *D. Carlos Maldonado,* Subdirector de Accion Cultural Exterior, quienes han patrocinado tambien la edición de este libro. A *Mercedes Palau,* directora de Material Cultural y Ediciones de esa Dirección General, por lo que respecta al cuidado de la edición y coordinación de los artículos. A *Carmen Prats,* Directora del Patrimonio del Institut de Cultura de Barcelona que ha puesto los medios para hacer posible la exposición *Nootka. Regreso a una Historia olvidada* y presentarla en el Museu Etnològic de Barcelona. Imprecindible ha sido también la colaboración de la Embajada de Canadá y del Ajuntament de Tortosa, y especialmente de *Marisa Calés,* Secretaria de la Asociación Española de Estudios Canadienses, que ha seguido desde todos sus ángulos, el proceso del proyecto de la Exposición y del Catálogo. Finalmente, el reconocimiento a la labor, de los técnicos y del equipo de montaje del MEB que han participado en su realización. Un sincero agradecimiento a todos por su esfuerzo y la más absoluta satisfacción de poder presentar hoy los resultados.

Barcelona, 30 de Marzo de 1998

Carme Fauria
Directora del Museu Etnològic de Barcelona

ESPAÑA EN EL NOROESTE. NAVEGANTES Y PROYECTISTAS EN EL SIGLO XVIII*

Salvador Bernabeu

Un legado incómodo

En la última década, los libros y artículos sobre la presencia hispana en el litoral pacífico de Norteamérica, comúnmente conocido como el Noroeste, han aumentado considerablemente tanto en castellano como en inglés. La "biblioteca del Noroeste" se ha visto enriquecida con numerosos títulos, que han venido a completar los clásicos de Ybarra y Bergé y Catalina Ramos de Bardaxí, pioneros en España de los estudios sobre este *final del mundo* para los barcos que navegaban los peligrosos y desconocidos mares del Setecientos[1]. Sin embargo, todavía queda mucho por hacer, tanto para conocer el proceso y las consecuencias de la presencia hispana en el Noroeste, como para darla a conocer a lectores no especializados de habla castellana o inglesa. La recuperación de este capítulo de historia se ha venido realizando en España desde tres especialidades históricas distintas: la historia del descubrimiento y la colonización de América (el Noroeste sería el último capítulo de una extensa lista de héroes y heroicidades), la historia de la ciencia en el Nuevo Mundo (el Noroeste fue el marco de numerosas expediciones científicas, fábrica de cartografía de primera línea y de descripciones interesantes sobre una humanidad desconocida), y desde el campo del Reformismo Borbónico (el Noroeste fue un producto genuino de las reformas propiciadas en la metrópoli y en el virreinato de la Nueva España por la nueva dinastía). El tratado del Escorial (1790) y la expedición de límites que se montó para hacerlo efectivo (1792), cuyas partidas inglesas y españolas estuvieron encabezadas por George Vancouver y Juan Francisco de la Bodega y Cuadra -nuestro héroe criollo reivindicado para oponernos a una poderosa historiografía anglosajona que insiste en ver a James Cook y a Vancouver en cada isla y en cada barco del Pacífico- significó el punto más álgido de esta presencia, a la vez tradicional y moderna, a la vez duradera y efímera, que viene incorporándose lentamente en la historiografía general de América y regional de los Estados Unidos y Canadá con no pocas dificultades[2].

Insisto en lo de tradicional y perenne porque, a final de cuentas, y por muy científicos que fueran los capitanes de los barcos (las tripulaciones, olvidadas, son otro cantar), se utilizó el conocimiento atesorado por varios cientos de años de colonización en el centro y norte de México para montar un nuevo departamento naval en San Blas de Nayarit, para organizar las expediciones a California y al Noroeste, y para mantener una enorme frontera que desde el cabo de San Lucas, en el extremo meridional de la península más larga del planeta: Baja California, serpenteaba llena de misiones, presidios y ranchos, hasta concluir al norte de San Francisco. La inmensidad de este territorio no deja ninguna duda sobre el esfuerzo de la hacienda mexicana y de los hombres del siglo XVIII para controlar –con toda las transitoriedades y debilidades que se quiera, pero controlar al fin– un nuevo mundo o, mejor dicho, mundos del Noroeste, habitados por cientos de etnias e idiomas distintos y que contenía paisajes opuestos, desde áreas desérticas en el centro de Baja California, a bosques árticos y paisajes glaciares en las alturas polares[3]. El que España sólo permaneciera unos meses en Nutka no debe de ocultar el enorme esfuerzo y los logros en otras regiones más meridionales, como Alta California. Muy al contrario, debe de servir para revalorar el impulso "modernizador" que la nueva llegada de los borbones imprimieron a un dormido y moribundo imperio, sumido en las dificultades y contradicciones de su inmensidad y de sus prácticas obsoletas. Los diarios y mapas del Noroeste elaborados por los expedicionarios españoles y guardados en varios depósitos del mundo (docenas de ellos serán enumerados en las páginas siguientes) están a la altura de los mejores de su tiempo, a pesar de lo cual, todavía hay que insistir en su validez y en la "modernización" que los hicieron posible.

No cabe ninguna duda, después de la publicación de los diarios de Alejandro Malaspina y Juan Francisco de la Bodega y Cuadra, por ejemplo, que la idea del Noroeste en España y el proyecto de colonización que elaboraron tanto las autoridades de España como las del virreinato de Nueva España –y no sólo me refiero a los altos cargos del imperio, sino también a las autoridades eclesiásticas y a los niveles inferiores de la administración virreinal, tema no suficientemente conocido–, cambiaron aceleradamente, impulsados por los acontecimientos locales e internacionales; que varios políticos ilustrado -como el murciano Floridablanca- conocían la debilidad de los argumentos de los españoles para ocupar el Noroeste e impedir el acceso a otros barcos –el aludir a finales del siglo XVIII a la polémica donación papal de finales del siglo XV–, e incluso que sería muy difícil el elaborar un proyecto comercial competitivo con el de otras naciones; pero no es menos cierto que España logró extender sus posesiones –después heredadas por el México independiente– en cientos de kilómetros más al norte y que mantuvo "numantinamente" una posición hasta que le fue posible, intentando

Trabajo realizado en el marco del proyecto PB-940060 de DIGICYT

ganar tiempo para que su debilidad diplomática cambiase y sus diplomáticos pudiesen forzar el establecimiento de una frontera hispana en Nutka, esto es, en el corazón del Noroeste. Hoy existe una frontera –más duradera– para comprender esta presencia hispana en Canadá y los Estados Unidos, que se viene debilitando gracias a la labor de numerosos historiadores, la mayoría de habla inglesa. Las causas no son solamente históricas, sino de secular incomprensión cultural (leyendas negras, blancas y rosas) que todavía se activan y causan estragos en los medios de comunicación y en los despachos académicos. Lo hispano sigue siendo para muchos un peligro latente y una presencia incómoda. En consecuencia, ¿vale la pena el estudiarlos y recuperarlos en la memoria histórica? Si a esto añadimos que uno de los principales argumentos esgrimidos para recuperar y estudiar los testimonios españoles es el de conocer un mundo sin occidentales y sin Occidente, es decir, un mundo indígena, también "peligroso" e "incómodo", comprenderemos la resistencia de muchas historias a prescindir de las expediciones y la colonización hispana.

En último término, son los actuales nutkenses y canadienses los que tienen la responsabilidad de repensar su pasado: un pasado multicultural, como el futuro que les aguarda y nos aguarda. Si ahora aceptan este legado hispano, lleno de ideas tradicionales y modernas, lleno de olores y gestos, comidas y sueños, capitanes ilustrados formados en las academias de España y de campesinos mexicanos y filipinos reconvertidos en marinos, estarán contribuyendo no sólo a conocer algo de otra cultura –la mejor forma de apreciarla y de respetarla con todas sus contradicciones, ángeles y demonios–, sino a rediseñar su futuro: más prometedor, menos cómodo.

Pero pasemos ya a enumerar los principales objetivos y características de la presencia hispana. La exploración de la costa pacífica de Norteamérica tuvo como principal propósito la búsqueda de un paso entre el Atlántico y el Pacífico en las latitudes septentrionales del nuevo continente. Con el tiempo se ampliaron los fines: la incorporación de nuevos territorios, la búsqueda de míticas islas, la creación de puertos que sirviesen de refugio a los galeones de Manila y, ya en el siglo XVIII, la defensa de las posesiones españolas frente al avance de los rusos e ingleses. Los monarcas españoles financiaron y enviaron un gran número de expediciones al Noroeste, que pueden agruparse en dos etapas. La primera comenzaría con los viajes organizados por Hernán Cortés[4] y terminaría con las expediciones marítimas de Sebastián Vizcaíno (1532-1603)[5].

Tras un largo paréntesis, en el que las actividades españolas se concentraron en el Golfo de California o Mar de Cortés, la llegada del visitador general de Nueva España José de Gálvez relanzó nuevamente las empresas marítimas y colonizadoras, que tendrían su *canto de cisne* con el viaje del teniente de fragata Juan Bautista Matute al norte de San Francisco (1767-1793). Gracias a estas expediciones, el perfil inclinado de la costa occidental americana fue apareciendo sutílmente en la cartografía moderna, a pesar de la supervivencia en numerosos mapas europeos de persistente errores geográficos, como la insularidad de la península bajacaliforniana o un enorme Mar del Oeste en lo que actualmente es el oeste de Canadá. Pero junto a los reconocimientos y levantamientos cartográficos, hubo también interesantes proyectos por parte de las autoridades españolas para explotar comercialmente el Noroeste. A modo de ejemplo, terminaré el trabajo con uno de ellos, el diseñado por el marino Esteban José Martínez. Por último, antes de continuar, quisiera hacer una advertencia: la brevedad de este trabajo ha impuesto un ritmo casi vertiginoso, que el lector podrá remediar en la medida de sus intereses y posibilidades con la bibliografía especializada que encontrará en las notas.

El ataque del oso:
Agresiones rusas y respuestas españolas

El Noroeste de América fue la última zona templada del globo incorporada a la expansión occidental y en retener sus secretos para los descubridores. Este suceso histórico no fue casual; para los navíos que partían de los puertos europeos, el Pacífico Septentrional era el final de la tierra, el punto más alejado de Europa para llegar por mar. De ahí que los intentos más prometedores para abordarlo se realizasen, durante la centuria ilustrada, desde los continentes. Franceses e ingleses fueron detenidos por las inexpugnables Montañas Rocosas en sus activas diligencias para acceder a la Mar del Sur. El fantasma de un Mar Oriental, que comunicaría el Atlántico con el Pacífico, impulsó –al igual que a los barcos españoles– a numerosos exploradores y gobiernos a penetrar a través de los sistemas de los grandes lagos canadienses en busca del mítico y estratégico paso.

No menos obstinados y peligrosos fueron los problemas a superar por los barcos rusos que exploraron el litoral y las islas de Alaska –desde sus bases de Kamchatka– como lógica continuación de su expansión terrestre a través de las estepas siberianas. La nueva etapa naval que se inauguró con el siglo tendría importantes novedades con respecto a la anterior. Los costos y problemas tecnológicos necesarios para organizar las citadas expediciones marítimas requirieron una presencia cada vez más activa de los gobiernos zaristas, que pronto tomaron parte directa en la expansión por el Pacífico Septentrional, como desmuestran las dos expediciones del danés Vitus Bering (1728–1729 y 1741–1742). A partir de 1742, las empresas oficiales convivieron con las iniciativas privadas, que buscaron en las frías islas *el oro suave*: las pieles de nutrias, lobos marinos y otros animales que reportaban grandes beneficios en los mercados de China y Asia Meridional.

Los más importantes promotores de las expediciones peleteras fueron Nikifor Trapeznikov, un mercader de Irkutsk envuelto en dieciocho viajes entre 1743 y 1764 –que murió en la miseria tras haber ganado grandes sumas–, Pavel S. Lebedev–Lastochkin, mercader de Iakutsk, que organizó tres asentamientos permanentes en Prince William Sound, y Grigorii I. Shelikov, mercader de Rylsk, apodado el *Colón ruso* por sus notables empresas en el Noroeste. Paralelamente, el gobierno de San Peterburgo envió varias expediciones a la región organizadas y guiadas por cuatro instituciones con intereses en la zona: El Colegio del Almirantazgo, El Colegio de Asuntos Exteriores, El Colegio de Comercio y la Academia de Ciencias. Los altos oficiales encargados de los asuntos siberianos también jugaron un notable papel en estas empresas, con las cuales conocieron los recursos del Noreste de Asia y del Noroeste de América, se dulcificaron los abusos de los cazadores rusos, llamados *promyshlenniks*, contra los indios, y se logró afianzar la soberanía rusa, fomentar la exploración científica de los nuevos territorios y defenderlos de posibles agresiones[6].

Entre 1753 y 1764 se realizó la conocida como "Expedición Secreta" o "Comisión Secreta de Tobolsk", promovida por el almirante Vasilii A. Miatlev, gobernador general de Siberia, y Fedor I. Soimonov, su sucesor, que fue suspendida tras la participación de Rusia en la guerra de los Siete Años (1753–1764). De este último año hasta 1767 se realizó la expedición del teniente Ivan Sindt, que viajó en dos pequeños barcos por el Pacífico Septentrional. Sus resultados cartográficos estuvieron llenos de exageraciones y errores, que serían corregidos años después. El gobernador general de Siberia, Denis I. Chicherin, y el comandante de Okhotsk, Frederick Plenisnisner, fueron los organizadores de esta segunda empresa oficial, que fue continuada por dos jóvenes oficiales de la Marina, el capitán Petr K. Krenitsyn y el teniente Mikhail D. Levashev. El viaje se realizó entre 1764 y 1769, y sus miembros tuvieron que guardar el más absoluto secreto. Sin embargo, el infortunio acompañó a los expedicionarios, que vieron naufragar tres de sus cuatro barcos en octubre de 1766 y, botados de nuevo dos de ellos en octubre de 1766, se separaron a causa de la niebla, teniendo que invernar en las islas Unimak y Unalaska (Aleutianas). Los resultados del viaje fueron muy parciales, sobresaliendo las descripciones etnográficas de los indígenas de Unalaska que escribió Levashev.

La presencia rusa en el Pacífico Septentrional –brevemente descrita en las líneas anteriores– provocaría la expansión española en el Noroeste como respuesta a las agresiones que, sobre sus pretendidos territorios, estaban realizando los súbditos del Zar. Las primeras noticias sobre las expediciones rusas fueron conocidas en España a través del científico francés José Nicolás Delisle, quien dictó una conferencia sobre el tema el 8 de abril de 1750 en la Academia de Ciencias de París. A ella asistieron el marino y científico Antonio de Ulloa y el secretario de la embajada española Ignacio Luzán, quienes comunicaron su importante contenido al jesuita español Andrés Marcos Burriel, el cual preparaba por aquellos días la edición corregida de la obra del también jesuita mexicano Miguel Venegas *Noticias de la California* (Madrid, 1757, 3 vols.). Burriel aguardó la publicación de la conferencia de Delisle y la incluyó en el tercer volumen de las *Noticias*, dando a conocer a las autoridades de Madrid y México la importancia y la rapidez de la expansión rusa. La obra de Venegas–Burriel apareció en 1757 acompañada de varios mapas, donde quedaron recogidos los nuevos descubrimientos y los viejos mitos que circulaban sobre el Noroeste. Un año después, otra importante obra se unió a la labor de difusión de los viajes rusos: *I Moscoviti nella California, o sia dimostrazione della verità del passo all'America Settentrionale*, del franciscano José Torrubia, donde advirtió que "los moscovitas han navegado y pueden navegar desde sus costas y puertos no solamente a la California, sino a Acapulco, Lima, Panamá, Chile, etcétera, y que, pasando por el estrecho de Magallanes, pueden llegar hasta los puertos del Mediterráneo y consecuentemente a nuestra Civitavecchia"[7].

Por tanto, no fue casual que el nuevo embajador de rey Carlos III ante la corte de San Petersburgo recibiese el encargo expreso de "que con la mayor maña y disimulo tratéis de indagar a qué términos han llegado los descubrimientos de los rusos en las tentativas de su navegación a la California". Cometido que le fue encargado de nuevo a los siguientes embajadores: vizconde de la Herrería y conde de Lacy. A través de las misivas de estos tres diplomáticos, las autoridades españolas conocieron los reiterados intentos de los rusos para acceder a las costas del Noroeste. Comparando sus noticias y fechas con las disposiciones de Carlos III para enviar expediciones al Noroeste, podemos concluir la relación causa–efecto de unas y otras. Este dato es muy interesante para la expansión española en el Pacífico Septentrional, pues las expediciones durante el reinado de Carlos III (1767–1788) se diferencian de las posteriores (que irían de 1789 a 1793), entre otras cosas, por el temor a los rusos. Efectivamente, los primeros viajes se dirigieron a conocer los alcances de la presencia de los súbditos del Zar en las islas y costas del Noroeste. Por el contrario, la ocupación de Nutka en 1789 y su mantenimiento, así como la búsqueda del paso interoceánico, impulsarían los viajes españoles al Noroeste durante el reinado de Carlos IV.

La subida imparable:
San Diego, Monterrey y Nutka (1767–1774).

La expulsión de los jesuitas en 1767 de las misiones bajacalifornianas marcaría el principio de una nueva fase de exploraciones como complemento a un plan global de reformas de las defensas de la frontera septentrional del virreinato novohispano. José de Gálvez, responsable de una visita a Nueva España iniciada en 1764, sería el principal impulsor de la ocupación de la Alta California, primer capítulo de la expansión española en el Noroeste durante la centuria ilustrada. A él se le debe la creación del departamento marítimo de San Blas con el fin de conducir tropas a Sonora y adelantar la colonización y el control real de la Baja California. En un viaje "reformista" hacia aquel puerto, Gálvez recibió una carta de la metrópoli ordenándole tomar medidas efectivas en contra de la presencia rusa en el Pacífico Norte. En consecuencia, poco después de llegar a San Blas, convocó una junta de oficiales y expertos –celebrada el 16 de mayo de 1768– para preparar una expedición marítima y otra terrestre, conocidas como la *Santa Expedición*, con el fin de ocupar el puerto de Monterrey, extendiendo, así, la frontera novohispana varios cientos de kilómetros.

Tras superar numerosas dificultades, los paquebotes *San Carlos* y *San Antonio* fueron los elegidos para navegar al Noroeste. El primero levó anclas de San Blas el 27 de septiembre y el segundo, el 26 de octubre, poniendo ambos rumbo al sur de la peninsula bajacaliforniana, donde se encontraba Gálvez, con el fin de recoger las instrucciones redactadas por el visitador para la expedición. Juan Pérez, capitán del *San Antonio*, partió el 15 de febrero de 1768 desde el cabo de San Lucas –un mes después de que lo hiciera Vicente Vila con el *San Carlos*–, llevando como segundo piloto a Miguel del Pino. Poco días después de iniciada la navegación, el mar enfureció y los fuertes balanceos, las espesas nieblas y las bajas temperaturas llegaron a afectar a la tripulación y a ambos pilotos, quienes enfermaron durante la travesía. El 15 de marzo avistaron una isla (San Cristóbal), donde realizaron los primeros contactos con los indios californios: los gabrielinos. El día 17 volvieron a efectuar diversos intercambios con los naturales de la isla de Santa Catalina. Buscando el puerto de San Diego –primer punto de reunión de ambas expediciones–, el *San Antonio* costeó el litôral pacífico hasta la canal de

Santa Bárbara, anclando en la más occidental de sus islas, que bautizaron –el 30 de marzo– con el nombre de Santa Cruz. Finalmente, los expedicionarios llegaron a San Diego el 11 de abril. Juan Pérez realizó la travesía en 59 días, a pesar de lo cual, la mitad de su tripulación estaba enferma de escorbuto y dos marineros habían muerto. El *San Carlos*, por su parte, llegó a finales de abril y, una vez reunidos los dos paquebotes en San Diego, buscaron refugio en el interior del puerto en espera de la sección de la expedición enviada por tierra. La falta de hombres para continuar la navegación a causa del escorbuto y la escasez de alimentos, determinaron al gobernador Gaspar de Portolá a convocar una junta donde se aprobó el regreso de Juan Pérez a San Blas en busca de socorros. El *San Antonio* partió de San Diego el 9 de junio con sólo ocho hombres de tripulación y llegó a San Blas el 30 de julio[8].

El segundo viaje de Juan Pérez a la Alta California, de gran importancia para la ocupación de la región, se dilató del 20 de diciembre de 1769 al 23 de marzo de 1770. La tripulación sana y los abundantes víveres que portaba indujeron a Portolá a intentar un segundo periplo terrestre para hallar el puerto de Monterrey, siendo acompañado desde el mar por el *San Antonio* con el fin de identificar más fácilmente el citado puerto. El barco levó anclas el 16 de abril y, tras llegar a la latitud del puerto de San Francisco, descendió y ancló en Monterrey el 30 de mayo. El 3 de mayo de 1770, tras la llegada de la expedición de tierra, el gobernador Portolá tomó posesión del puerto en nombre de Carlos III, con lo que se cumplió la principal meta de la *Santa Expedición*.

Las fundaciones de las primeras misiones y presidios en San Diego y Monterrey obligaron a las autoridades novohispanas a enviar un "barco annuo" de socorros para abastecer de armas, alimentos y hombres a los nuevos establecimientos. Esta constante presencia marítima en la aguas del Pacífico Septentrional preparó a un reducido grupo de pilotos y marineros para acometer empresas de más envergadura, amén de familiarizarlos con las aguas y las costas de la Alta California. Nuevas cartas enviadas desde San Petersburgo en 1773 por el conde de Lacy impulsaron al virrey de Nueva España a continuar las exploraciones en el Noroeste con el fin de conocer las actividades de los rusos, que se mostraban imparables en su marcha hacia California. Pero mientras en España se seleccionaba a un grupo de oficiales de la Armada para dirigir la nueva expansión, el virrey Bucareli se adelantó a las intenciones de la corte encomendándole un viaje de descubrimientos al piloto más destacado de San Blas: el mallorquín Juan Pérez[9].

La fragata *Santiago*, alias la *Nueva Galicia*, fue el barco escogido por el comandante de San Blas, Francisco Hijosa, y por el capitán Juan Pérez para protagonizar la primera expedición española al norte de California. La nave partió de San Blas el 24 de enero de 1774 y se dirigió al puerto de Monterrey, donde tenía orden de entregar las memorias de alimentos y otros efectos destinados a la misión y al presidio allí establecidos. Sin embargo, varios defectos en el barco obligaron a Juan Pérez a anclar primero en San Diego –a cuyo bahía arribó el 13 de marzo–, antes de alcanzar el puerto de Monterrey el 9 de mayo. Esta expedición fue, por tanto, una combinación de viaje de abastecimiento y de descubrimiento, lo que perjudicó notablemente la segunda parte de su comisión. El 11 de junio, la fragata puso rumbo al noroeste y, tras un mes de navegación, descubrió tierra el 18 de julio por los 53° 53'N. Durante los siguientes días fueron divisados y bautizados los dos extremos que guardan la Dixon Entrance –entre la isla de la Reina Carlota y la isla del Príncipe de Gales– con los nombres de punta de Santa Margarita y punta de Santa Magdalena, mientras la Forrester Island recibía el nombre de Santa Cristina. Violentas corrientes disuadieron al capitán Pérez de seguir adelante, por lo que la *Santiago* inició el regreso sin perder de vista la costa. El 6 de agosto, los expedicionarios avistaron el litoral de la isla Vancouver y dos días después, el día 8, anclaron en una rada que llamaron de San Lorenzo, años después famosa con el nombre de Nutka por haber anclado y comerciado en ella los hombres del capitán James Cook. Los malos tiempos y la aparición del escorbuto impidieron seguir reconociendo la costa, ya que el desconocimiento de los mares y los defectos de la nave los pusieron en continuo peligro de zozobrar. A pesar de ello, los pilotos y capellanes de la fragata no dejaron de registrar diversos accidentes geográficos en sus diarios, como el monte Olympus, que llamaron Cerro Nevado de Santa Rosalía. El 9 de octubre, la *Santiago* ancló en Monterrey y el 3 de noviembre regresó al puerto de San Blas. Los resultados fueron alabados por el virrey Bucareli a pesar de no haberse cumplido las instrucciones recibidas en su totalidad. Juan Pérez había conseguido abrir una nueva ruta, conocer la existencia de numerosos pueblos indígenas, informar más detalladamente de dos de ellos: los haidas del cabo North y los habitantes de Nutka, y –lo que era más importante para las autoridades novohispanas– demostrar que hasta los 55 grados no existía rastro de la presencia rusa.

LA AMPLIACIÓN DE LOS DESCUBRIMIENTOS: LOS VIAJES DE 1775 Y 1779

Mil setecientos setenta y cinco fue el año más importante de las exploraciones españolas en el Pacífico Septentrional. La incorporación de seis oficiales de la Armada –llegados directamente desde España– a los proyectos de San Blas (Nayarit), la experiencia del primer viaje, particularmente en la organización del mismo, y el aumento de los recursos puestos a disposición de las expediciones por el virrey novohispano Bucareli, permitieron una mejor disposición de los barcos elegidos para la empresa. El 16 de marzo, la fragata *Santiago*, la goleta *Sonora* y el paquebote *San Carlos* dejaron el puerto de San Blas y, tras algunos días de demora por la demencia de uno de los oficiales españoles –que obligó a intercambiar a los capitanes de las diversas naves– se dirigieron al Noroeste en busca de sus respectivos objetivos: la fragata y la goleta a continuar los descubrimientos, y el paquebot a llevar socorros a Monterrey y a explorar el puerto de San Francisco.

Bruno de Hezeta y Juan Francisco de la Bodega y Quadra, comandantes de las naves descubridoras, alcanzaron tierra el 9 de junio por los 41° 7'N. con el fin de hacer aguada y reponer la leña gastada durante la travesía. La *Santiago* y la *Sonora* anclaron en un puerto, que bautizaron de la Santísima Trinidad, presidiendo sus capitanes la ceremonia de toma de posesión del puerto siguiendo las normas incluidas por el virrey en las instrucciones del viaje. Los barcos permanecieron diez días en este paraje, tras lo cual, se enmararon de nuevo y descubrieron tierra el 11 de julio hacia los 48° 26'N. Días más tarde, los barcos se separaron: la fragata tomó posesión de la Rada de Bucareli (Grenville Port), en los 47° 24'N., y la goleta se vió sorprendida por el ataque de los naturales a su lancha –con un saldo de seis muertos– en un paraje situado más al norte. El encuentro de ambas naves fue sólo temporal, pues la tripulación y los pilotos de la *Santiago*, firmemente determinados a regresar por lo avanzado de la estación y los numerosos enfermos de escorbuto que llevaban a bordo, obligaron a Hezeta a pactar con el capitán de la goleta una separación de las derrotas, que se realizó la noche del 30 de julio.

La principal aportación geográfica de Hezeta en su viaje de regreso fue el descubrimiento de la desembocadura del río Columbia –el 17 de agosto–, que llamó la "Entrada de la Asunción de Nuestra Señora", posteriormente conocida como "Entrada de Ezeta". La fragata *Santiago* ancló, finalmente, en Monterrey el 29 del citado mes y esperó el regreso de la audaz goleta. Los descubrimiento de ésta última fueron muy notables. A partir del 15 de agosto, día en el que descubrieron tierra por los 57°N., los tripulantes de la *Sonora* reconocieron el monte San Jacinto (Edgecumbe), la ensenada del Susto (Sitka Sound), una pequeña bahía al norte de la misma, que llamaron Guadalupe, el puerto de los Remedios (Sean Lion Bay, situado al sur de Salisbury Sound) y la costa hasta los 58°N. Su capitán, Juan Francisco de la Bodega, ordenó entonces poner proa al sur, demarcando la costa durante el viaje de vuelta. El 24 de agosto, en los 55° 17'N., descubrió el famoso puerto de Bucareli, y un día después, volvió a navegar por los parajes avistados por Juan Pérez un año antes, rebautizando a la isla de Santa Cristina con el nombre de San Carlos, y el cabo de Santa Magdalena con el de San Agustín.

Los reconocimientos siguieron en el sur, si bien las enfermedades, los chubascos y las nieblas que padecieron los expedicionarios les impidieron un más completo examen. Uno de los descubrimientos más importantes de la jornada fue el puerto de la Bodega, en los 38°18'N. Tras esta magnífica campaña, la goleta ancló en Monterrey el 7 de octubre. Por otra parte, Juan Manuel de Ayala, capitán del *San Carlos*, condujo las memorias anuales hasta el presidio y la misión de Monterrey, tras lo cual, se internó en el puerto de San Francisco, reconociéndolo gracias a la ayuda del piloto José Cañizares, quien levantó un interesante mapa del mismo. Como resultado de estos viajes, la costa del Noroeste fue reconocida hasta los 58 grados, varios de sus parajes cartografiados detenidamente y los contactos con los pueblos indígenas ampliados: especialmente hay que resaltar los informes sobre los indios yurok del puerto de la Trinidad. Solamente un sector de la costa –entre los 42° y los 42° 50'N.– quedó sin ser reconocido. Un buen balance, sin duda, para la segunda campaña de descubrimientos.

La tercera expedición al norte de la Alta California fue preparada con más cuidado y detalle con el fin de dotar a los dos barcos elegidos para la campaña y a sus tripulaciones de amplios recursos y un gran poder operativo. Juan Francisco de la Bodega compró en el Perú la fragata *Favorita*, que llevó a San Blas el 21 de febrero de 1778, siendo esta adquisición una de las causas de la demora en la continuación de los viajes de exploración. Otra de las causas fueron los numerosos problemas surgidos en la finalización de la fragata *Princesa*, que se estaba construyendo en San Blas con destino, asimismo, a los descubrimientos de la costa del Noroeste. Ambos barcos –de aproximadamente 300 toneladas cada uno– fueron dotados de 98 y 107 hombres de tripulación respectivamente, amén de una completa oficialidad, que contó con la presencia de Ignacio Arteaga, Fernando Quirós, Juan Francisco de la Bodega y Quadra, y los pilotos José Camacho, Juan Pantoja y Arriaga, José Cañizares, Juan Bautista Aguirre y Antonio Francisco Maurelle.

Las dos fragatas elegidas para el viaje abandonaron San Blas el 11 de febrero, viajando en comandita hasta que una tormenta las separó el 20 de abril. Con una diferencia de diez horas, volvieron a reunirse el 3 de mayo en el puerto de Bucareli, en cuyo paraje permanecieron hasta el 15 de junio. Tres días después, dos lanchas comandadas por Mourelle iniciaron una minuciosa exploración del citado puerto, que fue considerado por las autoridades españolas como el lugar más apropiado para levantar un establecimiento en la costa del Noroeste. El 12 de junio, las naves regresaron de su jornada con el mapa del seno bucareliano en unos momentos de gran tensión entre los expedicionarios y los indios. El puerto, situado en los 55° 18'N., fue abandonado el primero de julio, dirigiéndose las fragatas hacia el noroeste hasta divisar –el día 16– el monte San Elías. Este mismo día, los marinos bautizaron, además, la isla Kayak con la festividad del día: Nuestra Señora del Carmen. Las fragatas recorrieron su costa meridional y llegaron a un puerto situado en la costa oeste de la Hinchinbrook Island, que llamaron de Santiago, hoy Port Etches. Los expedicionarios permanecieron una semana –del 21 al 28 de julio– en el citado puerto, cristianando la isla con el nombre de Santa María Magdalena, mientras los pilotos Cañizares y Pantoja reconocían la parte norte de la misma. El 1 de agosto, la *Favorita* y la *Princesa* anclaron cerca de una pequeña isla, que llamaron San Aniceto, y al día siguiente tomaron posesión de una pequeña bahía situada en el extremo de la península Kenai, bautizada Nuestra Señora de Regla. Finalmente, el día 7 de agosto, las fragatas iniciaron la navegación de regreso, divisando varias islas situadas entre la Kennedy y la Stevenson Entrances. La fragata *Favorita* llegó al puerto de San Francisco el 14 de septiembre, mientras la *Princesa* lo hacía el día 25. El 20 de octubre, las dos fragatas reanudaron el viaje rumbo al departamento de San Blas, a cuyo puerto llegaron el 21 de noviembre. La barrera montañosa que cerca el actual Prince William Sound les convenció de la imposibilidad de alcanzar los 70 grados de altitud, tal y como les había sido ordenado por el virrey novohispano en las instrucciones. En resumen, las fragata españolas reconocieron los parajes visitados un año antes por el capitán Cook y exploraron minuciosamente los numerosos puertos de la entrada de Bucareli[10].

El encuentro con los rusos y el desencuentro con los ingleses (1789–1793)

Las noticias facilitadas por el explorador francés Lapérouse a las autoridades españolas de La Concepción (Chile) en febrero de 1786 sobre la existencia de cuatro establecimientos rusos en las costas del Noroeste, puso en marcha nuevamente las ansias de los ministros de Carlos III por conocer la verdad de la expansión rusa y la amenaza real que suponía para los dominios españoles en América. Notablemente mermadas las posibilidades de San Blas, debido al traslado de los principales oficiales, la nueva expedición se encomendó a los primeros pilotos Esteban José

Martínez y Gonzalo López de Haro, auxiliados por varios segundos pilotos (Antonio Fernández, Esteban Mondofia, José María Narváez y Juan Zayas) y pilotines (Antonio Palacios y José Verdía). Los barcos escogidos fueron la fragata *Princesa* y el paquebot *San Carlos*, alias *El Filipino*, que embarcaron 89 y 83 hombres de tripulación respectivamente. El 9 de marzo, los barcos emprendieron la navegación, alcanzando tierra el 15 de mayo por los 58° 32'N. Después, siguieron el litoral hacia el oeste, atravesando la boca del Prince Willian Sound y divisando dos ínsulas –que bautizaron con el nombre de Hijosa–, la isla Montagú y una pequeña bahía que llamaron puerto de Flores en honor del virrey de Nueva España. En el citado puerto permanecieron los barcos expedicionarios entre el 28 de mayo y el 16 de junio, tomando posesión de la ensenada y explorando sus alrededores. El día 7, una junta celebrada en la *Princesa* decidió el regreso de la expedición al puerto de la Bodega, si bien, la separación –poco después de la salida– de los dos barcos y el encuentro de López de Haro, capitán del *San Carlos*, con varios indios –el 28 de julio– que lo condujeron hasta los buscados rusos, cambió el curso del viaje.

El 30 de junio, Haro hizo amistad con el comandante ruso de la isla de Kodiak, llamado Evstrat Delarov, quien le informó de otros establecimientos rusos en América, le facilitó un mapa con sus posiciones y le reveló los deseos zaristas de ocupar el puerto de Nutka al año siguiente, conocido en la corte de San Petersburgo gracias a la publicación del diario de James Cook, para lo cual estaba esperando tropas y provisiones. Enterado de la existencia de otro barco desconocido en la isla de la Trinidad, López de Haro consideró que se trataba de la fragata *Princesa* y se dirigió a su encuentro. El 3 de julio, los dos barcos se juntaron de nuevo y el día 5 navegaron a través de las islas de Alaska, hasta que, separados de nuevo –lo que demuestra las dificultades de aquellos mares–, volvieron a encontrarse en la isla de Unalaska el 29 de julio. Entonces decidieron el regreso de la expedición a Nueva España, medida que pusieron en práctica a partir del día 18 de agosto. Los barcos salieron al Pacífico entre las islas Akutan y Unimak, que Martínez bautizó como Zapata, y emprendieron por separado el tornaviaje. El *San Carlos* alcanzó San Blas el 22 de octubre y la *Princesa*, tras hacer escala en Monterrey el 17 de septiembre, llegó al citado puerto nayarita el 5 de diciembre.

Además de varios diarios y mapas donde recogieron la abundante nomenclatura diseminada en aquellas islas, la expedición de 1788 acumuló notables informaciones sobre la vida y las actividades de los rusos en Unalaska, en cuyo establecimiento convivieron con los cazadores y nativos. Los conflictos entre los capitanes de las dos naves disminuyó los resultados de la expedición, si bien las autoridades novohispanas se sintieron satisfechas con los resultados obtenidos y se prestaron a preparar una nueva expedición para ocupar el puerto de Nutka.

El 5 de mayo, la fragata *Princesa* ancló en el citado puerto y el día 12 lo hizo el paquebot *San Carlos*. A pesar de que los españoles encontraron en el puerto varios barcos extranjeros –la fragata *Columbia*, la balandra *Washington* y la portuguesa *Efigenia Nubiana*–, Esteban José Martínez procedió a tomar posesión de Nutka y a levantar varios edificios, amén de fortificar la boca del puerto con una batería. Una discusión entablada con el capitán inglés del *Efigenia Nubiana*, que navegaba bajo pabellón lusitano sólo de tapadillo, llamado Colnett, llevó a Martínez a confiscar sus barcos y a enviarlos, junto a las tripulaciones, a San Blas, iniciándose un conflicto diplomático entre España e Inglaterra conocido como *la cuestión de Nutka* o *The Nootka Sound Controversy*.

El principal objetivo de las expediciones españolas al Noroeste entre 1790 y 1793 fue el hallazgo del paso del Noroeste, que, según los "geógrafos de gabinete", se encontraba en alguna de las siguientes cuatro entradas: de Aguilar, en los 43°N.; de Fuca, en los 48°N.; de Fonte, en los 53°N.; y de Ferrer Maldonado, en los 60°N. El año 1790, una nutrida expedición formada por la fragata *Concepción*, el paquebot *San Carlos*, el *Filipino*, y la balandra *Princesa Real*, mandada por el teniente de navío Francisco Eliza, fue enviada para ocupar por segunda vez Nutka y proseguir los descubrimientos, misión que se le encomendó, asimismo, al también teniente de navío Salvador Fidalgo, quien se dirigió a la isla de la Magdalena y a sus inmediaciones, sobre los 60°N., y visitó los establecimientos rusos del río de Cook y del cabo de Dos Cabezas. Menos suerte tuvo en su periplo de regreso a causa de las continuas nieblas y vientos contrarios. Fatalidad que se extendió a su compañero, el alférez de navío Manuel Quimper, comisionado para reconocer el estrecho de Juan de Fuca.

En 1791, las dos corbetas de la expedición de Alejandro Malaspina, la *Descubierta* y la *Atrevida*, exploraron el Noroeste. Siguiendo la misma ruta de Fidalgo por los 60° N., reconocieron minuciosamente la costa e islas en busca del paso de Ferrer Maldonado. La bahía de Bering fue elegida como punto inicial de la exploración, guiándose por los dibujos del famoso estrecho copiados por el historiador Juan Bautista Muñoz en 1781. En el interior de la bahía del Almirantazgo, los expedicionarios creyeron descubrir las señales buscadas, por lo que fondearon en Mulgrave para reconocer una sospechosa abra, que fue bautizada como puerto del Desengaño tras comprobar su pronta interrupción. El 5 de julio, las corbetas levaron anclas y se dirigieron a la entrada del Príncipe Guillermo con el fin de reconocer varios puntos de la costa no explorados por el célebre capitán Cook, prosiguiendo sus actividades por la parte norte de las islas Montagú e Hinojosa, que fijaron en los mapas, hasta fondear finalmente en Nutka el 13 de agosto.

Finalmente, en 1792, varias expediciones recorrieron el Noroeste. Los tenientes Alcalá Galiano y Cayetano Valdés exploraron el estrecho de Fuca, entre los 47° y los 48°N., labor en la que habían fracasado Manuel Quimper y Francisco de Eliza a principios de ese mismo año. Las goletas *Sutil* y *Mexicana* levaron anclas el 8 de marzo del puerto de San Blas, alcanzando Fuca sin dificultades, tras lo cual, iniciaron los reconocimientos. Durante sus trabajos, hallaron al navegante inglés George Vancouver, quien se encontraba realizando la misma campaña de descubrimientos a bordo del *Discovery*. La comunicación con el océano Atlántico no se logró, pero, en cambio, se perfeccionó notablemente la cartografía del citado estrecho. El 23 de noviembre, las goletas anclaron en Nutka. Durante el viaje de regreso a San Blas, los expedicionarios demarcaron la entrada de Hezeta, la costa situada entre los 46° y 46° 35'N., y las islas del canal de Santa Bárbara. También en 1792, Jacinto Caamaño realizó una notable exploración del litoral desde el puerto de Bucareli hasta el de Nutka, levantando planos de numerosos puertos e incrementando la toponimia española de la zona.

Todas estas expediciones coincidieron en Nutka con Juan Francisco de la Bodega y Quadra, comisionado por la Corona española para fijar con George Vancouver, representante inglés, los límites de la soberanía de ambas monarquías en el Noroeste de América. Las negociaciones no alcanzaron ningún acuerdo, por lo que Bodega regresó a San Blas sin cumplir con su cometido, a pesar de lo cual, fue felicitado por el virrey por su conducta con los ingleses. Tras este intenso 1792, la Corona intentó colonizar el puerto de Bodega, cuya ocupación le fue encomendada al teniente de fragata Juan Bautista Matute, quien con la goleta *Sutil* inició el 23 de marzo la última empresa pobladora española en el Noroeste, que terminaría en fracaso. Más fortuna tuvo, en cambio, el reconocimiento de una buena parte del litoral situado al sur del estrecho de Fuca, labor que fue encomendada al teniente de navío Francisco Eliza y al piloto Juan de Zayas, a quien debemos una interesante cartografía, *canto de cisne* de la presencia española al norte del cabo Mendocino[11].

Un capítulo de gran interés es la presencia de los españoles en Nutka: sus edificaciones, experiencias para aclimatar plantas y conocer el entorno, las relaciones con los indígenas y con otros marinos occidentales y los intentos de evangelizar el área, capítulos todos ellos poco conocidos, entre otras cosas, porque todavía no existe un censo de las fuentes tanto impresas como manuscritas con las que podemos contar en nuestras investigaciones[12].

Epílogo: un proyecto de Martínez.

A pesar de la importante nómina de expediciones españolas que exploraron el Noroeste, tanto los historiadores de los descubrimientos en general, como los especialistas regionales, han encontrado, durante mucho tiempo, dificultades interpretativas acerca de la presencia de España en aquellas latitudes. Los problemas se acentúan al considerar los viajes y las medidas tomadas durante el reinado de Carlos III, cuando todavía las expediciones más científicas e ilustradas de nuestra nómina no habían alcanzado las costas del Noroeste. Contemporáneas a las exploraciones de James Cook y Lapérouse, y a las numerosas expediciones peleteras que surcaron el Pacífico Septentrional a partir de 1785, los fines y objetivos de los barcos españoles apenas contienen elementos de interés. No son viajes comerciales, traficantes del *oro suave* y explotadores de las riquezas de una nueva región incorporada a las ambiciones de las potencias europeas, ni forman parte de ningún programa científico para revelar al mundo la desconocida cuenca del Pacífico. Al contrario, colocadas junto a ellas, las expediciones organizadas en el puerto de San Blas tenderían a limitar las acciones de otras naciones y, en consecuencia, a estorbar el libre comercio o impedir el acceso de los científicos a las costas del Noroeste. La conocida *Nootka Sound Controversy*, que ha polarizado de forma notable numerosos estudios del Noroeste, y la victoria inglesa sobre la tesis española borrarían la fugaz presencia española, que, además de ser transitoria y muy costosa, sería heredera, como ya señalé anteriormente, de los numerosos tópicos sobre la conquista y la colonización española existentes en la historiografía anglosajona. Nutka sería, poco más o menos, el *canto de cisne* de la expansión española en América durante el siglo XVIII, en consonancia con el "indian summer" que los historiadores norteamericanos han estimado que fue el reinado de Carlos III: una etapa que logró sólo momentáneamente detener la decadencia irreversible del imperio español.

Las críticas a la presencia española en el Noroeste fueron contemporáneas a la misma expansión; los propios marinos españoles o al servicio de España las alimentaron. Conocida es la posición contraria que manifestó Alejandro Malaspina, acusando a las autoridades peninsulares y novohispanas de alucinadas y obsoletas: "pocas cruces solamente plantadas a veces en parajes que aún no sabíamos si eran islas o continentes, si eran o no habitados, alucinaron nuestras miras políticas con el agradable semblante de nuestras conquistas, y creyendo que no fuese necesario revalidarlas en un tratado, malogramos aún a la vista de la Europa esta pequeña utilidad de nuestros viajes y finalmente nos vimos en 1788 constituidos a emprender de nuevo las mismas exploraciones emprendidas en 1774 y ya por los señores Cook y La Péyrouse verificadas con el mayor suceso". Las causas de las expediciones fueron ridículas, pues obligaron "a derramar caudales inmensos para la averiguación de una cosa que una sóla pregunta a la corte de San Petersburgo hubiera inmediatamente aclarado"[13].

La política de silencio y ocultación fue, efectivamente, negativa para las pretensiones y los resultados de las expediciones españolas, pero no hay que olvidar que esta actitud está enmarcada en una política global de defensa de los territorios americanos, en la cual, la rapidez en el conocimiento y ocupación de los nuevos territorios fue fundamental. Los españoles competían con los rusos y adoptaron sus mismas armas: el secreto en los viajes y sus alcances. Era preciso incorporar nuevos territorios antes de negociar su reconocimiento con el resto de las potencias europeas. No hay que olvidar que el éxito acompañó a la primera expedición organizada por José de Gálvez, gracias a la cual fue ocupada la Alta California, y esta misma política se quiso seguir durante los años siguientes. En cuanto a la contribución científica de los viajes españoles, por último, ya ha sido ampliamente reconocida por la historiografía inglesa, la cual también ha sido pionera en el estudio de los proyectos comerciales que, a imitación de los rusos, ingleses y americanos, intentaron los españoles[14].

Aunque sea mucho lo que queda por hacer, no debe olvidarse en el futuro, que los proyectos comerciales que España puso en marcha, como los protagonizados por Vicente Basadre, o los numerosos proyectos que quedaron archivados por falta de dinero, demuestran que las autoridades españolas no fueron ajenas a las nuevas compañías comerciales que británicos y americanos patrocinaban en el Pacífico. Por el contrario, la historia económica y marítima del siglo XVIII está repleta de medidas destinadas al libre comercio. Para muestra valga este botón: el proyecto para comercializar las pieles del Noroeste firmado por el alferez de navío Esteban José Martínez, gran conocedor de la navegación en el Pacífico Norte, pues no el balde había comandado la expedición de 1788 a Alaska –en el transcurso de la cual había visitado varios establecimientos peleteros rusos– y fue el encargado de ocupar el puerto de Santa Cruz de Nutka en 1789, donde encontró varios navíos aplicados en la recogida de pieles de nutria. Las conversaciones con los capitanes de los mismos le impulsaron a redactar una serie de reglas para el establecimiento de un comercio exclusivo de pieles con China a través de una compañía que se crearía en México, la cual gozaría de cincuenta años de franquía. El proyecto, firmado el 24 de julio de 1789, fue enviado al virrey Manuel Antonio Florez, quien lo desestimó. Un año después, el nuevo virrey, conde de Revillagigedo, lo rescató del olvido, ya que las noticias de Manila sobre el precio del azogue chino y los grandes beneficios que se podían conseguir con su comercio, lo hacían acreedor del asenso virreinal: "aunque la planta pide variación y diferencia en mucha parte, de cuya hipótesis no trato por ahora".

Rusia sería el ejemplo a seguir, fundándose una compañía de comercio con la exclusividad en el negocio peletero. Varios serían los puntos a determinar, principalmente los puertos de recalada de los barcos. Revillagigedo no quiso perjudicar al galeón de Manila con la nueva ruta comercial, y así preconizó una alianza de intereses de ambas orillas del gran océano. Esteban José Martínez propuso al virrey la creación de una compañía para comercializar las pieles del Noroeste de América en Cantón durante cincuenta años a cambio de la erección de cuatro presidios de cien hombres y dieciséis misiones en los puntos más convenientes del Noroeste, que llevaría el nombre de *Nueva Cantabria*. Para establecer este comercio serían necesarias doce balandras veloces, de 60 pies de quilla, seis de ellas para evitar la llegada de otras naves extranjeras a recoger pieles y otras seis para conducir las partidas desde Norteamérica hasta Cantón. La Compañía tendría también derecho a comprar las pieles de ambas Californias, si bien abonando a los misioneros franciscanos y dominicos su importe. Las pieles californianas serían reunidas en Monterrey, donde un apoderado de las diversas misiones se encargaría de recibir de la Compañía el precio de venta correspondiente.

El proyecto de Martínez fue enviado al conde de Floridablanca a principios de 1791, pero la corte esperó nuevas noticias del virrey sobre las gestiones que prometió iniciar con los consulados de México y Manila. Los acuerdos diplomáticos generados por la controversia de Nutka darían al traste con los proyectos españoles de ocupación, ya que por un tratado firmado el 11 de enero de 1794, España e Inglaterra se comprometieron a no levantar ningún establecimiento en las costas del Noroeste e impedir el asentamiento de otros terceros[15].

NOTAS

1. Javier Ibarra y Bergé, *De California a Alaska,* Madrid, Instituto de Estudios Políticos, 1945; y Catalina Ramos y Bardaxí, "Expediciones científicas españolas a California en el siglo XVIII", *Anuario de Estudios Americanos,* XIII (1956), pp. 59-73. Los estudios generales sobre las expediciones al Noroeste son: Warren Cook, *Flood Tide of Empire: Spain and the Pacific Northwest, 1543-1819,* New Haven and London, Yale University Press, 1973; Alvaro del Portillo, *Descubrimiento y exploraciones en las costas de California, 1532-1630,* Madrid, Rialp, 1982 (1ª edición en 1966); Salvador Bernabeu Albert, "La Frontera Califórnica: De las expediciones cortesianas a la presencia convulsiva de Gálvez (1534-1767)", *Estudios (Nuevos y Viejos) sobre la Frontera,* edición de Francisco de Solano y Salvador Bernabeu Albert, Madrid, CSIC, 1991, pp. 85-118; Martha Ortega, "En busca de los rusos: expediciones novohispanas al noreste del Pacífico, 1744-1788", *La presencia novohispana en el Pacífico insular,* México, Universidad Iberoamericana–Embajada de España en México-Comisión Puebla V Centenario, 1990, pp. 125-137; y Salvador Bernabeu Albert, "Ya les vino el Plus Ultra: las expediciones al Noroeste de América durante el reinado de Carlos III", *La Ciencia española en ultramar,* Aranjuez, Doce Calles, 1991, pp. 287-299. Otros trabajos interesantes son María Pilar de San Pío, *Expediciones Españolas del Siglo XVIII. El Paso del Noroeste,* Madrid, Editorial Mapfre, 1992; y el catálogo *The Spanish Presence on the Northwest Coast,* World Exposition, Vancouver, 1986, Pavilion of Spain. Madrid, El Viso, 1986. Como instrumentos de consulta, véase la útil bibliografía de Alan Edwin Day, *Search for the Northwest Passage. An annotated Bibliography,* New York, Garland, 1986; y la tesis doctoral de Salvador Bernabeu Albert, *Nuevos mares, últimas costas. San Blas de Nayarit y las expediciones al Noroeste y California (1767-1788),* Aranjuez, Doce Calles. En prensa. En esta última obra, además de analizarse la organización y los resultados de las expediciones al Noroeste durante el reinado de Carlos III, se listan las fuentes de cada una de ellas en los archivos y bibliotecas de varios paises. La cartografía del área puede estudiarse en Henry R. Wagner, *The Cartography of the Northwest Coast of America to the Year 1800,* 2 vols., Berkeley, University of California Press, 1937; y Miguel León–Portilla, *Cartografía y Crónicas de la Antigua California,* México, Universidad Nacional Autónoma de México-Fundación de Investigaciones Sociales, A.C., 1989. Sobre el mito geográfico y su persistencia, véase Dora Beale Polk, *The island of California. A History of the Myth,* Washington, The Arthur H. Clark Company, 1991; y R. V. Tooley, *California as an Island, a Geographical Misconception, Illustrated by 100 examples, from 1625 to 1770,* London, The Map's Collector's Circle, 1964. Una ventana a las culturas del Noroeste y a su enorme riqueza plástica lo constituye el catálogo de la exposición *El Ojo del Totem. Arte y cultura de los indios del Noroeste de América,* Madrid, Biblioteca V Centenario, 1988.

2. Christon I. Archer, "The Transient Presence: A Re–a pp raisal of Spanish Attitudes toward the Northwest Coast in the Eighteenth Century", *British Columbia Studies* 18 (Summer 1973), pp. 3-32.

3. Salvador Bernabeu Albert, "El Noroeste: entre la geografía y la ficción", *El Ojo del Totem,* Madrid, Biblioteca V Centenario, 1988, pp. 10-25; y del mismo autor, "Los bosques del fin del mundo", *El Bosque Ilustrado. Estudios sobre la política forestal española en América,* ed. de Manuel Lucena Giraldo, Madrid, 1991, pp. 93-105.

4. Las expediciones cortesianas cuentan con una interesante bibliografía. Véase, Miguel León–Portilla, *Hernán Cortés y la Mar del Sur,* Madrid, Ediciones de Cultura Hispánica, 1985; y Luis González Rodríguez, "Hernán Cortés, la Mar del Sur y el descubrimiento de Baja California", *Anuario de Estudios Americanos,* XLII (1985), pp. 573-644. De gran utilidad es el capítulo tercero ("Cortés and Mendoza as rivals") del libro de Maurice G. Holmes, *From New Spain by Sea to the Californias, 1519-1668,* Glendale, The Arthur H. Clark, 1963, pp. 75-100; y la excelente biografía de José Luis Martínez, *Hernán Cortés,* México, UNAM-FCE, 1990, quien dedica un capítulo a los viajes cortesianos ("XXI. Exploraciones en el Mar del Sur y otros negocios"). El viaje de Francisco de Ulloa cuenta con dos relaciones. La primera, firmada por el propio Ulloa, se encuentra en el Archivo General de Indias (Patronato 20, doc.2, ramo 4) y ha sido publicada al menos en cuatro ocasiones: Manuel Serrano y Sanz, *Relaciones históricas de América, primera mitad del siglo XVI,* Madrid, Sociedad de Bibliófilos Españoles, 1916; Julio Le Riverend, *Cartas de Relación de la conquista de América,* 2 vols., México, Editorial Nueva España, s.a. vol.I, pp. 641-695; Henry R. Wagner, *Spanish Voyages to the Northwest Coast of America in the Sixteenth Century,* San Francisco, California Historical Society, 1929, pp. 15-50 y notas en pp. 293-312; y Luis Navarro García, *Francisco de Ulloa (Explorador de California y Chile Austral),* Badajoz, Excelentísima Diputación Provincial, 1994, pp. 181-238. La segunda pertenece a Francisco Preciado, uno de sus integrantes, y fue publicada por Gian Battista Ramusio en 1556, dentro del tercer volumen de sus famosos *Delle navigationi et viaggi,* Venecia, ff.341r-353v, y traducida y publicada en inglés años después por Richard Hakluyt, *The Principal Navigations, Voiages, Traffiques and Discoveries,* Londres, 1600, vol. III. Luis Navarro ha incluido una traducción al español en su interesante biografía sobre Francisco de Ulloa, op. cit., pp. 241-320, donde resuelve varias incógnitas sobre el capitán descubridor, como el lugar y la forma de su muerte. Por último, el nombre de California, que aparece por primera vez en la crónica de López de Gómara, fue tomado de *Las sergas del virtuoso caballero Esplandián, hijo de Amadís de Gaula,* novela de caballería de Garci Ordóñez de Montalvo publicada en Salamanca en 1510. Sobre el topónimo y el mito de California, véase Edward E. Hale, *The Queen of California, the Origin of the Name of California with a Translation of The Sergas of Esplandian,* San Francisco, The Colt Press, 1945.; Clementina Díaz y de Ovando, "Baja California en el mito", *Meyibó,* 1 (1977) pp. 7-27; y Jorge Gurría Lacroix, "Hernán Cortés y la Baja California", *Meyibó,* 2 (1979) pp. 21-38. Sobre la persistencia de la California como isla, véase W. Michael Mathes, "Una isla llamada California", *IIIª Semana de información histórica de Baja California,* La Paz, Producción y Servicios de la Dirección de Cultura, 1983, pp. 95-105.

5. Un panorama general de la época lo podemos encontrar en el trabajo ya citado de Alvaro del Portillo, *Descubrimiento y exploraciones en las costas de California, 1532-1630* Madrid, Rialp, 1982, pp. 166-171. En el apéndice del libro se encuentran importantes documentos, los cuales también pueden ser consultados en la colección preparada por W. Michael Mathes

y publicada por José Porrúa Turanzas. La *Californiana I. Documentos para la historia de la demarcación comercial de California, 1583-1632* (2 vols., Madrid, 1965) contiene, entre otros documentos de interés, cartas y relaciones sobre los viajes de Francisco Gali, Pedro de Unamuno, Sebastián Rodríguez Cermeño y Sebastián Vizcaíno, cuya personalidad y empresas dominan todo el volumen. Cabe destacar el "Derrotero desde Acapulco al Cabo Mendocino por Gerónimo Martín Palacios con los diseños de la costa hechos por Enrico Martínez" (t.I, pp. 471-613). Otro documento interesante para la historia del Noroeste es la relación del viaje apócrifo de Lorenzo Ferrer Maldonado (t.I, pp. 38-60). El volumen segundo está protagonizado de nuevo por Sebastián Vizcaíno, destacando su aventura japonesa y la de Rodrigo de Vivero, así como la documentación generada por la embajada japonesa durante su estancia en tierras hispanas. Le sigue la *Californiana II. Documentos para la historia de la explotación comercial de California, 1611-1679* (2 vols., Madrid, 1970), que recoge la documentación generada por las empresas perlíferas que faenaron en aguas californianas a lo largo del siglo XVII (los Cardona, Juan de Iturbide, Francisco de Ortega, Francisco Esteban Carbonel, Pedro Porter y Casanate y Bernardo Bernal de Piñadero). Por último, de gran importancia histórica y cartográfica son las "Descripciones hidrográficas hechas por Nicolás de Cardona: 4 de Junio 1632" (pp. 155-265).

6. Sobre la expansión rusa en el Pacífico, véase Basil Dmytryshyn, E.A.P. Crownhart–Vaughan y Thomar Vaughan, *Russian Penetration on the North Pacific Ocean. A documentary Record, 1700-1797*, Oregón, Historical Society Press, 1988; A.I. Andreev, *Russkie otkrytija v Tikhom okeane i Severnoj Amerike v XVIII-XIX vekakh*, Moscu-Leningrado, AN SSSR, 1944; A.I. Andreev, *Russkie otkrytija v tikhom Okeane i Severnoj Amerike v XVIII veke*, Moscú, Izd. Geografitcheskoj Literatury, 1948; y V.A. Divin, *Russkaja tikhookeanskaja epopeja*, Khabarovsk, 1975. Asimismo, son interesantes el libro de William Cose, *Russian Discoveries Between Asia and America*, March of American Facsimile Series, núm. 40, Ann Arbor Michigan University Microfilms, 1966; Stuart R. Tompkins y Max L. Moorhead, "Russia's A pp roach to America", *British Columbia Historical Quaterley*, 13 (1949), pp. 59–64; Enriqueta Vila Vilar, *Los rusos en América*, Sevilla, Escuela de Estudios Hispano–Americanos, 1966; Azurget Chaoukenbaeva, "Premières impressions des navigateurs russes au contact des habitants de l'Alaska et des îles voisines", *Destins croisés. Cinq siècles de rencontres avec les Amérindiens*, París, UNESCO-Bibliothèque Albin Michel, 1992, pp. 439-457; y Miguel Mathes, *La frontera Ruso–Mexicana. Documentos mexicanos para la historia del establecimiento ruso en California, 1808-1842*, México, Secretaría de Relaciones Exteriores, 1990. En las páginas de la 27 a la 44 de esta última obra se incluye una completa bibliografía sobre la presencia rusa en el Noroeste de América.

7. El jesuita Andrés Marcos Burriel dio la voz de alarma en la revisión de la obra de su compañero mexicano Miguel Venegas, *Noticia de la California y de su conquista temporal y espiritual hasta el tiempo presente*, 3 vols., Madrid, Imprenta de la Viuda de Manuel Fernández y del Supremo Consejo de la Inquisición (reedición en México, Layac, l944). Le siguió el franciscano José Torrubia, *I Moscoviti nella California* Roma, Generoso Salomoni, 1759 (Segunda edición en Nápoles, Stamperia Muziaña, 1760).

8. Sobre los aspectos marítimos de la ocupación de la Alta California, véase las *Crónicas del descubrimiento de la Alta California, 1769. Gaspar de Portolá*, Barcelona, Universitat de Barcelona, 1984; y Fr. Juan Vizcaíno, *The Sea Diary of Fr. Juan Vizcaíno to Alta Callifornia, 1769*, Los Angeles, Glenn Dawson, 1959. Este diario fue editado en castellano por Salvador Bernabeu Albert, "La Santa Expedición en el mar. El diario de fray Juan Gonzalez Vizcaíno (1769)", *Castilla y León en América*, Valladolid, Junta de Castilla y León, 1992, vol. III, pp. 59.77.

9. Salvador Bernabeu Albert, "Juan Pérez, navegante y descubridor de las Californias (1768-1775)", *Culturas de la Costa Noroeste de América* (ed. de José Luis Peset), Madrid, Turner, 1989, pp. 277-290.

10. Sobre las fuentes de estos viajes, véase Herbert K. Beals (trans.), *For Honor & Country. The Diary of Bruno De Hezeta*, Portland, Oregon Historical Society, 1985; Salvador Bernabeu Albert (ed.): *Juan Francisco de la Bodega y Quadra. El descubrimiento del fin del mundo (1775-1792)*, Madrid, Alianza Editorial, 1990; y, del mismo autor, *Trillar los mares (La expedición descubridora de Bruno de Hezeta al Noroeste de América, 1775)*, Madrid, CSIC-Fundación Banco Bilbao-Vizcaya, 1995 (el diario de Hezeta se trascribe en las pp. 159-188). Otros diarios publicados son: Francisco Antonio Mourelle de la Rua, "Navegación hecha a los descubrimientos de la costa septentrional de California con la goleta 'Sonora', por el segundo piloto de la Armada y primero del Departamento de San Blas", en Amancio Landín Carrasco, *Mourelle de la Rua. Explorador del Pacífico*, Madrid, Ediciones Cultura Hispánica, 1978, pp. 171-215; Ignacio de Arteaga, "Diario de navegación que con el favor de Dios y de la Virgen de Regla espera hacer el Teniente de Navío...", *Colección de diarios y relaciones para la historia de los viajes y descubrimientos*, 7, Madrid, Instituto Histórico de Marina, 1975; Miguel de la Campa Cos, O.F.M., *A Journal of Exploration Northward along the Coast from Monterrey in the Year 1775*, ed. de John Galvin, San Francisco, J. Howell Books, 1964 (editado en castellano por Salvador Bernabeu, *Trillar los mares*, op. cit., pp. 189-232); el diario de Juan Crespi, O.F.M., en *The California Coast: A Bilingual Edition of Documents from the Sutro Collection*, editado por Donald C. Cutter, Norman, Okla., 1969, pp. 203-278; fray Juan Antonio García Riobó, "An Account of the Voyage Made by Father John Riobó, as Chaplain of His Majesty's Frigate la 'Princesa' and la 'Favorita' in 1779 to Discover New Lands and Seas North of the Settlements of the Ports of Monterey and of Our Father, San Francisco", *Catholic Historical Review*, 4 (1818-19), pp. 222-29; y Tomás de la Peña Sarabia, O.F.M.,"Diario (1774)", *Publications of the Historical Society of Southern California*, 2 (1891), pp. 83-111 (red. en Donald Cutter, *The California Coast*, pp. 135-201).

11. La ocupación de Nutka en 1789 fue acompañada de un grave incidente entre España e Inglaterra, resumido por William R. Manning en "The Nootka Sound Controversy", *American Historical Association Annual Report of 1904*, Washington D.F., U.S. Government Printing Office, 1905, pp. 279-478. Véase, asimismo, Dereck Pethick, *The Nootka Connection: Europe and the Northwest Coast, 1790-1795*, Vancouver, Douglas and McIntyre, 1980; y los diferentes trabajos incluidos en *From Maps to Metaphors. The Pacific World of George*

Vancouver, editado por Robin Fisher y Hugh Johnston, Vancouver, UBC Press, 1993. Las fuentes españolas, muy numerosas por cierto, han sido sólo parcialmente publicadas. La más temprana fue la *Relación del viaje hecho por las goletas "Sutil" y "Mexicana" en el año de 1792 para conocer el estrecho de Fuca*, 1 vol. y atlas, Madrid, Imprenta Real, 1802 (reeditada en Madrid, Museo Naval, 1992); Esteban José Martínez, "Diario de la Navegación que yo el Alf(ére)z. de Navío de la R(ea)l Arm(a)da Don Esteban Josef Martínez boy a executar al P(uer)to de S(an) Lorenzo de Nuca, mandando la Frag(a)ta Princesa y Paquebot de S(a)n Carlos... 1789", *Colección de diarios y relaciones para la historia de los viajes y descubrimientos*, nº 6, Madrid, Instituto Histórico de Marina, 1964 (la edición estuvo a cargo de Roberto Barreiro Meiro); Juan Pantoja y Arriaga, "Extracto de la navegación... 1791", *Colección de documentos inéditos para la historia de España*, XV, pp. 111-121, Madrid, 1849 (traducido al inglés por Henry R. Wagner, *Spanish Explorations in the Strait of Juan de Fuca*, Santa Ana, Ca, 1933, pp. 155-198); Jacinto Caamaño, "Extracto del diario de las navegaciones, exploraciones y descubrimientos hechos en la América septentrional por D... Año de 1792", *Colección de diarios y relaciones para la historia de los viajes y descubrimientos*, nº 7, Madrid, Instituto Histórico de Marina, 1975 (traducido y editado por Henry R. Wagner y W.A. Newcombe, *British Columbia Historical Quaterly*, 2 (1938), pp. 189-222). Por último, remitiremos al lector a las relaciones y diarios elaborados por los miembros de la expedición Malaspina. Otros interesantes estudios sobre la época son Henry R. Wagner, "The Last Spanish Exploration of the North West Coast and the Attempt to Colonize Bodega Bay", *California Historical Society Quaterly*, 10 (1931), pp. 321-345 (en donde se traducen y publican varios diarios); Wayne Suttles, "They recognize no superior chief: The strait of Juan de Fuca in the 1790s", *Culturas de la costa Noroeste de América*, Madrid, Turner, 1989, pp. 251-264; Henry Raup Wagner, *Spanish Explorations in the Strait of Juan de Fuca*, Santa Ana, Fine Arts Press, 1933; Christon I. Archer, "Spain and the Defence of the Pacific Ocean Empire, 1750-1810", *Canadian Journal of Latin American and Caribbean Studies*, XI, nº21 (1986) pp. 15-41; del mismo autor, "Russians, indians, and passages: spanish voyages to Alaska in the eighteenth century", en Antoinette Shalkop (ed.), *Exploration in Alaska: Captain Cook Conmemorative*, Anchorage, Alaska, 1980, pp. 129-143; y "The making of spanish indian policy on the Northwest coast", *New Mexico Historical Review*, LII, nº 1 (1977), pp. 45-69.

12. Un estudio poco conocido es el de Martha Ortega, "Nutka: Punto estratégico de comercio y colonización", *Signos. Anuario de Humanidades*, México, Universidad Autónoma Metropolitana, año VII, t. I (1993) pp. 51-70.

13. Alejandro Malaspina, *Viaje político-científico alrededor del mundo*, edición de Pedro Novo y Colson, Madrid, Imp. de la Viuda e Hijos de Abienzo, 1885, pp. 366-367.

14. Véase, el estudio de Adele Ogden, *The California Sea Otter Trade, 1784-1848*, Berkeley and Los Angeles, University of California Press, 1975. Sobre el mismo tema, escribí el siguiente artículo: Salvador Bernabeu Albert, "Sobre intercambios comerciales entre China y California en el último tercio del siglo XVIII. El oro suave", *El Extremo Oriente Ibérico. Investigaciones Históricas, Metodología y Estado de la Cuestión*, Madrid, Instituto de Cooperación Iberoamericana, 1989, pp. 471-484.

15. Revillagigedo a Valdés, México, 10 de enero de 1790, en Archivo General de Indias (Sevilla), México, legajo 1530. Sobre el tratado, véase mi trabajo: "El Tratado de Límites de 1792. Repercusiones del Tratado de Tordesillas en el Pacífico Septentrional", *El Tratado de Tordesillas y su época*, Valladolid, Sociedad V Centenario del Tratado de Tordesillas, 1995, vol. III, págs.1701-1713.

APORTACIÓN DE LA EXPEDICIÓN DE MALASPINA Y BUSTAMANTE AL CONOCIMIENTO DE LA COSTA NOROESTE DE AMÉRICA SEPTENTRIONAL. 1791-1792

Mª Dolores Higueras

Es mi propósito desarrollar en este breve artículo, algunos aspectos que pongan de manifiesto la aportación, que a finales del siglo XVIII realiza la Expedición de Malaspina y Bustamante, para un mejor conocimiento de la costa NO de América septentrional. No es mi intención hacer una relación de los documentos generados a lo largo de las extensas campañas llevadas a cabo en 1791 por la Descubierta y Atrevida y más tarde en 1792 por la Sutil y Mexicana, pues está ya publicado[1] el catálogo del fondo completo del Museo Naval, en una extensa obra que abarca tres volúmenes. Más bien es mi propósito analizar los diversos aspectos que abordó la gran empresa ilustrada, relacionados con esta estratégica costa, sobre todo aquellos más significativos, bien por ser más desconocidos o bien por aparecer como más relevantes desde el punto de vista estratégico y político.

Es importante señalar aquí, aunque ya lo hemos hecho recientemente, en otras publicaciones, que la costa NO no aparece en el plan inicial de Malaspina y Bustamante, de septiembre de 1788 con excesivo protagonismo ya que se proponen en un principio alcanzar solamente la latitud de San Blas para reconocer a continuación las islas Sandwich que aparecen en este primer proyecto de viaje más interesantes desde el punto de vista geográfico, quizá porque tanto Malaspina como Bustamante, conocen sobradamente, los extensos e intensos reconocimientos llevados a cabo por España, sobre la costa NO de América precisamente desde el Apostadero de San Blas fundado por Gálvez en 1769 como pieza clave de su inteligente política de penetración y asentamientos hacia el Norte.

Es importante señalar que para Malaspina la costa NO es más interesante en principio desde el punto de vista económico (el comercio de la piel de nutria) o estratégico (los asentamientos rusos e ingleses sobre todo) que desde el punto de vista geográfico. Sólo cuando Espinosa y Tello localiza en mayo de 1789, la relación de Ferrer Maldonado en el Archivo de Indias (donde copia documentos útiles para la expedición) renace en Malaspina el interés de un reconocimiento geográfico de las costas del NO considerando el posible hallazgo del "Paso" como muy relevante para los intereses políticos españoles en el Pacífico.

No obstante y a pesar de este importante propósito, nuevamente Malaspina, muy avanzadas ya las tareas de la expedición, en Acapulco, comunica a Valdés y a Revillagigedo su determinación de abandonar el reconocimiento de la costa NO en beneficio de alcanzar las Sandwich al verse obligado a elegir entre uno y otro proyecto por el retraso que le han ocasionado las "calmas" en su derrota en las costas de Centroamérica. Es evidente que Malaspina confía en los relevantes oficiales que realizan los reconocimientos del NO desde San Blas y optar por confiar a éstos el hallazgo del estrtégico "Paso" si es que existía.

Solo las explícitas órdenes reales recibidas por Bustamante en San Blas, mientras Malaspina permanece atrapado en Centroamérica por las calmas, deciden la suerte de estos reconocimientos ya que como todos conocen la lectura por el académico Buache, en la Academia francesa, en noviembre de 1790, de una memoria sobre "el Paso" anunciado por Ferrer Maldonado, sitúa el tema de la existencia del Paso interoceánico en el punto de mayor impacto entre la comunidad científica europea, dando lugar a renovados esfuerzos de las diversas potencias marítimas por hallarlo y controlarlo para reforzar su protagonismo en el Pacífico. Todo ello da lugar a nuevas y explícitas órdenes del Rey para que la expedición de Malaspina y Bustamante acometa los reconocimientos de la costa NO, así lo anota Bustamante en su diario el 5 de abril de 1791, fecha en que recibe los pliegos reales en San Blas.

> *"Aunque S.M. había dejado al arbitrio de Malaspina la ejecución de la campaña al Norte, era ahora su Real ánimo la verificase, con aquel objeto (la comprobación del Paso de Ferrer Maldonado) y con presencia de este documento (la memoria leída por Buache)".*

La decisión Real, decide pues finalmente la prioridad geográfica de los reconocimientos, pero Malaspina no olvidará sus anteriores intereses económicos y estratégicos por la zona y a todo ello unirá extensos reconocimientos físicos del territorio, la fauna y la flora y sobre todo del hombre que la habita, el indígena acabará siendo uno de los grandes protagonistas de esta campaña al Norte, sus características étnicas, sus costumbres y ritos, sus bailes y su música, su lengua y su disposición intelectual o espiritual.

Pero antes de iniciar esta reflexión global en torno a los resultados y las aportaciones de la expedición en la campaña del NO, recordemos, una vez más, otra de las notables circunstancias que dan lugar al carácter de "síntesis" de la empresa. Recordemos que expresas instrucciones reales facilitaban y propiciaban el acceso de los expedicionarios a todo tipo de documentos oficiales, hasta aquellos, más reservados, con objeto de que fueran utilizados como información básica o complementaria de sus propios trabajos, así como para la redacción del gran informe político, reservado al gobierno, que era uno de los objetivos finales del viaje.

Estas instrucciones reales cursadas a todas las autoridades en América y Filipinas habían propiciado ya a lo largo del viaje, en sucesivas comisiones "copias masivas" de documentación de todo tipo, que proporcionaron a la expedición una colosal y actualizada información de la situación política, administrativa, científica y geográfica de cada lugar visitado. Una vez más este magistral instrumento de información es utilizado por Bustamante y Malaspina para adquirir en poco tiempo eficacísimas y actualizadas informaciones acerca de los conocimientos españoles y extranjeros de la costa NO; de los reconocimientos geográficos realizados, de la cartografía levantada, de la situación y reconocimientos logrados acerca de los asentamientos rusos e ingleses, sobre el desarrollo del comercio de la piel de nutria y acerca de las tribus indígenas, situación de sus asentamientos y relaciones de amistad establecidas. Asímismo se reunen informaciones valiosas acerca del establecimiento de San Blas, de las rutas marítimas con Filipinas e importante información sobre reparación y carena de los buques en la zona; maderas de construcción; aguadas y varaderos de resguardo, climatología, corrientes y vientos dominantes, etc.

Así, aunque no entremos en este breve artículo en el estudio de estos importantes materiales recopilados por la expedición para su uso, dejo constancia de la importancia y volúmen de ellos y también del hecho de que la mayor parte se conservan en el Museo Naval de Madrid, reunidos al resto de la documentación generada por los propios individuos de la expedición y constituye hoy fuente de información tan valiosa como aquella y resumen ajustado y veraz de los conocimientos acopiados sobre el NO antes de la llegada de la expedición Malaspina a la zona.

¿Cómo abordar finalmente el análisis de los resultados de la propia campaña? Por una parte parecería lógico analizar los documentos en relación con las series generales del viaje. En este sentido, las series básicas serán:

1. *Documentos relativos a correspondencia, oficios, Reales Ordenes e instrucciones varias relativos a la organización y desarrollo de los trabajos* desde la primera estada de Bustamante en Acapulco (1 Feb. 1791) y San Blas (marzo y abril 1791) hasta finalizadas las comisiones de Sutil y Mexicana en 1792 y regreso de sus dotaciones a España. Esta serie se extiende cronológicamente hasta fechas muy tardías, bien entrado el s. XIX por comprenderse en ella los expedientes de publicación del viaje de la Sutil y Mexicana y de los trabajos de Bauzá y Espinosa, respecto a los resultados hidrográficos y astronómicos de las dos campañas.

2. *Trabajos hidrográficos y astronómicos.* La importancia concedida finalmente a los trabajos geográficos en función de la localización del "Paso" y exacto levantamiento de la costa con los nuevos cronómetros, genera una copiosa documentación que incluye: diarios de bitácora, cuadernos de experiencias de gravedad, mediciones abundantísimas de latitud y longitud, medición de bases, estudios comparados de la aguja y de la marcha de los relojes, libros de guardias, sondas, estudios sobre mareas, vientos, salinidad y temperatura del agua, etc.

3. *Diarios de Mar y Tierra.* Además de los muchos diarios generales escritos por los comandantes Malaspina y Bustamante, por Tova Arredondo, Viana, Díaz Hurtado y Bauzá, hay que resaltar los particulares redactados durante la campaña, por casi todos los miembros relevantes de las dotaciones. Así conservamos también importantes diarios de la campaña del NO debidos a Espinosa y Tello, Juan Vernacci, Juan Gutiérrez de la Concha, Galiano y Valdés (de la campaña de 1792), del naturalista Haenke y del pintor Suria. Todos ellos en sus diarios generales o parciales proporcionan importantísimas noticias de primera mano acerca de la propia navegación y comisiones científicas en tierra, descripción de suelos, fauna y flora y extensas descripciones de contenido etnológico y etnográfico.

4. *Noticias recopiladas.* Ramo muy voluminoso como ya dijimos. La copia o compilación de documentación relacionada con la costa NO se lleva a cabo principalmente en México, San Blas y Monterrey.

Destacan además de la abundante cartografía copiada o solicitada a sus autores, las relaciones españolas y extranjeras relacionadas con el comercio de la piel de nutria, las noticias acerca de la ocupación y sucesivos reconocimientos de Nutka así como el establecimiento de buques extranjeros de la zona, los derroteros de reconocimientos de la costa NO por los españoles desde San Blas y las noticias referentes a la presencia marítima o establecimientos, en el área, de franceses, ingleses y rusos.

5. *Cartas acabadas, croquis y borradores de las distintas fases de los trabajos hidrográficos, triangulaciones y levantamientos de costas, perfiles de costas y primeros borradores cartográficos.* Esta serie tiene un extraordinario interés y permite seguir con fidelidad el método de los levantamientos. Treinta grandes borradores cartográficos recogen las triangulaciones de Bauzá para situar los tramos de costa, esenciales, de la campaña y cuarenta cartas en distintas fases de acabado, resumen los resultados cartográficos de las dos campañas, la Descubierta y Atrevida en 1791 y la de Sutil y Mexicana sobre Fuca en 1792. Todo este voluminoso material cartográfico, más las casi setenta vistas de costa levantadas por Bauzá a lo largo de la campaña del 91, proporcionaron el valioso material necesario para grabar en el Hidrográfico las nueve cartas generales y particulares de ambas campañas que aportaron importantes novedades al conocimiento de la zona.

6. *Dibujos.* El material artístico-científico generado por las dos campañas del 91 y 92 es suficientemente conocido y ha sido bien estudiado y catalogado por los expertos. Su difusión, en gran formato y cuidada edición por el Museo Naval[2] fue, la aportación de esta institución relevante, a las conmemoraciones de la presencia española en la costa NO celebradas en Vancouver en 1991.

En total, las dos campañas proporcionan una riquísima iconografía constituída por más de ochenta dibujos y aguadas que es, sin duda, uno de los más valiosos conjuntos documentales del viaje.

7. Por último no podemos dejar de referirnos al nutrido conjunto de piezas etnográficas y ejemplares zoológicos y

botánicos que custodian diversas instituciones y que se hallan hoy día en avanzado estado de estudio que permitirá su catalogación definitiva. Adversidades sucesivas de las colecciones en sus diversos alojamientos institucionales, han propiciado complejas anomalías en el etiquetado original dando lugar a confusiones de procedencia que han hecho extremadamente difícil su definitiva catalogación hoy en vías de finalizarse debido a serios estudios e investigación rigurosa de los inventarios antiguos. La proximidad de los viajes que generan los materiales, en la época, la confusión de las "remesas" y los errores acumulados por las bibliografías clásicas han dificultado seriamente el acceso de estos valiosos materiales malaspinianos.

Para finalizar esta reflexión y una vez analizado el carácter y volumen del "corpus" documental Malaspiniano, intentaré una valoración que a fuerza resultará más subjetiva, de aquellos documentos que a mí, personalmente, me parecen particularmente estimables, de manera intencionada no incluiré ni la cartografía, ni los dibujos, sin duda, documentos especialmente interesantes pero que van a ser analizados monográficamente, en esta publicación, precisamente por las más relevantes autoridades en el tema, por lo que mi comentario poco puede añadir de valor. En cambio podemos detenernos en algunos otros documentos también valiosos y menos difundidos que ponen de manifiesto la amplitud y pluralidad de interés que impulsaron el espíritu "ilustrado" de la empresa y la calidad humana y científica de sus hombres que supieron y quisieron extender sus noticias mucho más allá de los límites de su dedicación profesional, abrazando "por vocación" otros ramos científicos en los que llegaron a desarrollar tareas muy estimables. Este es el caso de los oficiales astrónomos e hidrógrafos de la expedición, sin duda el más significado grupo de oficiales-científicos ilustrados del momento, la oficialidad de élite de la marina ilustrada española, formados por Tofiño en el Observatorio Astronómico de Cádiz, y adiestrados en el uso de los nuevos cronómetros marinos. Todos ellos nos han legado además de relevantes trabajos científico-náuticos, bellísimas y sensibles narraciones de los indígenas y sus costumbres. Se ocuparon con pasión de indagar en su sentimiento religioso y en sus características morales, en sus sistemas de gobierno y aprovechamiento de los recursos naturales, y pusieron su inteligencia y su constancia al servicio de un deseo sincero y riguroso no solo de saber, sino de saber "con certeza", reuniendo y contrastando las diversas noticias adquiridas separadamente, unificando los criterios para la construcción de los vocabularios, buscando la amistad del indio para profundizar en su conocimiento y aceptando generalmente, su diversidad con sincero deseo de comprender.

En este sentido me parecen especialmente significativos los materiales y noticias etnológicas y etnográficas aportadas por la expedición, y de forma particular las informaciones debidas a Tova Arredondo, Espinosa y Tello, Cevallos y Gutiérrez de la Concha; este último aporta muy curiosas descripciones mezcladas de reflexiones filosófico-morales cargadas a veces de un precursor sentimiento romántico y otras portadoras de ese sentimiento rusoniano que idealiza y valora al indígena en armonía con su medio natural frente al civilizado, sometido a ficticias necesidades. Así, nos dice[3] refiriéndose a los mulgraveses: *"Por otro lado el hombre salvaje, sin ideas de las necesidades ficticias que el lujo y la abundancia han introducido en las sociedades civilizadas, limita sus cuidados a la adquisición de lo preciso para conservar la vida, mirando, con indiferencia y tal vez con desprecio todo lo que contribuye a satisfacer a aquellas necesidades que desconoce absolutamente"*.

El voluminoso conjunto de noticias relativas a los pueblos indígenas debidas a este grupo de excepcionales etnógrafos "amaters" abarcan los aspectos más variados de la vida y costumbres de dos grandes grupos indígenas, los Tlingit situados en Mulgrave y los Nutkenses. En los dos casos el contenido de las descripciones es amplio y rico: Aspecto físico, pinturas rituales, vestidos, viviendas, relaciones familiares, organización política y administrativa, comidas, enfermedades, guerra y armas, calendario, carácter, costumbres sexuales, organización familiar, cantos, bailes y ritos funerarios, sistemas sucesorios, castigos sociales, adulterio, rituales de iniciación, etc.

Especial significación tienen los diversos vocabularios indígenas recopilados y el esfuerzo por lograr una clave fonética que aproxime con el mayor rigor el sonido que se percibe y ha de ser codificado en palabras escritas, para lograrlo, trabajan separadamente para luego reunir y contrastar resultados, incluyendo finalmente en el vocabulario "oficial" solo aquellos vocablos aceptados y contrastados por los diversos compiladores. Me parece asímismo interesante el esfuerzo por lograr una fonética de origen hispano frente a las lecturas de las lenguas indígenas compiladas por navegantes ingleses por ejemplo.

Relevante es asímismo el interés por la música indígena que constatan es importantísima en la vida social de las comunidades indígenas. La labor de Haenke, sin duda el naturalista más relevante de la expedición y músico de sólida formación, será en este punto realmente protagonista, porque Haenke, además de solazar con su música, "de clavecín" a las tripulaciones, como nos narra Suria[4] en su expresivo diario, recoge "en partitura" los cantos "de paz" en Mulgrave y "de alegría" en Nutka y nos ha legado además en diversos manuscritos a lo largo del viaje los cantos populares criollos y la melodía de los trinos de diversos pájaros. Materiales bellísimos que tengo el propósito de reunir en una publicación próximamente. A Haenke se debe así mismo otro documento singularísimo[5] el "Colorum Systema Comparativum ex ipso Regno vegetabile" sensacional "escala cromática codificada" con números de referencia para uso de los pintores botánicos de la expedición, en 12 láminas.

Quiero mencionar por último otro grupo documental que considero aporta también informaciones interesantes para el estudioso, es el que constituye el Libro Ii de la Memoria Físico-Política del viaje y corresponde a la América septentrional desde el istmo hasta sus límites inconclusos al Norte[6].

[MALASPINA, Alejandro]
Descripción física de las costas de la California comprendidas al sur del cabo Blanco con algunas nociones sobre las provincias internas y sus habitantes (Libro II, f. 1-38).
Ms. 621, f. 2-56 en limpio, completo, con notas, letra de Viana.
Ms. 633, f. 1-7 Original que corresponde con los índices conservados en Ms. 633, f. I-II.
El Ms. 621 incluye además los epígrafes siguientes:
Estado de las cosechas de la Nueva California en los años 1785 y 1790. Ms. 621, f. 13.
Estado de la población y ganados de la Nueva California, Ms. 621, f. 19.

Vocabulario comparado Castellano-Rusien-Eslem y habitantes del canal de Santa Bárbara (recogido por Miguel Costanzó). Ms. 621, f. 32-33v. Véanse otros vocabularios Rusien-Eslem en Ms., 567, f. 333-336; Ms. 1060, f. 48-88; Ms. 144, f. 41-61. Además se conserva en el British Museum adenda 17.631 el entregado por Santalices a Espinosa y Cevallos en México.

[MALASPINA, Alejandro]
Reflexiones políticas sobre las costas occidentales de la América del Sur de cabo Blanco y sobre las ocho provincias internas de Oriente y Occidente y sus habitantes (Libro II, f. 39-50).
Ms. 621, f.57-109v (copia en limpio, completa con notas)
Ms. 633, f.39-50 (redacción original del índice conservado en Ms. 633, f. I-II).
Ms. 336, f. 58-91v. (borrador, autógrafo M.)
Ms. 336, f. 93-129 (copia, autógrafo M.)
Ms. 585, f. 1-22 (copia).

[MALASPINA, Alejandro]
Extracto de las negociaciones de pieles de nutria emprendidas desde el año 1784 hasta ahora por cuenta de S.M. (Libro II, f. 50-72).
Ms. 633, f. 50-71 (original que responde a la paginación del índice que se conserva).
Ms. 621, f. 75-83v. (copia en limpio, completa, con notas).
Ms. 585, f. 23-55v. (otra copia).
Ms. 335, f.56-62v. (carta original de M. al consulado de México firmada).

[MALASPINA, Alejandro]
Descripción física de las costas del NO. de América visitadas por nosotros o por navegantes anteriores (Libro II, f. 73-96v).
Ms. 330, f. 102-126 (copia M).
Ms. 633, f. 73-96 (corresponde a la redacción original de los índices del Ms. 633, f. I-II)
Ms. 425, f. 141-190 (otra copia).

[MALASPINA, Alejandro]
Vocabulario del idioma mulgrave (Libro II, f. 82-83v).
Ms. 633, f. 82-83v. (corresponde a la versión original de los índices del Ms. 633, f. I-II).
Ms. 95, f. 149-176 (la redacción que se conserva en este Ms., aunque con otro título, parece corresponder a este epígrafe del Libro II, f. 82v.-99).
Véase también los vocabularios de Mulgrave incluídos en: Ms. 425, f. 156-159.
Ms. 95, f. 348-349v.
Ms. 95, 96v-121.

Existen además en el Museo Naval:
1. Vocabulario de Nutka (Moziño): Ms. 468, f. 108-113; Ms. 619, f. 125-126.
2. Vocabulario de los naturales de Nutka: Ms. 1060, f. 17-38.
3. Vocabulario de Nutka: Ms. 144, f. 175-200.
4. Voces del idioma de Fuca: Ms. 468, f. 21-27v.
5. Vocabulario de los naturales de Príncipe Guillermo: Ms. 144, f. 318v-321v.
6. Vocabulario de varias voces de los habitantes de la costa septentrional de California según Cook: Ms. 331, f. 126-136v.

[MALASPINA, Alejandro]
Examen político de las costas del NO. de América (Libro II, f. 99-107v.)
Ms. 330, f. 88-101 (copia M)
Ms. 633, f. 99-107v. (original que pertenece a la redacción que recogen los índices del Ms. 633, f. I-II).
Ms. 425, f. 178-191 (otra copia).

Relación de Lorenzo Ferrer Maldonado

Examen de la Relación de Lorenzo Ferrer Maldonado sobre el descubrimiento del estrecho de Anian y noticia de las principales expediciones hechas en busca de aquel paso escrito por D. Martín Fernández de Navarrete (Libro II, f. 109 a 123).

No se ha localizado la versión original pero esta memoria fue impresa en la Colección de Documentos inéditos para la Historia de España. Vol. XV, pág. 71-93; Madrid 1849. Esta memoria de Navarrete consta de los siguientes artículos:

– Introducción (artículo 1º)
– Carácter y circunstancias de Maldonado (artículo 2º)
– Razones que inducen a calificar de apócrifa la relación de Maldonado (art. 3º).
– Examen del Ms. original que existe en casa del Excmo. Sr. Duque del Infantado (artículo 4º).

Espinosa y Tello extracta en el Archivo de Indias esta relación de Ferrer Maldonado, en mayo de 1789, para la expedición (Véase Vat. 286) a partir de una copia realizada por Muñoz en la Biblioteca del Excmo. Sr. Duque del Infantado donde se conservaba el original (Véase Museo Naval, Ms. 1.777, f. 1-14).

El académico francés Buache leyó en la Academia de París el 13 de noviembre de 1790 una famosa memoria sobre este viaje que provocó nuevas instrucciones reales para la expedición Malaspìna que recibió en San Blas orden de reconocer la costa NO para averiguar lo afirmado por Buache en su memoria. De ésta se conserva en el Museo Naval varias copias de la traducción al castellano realizada por D. Martín Fernández de Navarrete (Véanse Ms. 142, f. 78-91; Ms. 146, f. 152-157v.; Ms. 146, f. 158-170; Ms. 753, f. 345-269).
Martín Fernández de Navarrete el 28 de enero de 1791 dice que el original del viaje de Ferrer Maldonado, posiblemente de su mano y con tres esquemas, era de 1688 y se conservaba en el archivo del Duque del Infantado, de donde la copió D. Juan Bautista Muñoz y donde se realizó, asímismo, la copia para el académico francés Buache.
Refutando la memoria de Buache escribieron durante la expedición importantes memorias:

1. D. Alejandro Malaspina (en el Museo Naval se encuentra esta memoria manuscrita de su mano, aunque sin notas e incompleta en Ms. 92 (246-251v); otra versión también manuscrita, en limpio, completa con notas, está incluída en el Ms. 753, f. 531-535. Esta memoria de Malaspina se editó en la Colección de Documentos inéditos para la Historia de España. Vol. XV, pág. 228-250; Madrid 1849.

2. D. José de Bustamante y Guerra (la memoria de Bustamante se encuentra, todavía inédita, incluída en su diario de viaje. Véase archivo del Ministerio de Asuntos Exteriores. Ms. 13, f. 111v-129).
3. D. Ciriaco Cevallos (la memoria de Cevallos, acompañando la traducción de la de Buache, realizada por D. Martín Fernández de Navarrete, se editó en un cuaderno, en folio, en Cádiz (I. de León) en 1798.

Dentro del contexto político de viaje resaltaría asímismo un valioso documento elaborado por Malaspina a petición de Revillagigedo. Titulado "Reflexiones sobre un puerto en la costa occidental de la Nueva España para reunión de las fuerzas navales en el Pacífico"[7]. En él se analiza en profundidad, la problemática administrativa, naval y económica del Departamento de San Blas y se sugiere finalmente el traslado al Puerto de Acapulco. La gran documentación original manejada por Malaspina para redactar este informe dan gran solidez a sus argumentos y conclusiones.

Desde el punto de vista global considero pues diversas áreas en las que la documentación de la Expedición Malaspina aporta conocimientos de interés para toda el área del NO septentrional.

1. La aportación cartográfica.
2. La recopilación de documentación administrativa del Departamento de San Blas y de la expansión marítima española en la costa NO a lo largo del s. XVIII.
3. La descripción física del territorio y análisis litológico de Mulgrave y Nutka.
4. La documentación relativa a las poblaciones indígenas.
5. La imagen física del NO: paisajes, tipos, fauna y flora.
6. El análisis político estratégico de las costas del NO.

Las importantísimas remesas de materiales, enviadas a la corte desde Mexico, al regreso de la campaña, atestiguan la importancia de los resulados. La Expedición Malaspina supone para la costa NO de América la gran síntesis final del enorme esfuerzo desarrollado por España para recuperar el dominio de un área de vital importancia estratégica para el nuevo reparto del poder marítimo entre las grandes potencias europeas. La amplísima documentación relacionada con el catálogo ya mencionado evidencia que la expedición utilizó con inteligencia y pasión los poderosos medios científico y administrativos con que la Corona la había dotado: nuevas y más perfectas cartas geográficas de la zona; prolijas descripciones de los indígenas, estudios del territorio y sus recursos y una seria valoración política de la expansión marítima española en el área. Son el resultado final de este esfuerzo colosal que representa hoy para los estudiosos un caudal inagotable de noticias históricas acerca de uno de los territorios más importantes para los estados Europeos y Americanos en el gran siglo ilustrado.

NOTAS

1. HIGUERAS RODRÍGUEZ, Mª Dolores. *Catálogo crítico de los documentos de la Expedición Malaspina (1789-1794)* del Museo Naval, 3 vol. Madrid 1985-1994.

2. HIGUERAS RODRÍGUEZ, Mª Dolores. *Costa NW de América. Album iconográfico de la expedición Malaspina. De.* bilingüe español-inglés. Madrid, 1991.

3. GUTIÉRREZ DE LA CONCHA, J. *Resumen de las tareas en la costa NW*. M. Naval. Ms. 92 bis. fols. 90-100. Acapulco 17 octubre 1.791.

4. Yale University.

5. Real Jardín Botánico. Madrid.

6. HIGUERAS RODRÍGUEZ, Mª Dolores. *Catálogo crítico de los documentos de la Expedición Malaspina del Museo Naval*. Tomo III. Madrid 1985-1994.

7. Museo Naval de Madrid. Ms. 336. fols. 5-10v.

PEDRO ALBERNI Y LOS VOLUNTARIOS DE CATALUÑA EN NUTKA 1790-1792

Eric Beerman

Entre los personajes que jugaron uno de los más importantes papeles del vasto imperio colonial, en los últimos años del siglo XVIII, figura Pedro Alberni, Capitán de la *primera compañía franca de los Voluntarios de Cataluña* del acuartelamiento militar de Nutka, el puesto español más avanzado en la costa norte del Pacífico. Este lugar ocupado por los españoles desde 1789 a 1794 tuvo que ser abandonado debido a un problema diplomático con Gran Bretaña, conocido como la *Crisis de Nutka*.

Durante el último tercio del siglo XVIII, el Rey Carlos III de España estaba preocupado por las intromisiones de rusos y británicos en los territorios de la Alta California, al norte de México, tierras que España reclamaba como suyas dentro del Virreinato de Nueva España, motivo por lo que en 1766 el Virrey, Francisco Carlos de Croix, Marqués de Croix, recibió la orden de defender la integridad del territorio español en esa lejana parte del mundo. Una región escasamente poblada no era el terreno ideal para defender, razón por la que el Virrey, acometió con la mayor celeridad, su colonización por los misioneros españoles, los franciscanos del Colegio de San Fernando de México. En esta Orden había muchos religiosos de Cataluña y Baleares, como Fray Junípero Serra, Juan Crespi y otros.

Esta expedición religiosa a la Alta California en 1769 estuvo acompañada por la unidad militar de los *Voluntarios de Cataluña* bajo el mando de Gaspar Portolá.

La compañia de los *Voluntarios de Cataluña* acuartelada en California, había sido creada en abril de 1767 como una unidad independiente, *la primera compañía franca de los Voluntarios de Cataluña*. Estaba formada por cuatro oficiales, cuatro sargentos, dos tambores y noventa y cuatro soldados, procedentes del Segundo Regimiento de Infantería Ligera de Cataluña. El Segundo Regimiento, con sobrenombre de *el Sublime y Heróico,* tenia su origen en 1762, en las montañas de la provincia de Cataluña y estaba equipado al estilo de la unidad de infantería ligera de montaña, los Miquelets, siendo su primer jefe el 2º comandante de las Escuadras de Valls, José Veciana. La *primera compañía franca de los Voluntarios de Cataluña* asumió las tradiciones del Segundo Regimiento y vistió sus mismos colores: casaca azul con botonadura de plata.

Como resultado de la experiencia adquirida durante la Guerra de los Siete Años (1757-1763), esta nueva compañía independiente fue destinada a Cuba, pero por considerar en ese momento de mayor necesidad su participación en México, los *Voluntarios de Cataluña* arribaron a Veracruz en agosto de 1767 y desde este puerto marcharon hacia el interior de México. Uno de los jovenes oficiales de esta unidad catalana era el *subteniente* Pedro Alberni.

Alberni había nacido en 1747 en la ciudad de Tortosa provincia de Tarragona. Era hijo de Jaime Alberni y Josefa Texedor. El joven *catalán* comenzó su carrera militar con sólo quince años, en julio de 1762, como cadete del Segundo Regimiento de Infantería Ligera de Cataluña, participando en la invasión de Portugal durante la Guerra de los Siete Años. Con la paz y después de casi cinco años de servicio en esta unidad, en mayo de 1767 ascendió a *subteniente* y trasladado como oficial, a la *primera compañía franca de Voluntarios de Cataluña,* unidad que había recibido órdenes de incorporarse al servicio en América, embarcando en Cádiz rumbo a México el 27 de mayo de 1767. Pronto el joven oficial entró en acción, en el noroeste de México, con la compañía de los *Voluntarios de Cataluña* durante de la Expedición al Desierto de Sonora, campaña que duró de 1767-1771. Al final del conflicto, Alberni fue destinado por un corto periodo de tiempo a la capital de México con el cargo de segundo en mando de los *Voluntarios de Cataluña*. En 1776 fue ascendido a *teniente* y dos años más tarde a *capitán graduado,* cuando sirvió como comandante militar de Cerro Prieto. Después de este destino Alberni asumió el mando durante siete años de la compañía de Catalanes en la guarnición de Nayarit. Durante sus años de servicio en esta región del Pacífico, se casó con una joven de la capital de la provincia, Tepic –Juana Vélez– con quien tuvo una hija.

La última gran aventura de la unidad de los *Voluntarios de Cataluña* a las órdenes de Pedro Alberni fue la costa noroeste del Pacífico en diciembre de 1789 , para fortificar el puerto de Nutka, situado en la costa oeste de la isla de Vancouver. Desde este remoto puesto la Compañía también participó en las expediciones a Alaska, a la costa occidental de Canadá, y al Estrecho de Juan de Fuca.

Meses antes de partir de México para hacerse cargo del destacamento militar, Alberni se vio envuelto en el único incidente serio de su carrera. En ese incidente, puede verse la parte humana del oficial catalán, así como una cualidad no demasiado frecuente dentro del mando militar. El hecho ocurrió cuando era comandante en el Departamento Marítimo de San Blas, en la costa del Pacífico, en el mes de septiembre de 1789, cuando Alberni solicitó al *inten-*

dente de Guadalajara, Antonio Villaurrutia y Salcedo, abonase a sus hombres, de la unidad de los *Voluntarios de Cataluña*, sus haberes pendientes. Entre ambos surgió una disputa y Alberni acusó al *intendente* de *anticatalán* por discriminar a su tropa catalana, a lo que el ayudante del *intendente* le contestó que el fiscal tenía asuntos más importantes que pagar a los *Voluntarios de Cataluña*. Alberni explotó de rabia y como resultado, el *intendente* ordenó su arresto domiciliario durante 70 días en San Blas, Departamento Naval bajo el mando de Juan Francisco de la Bodega y Quadra. La tropa pronto recibió las pagas adeudadas, gracias a su enérgico comandante militar. Durante su arresto, fue cuando Alberni recibió órdenes para su próximo destino, la expedición a Nutka y de preparar sus tropas catalanas. Por más que Villaurrutia escribió al Virrey Revillagigedo que Alberni rehusaba tenerle informado de la expedición.

Liberado del arresto domiciliario, el 3 de febrero de 1790 Alberni partió del puerto de San Blas a bordo de la fragata *Concepcion* rumbo a Nutka, al mando de su leal compañía de *Voluntarios de Cataluña*. La misión encomendada a este militar y a su Compañía, era la de reforzar las fortificaciones en Nutka, isla de la actual British Columbia, con el cargo de comandante de armas y gobernador de Nutka. Tras una travesía de poco más de mes y medio, Alberni y sus hombres arribaron a su destino el 25 de marzo y comenzaron a trabajar, restaurando la primitiva batería de artillería, la *batería de San Miguel,* a la entrada de la ensenada. En relación a su unidad y de acuerdo con su informe, Alberni escribe que en el mes de agosto de 1790, su *primera compañía franca de Voluntarios de Cataluña* se componía en ese momento de 76 soldados –sólo ocho eran de Cataluña– y cuarenta y dos procedían de México. Con los años fuera de la región matriz catalana, la compañía tenía que depender más y más de los nuevos reclutas llegados de Nueva España y de otras regiones de España.

Cuando Alberni llegó a Nutka encontró que la anterior expedición española, en 1789, había enojado a uno de los principales jefes del lugar, Macuina, por lo que Alberni tuvo que usar de todas sus habilidades diplomáticas para recuperar la confianza de los nativos y de su Jefe. Alberni desplegó un talento poco común. El plan ideado por este sutil catalán era el del halago a Macuina a través de su propia gente, los nativos, y para llevarlo a cabo, se sirvió de uno de Nutka, quien transmitiría a Macuina las adulaciones de los españoles. La semilla ya estaba echada y ahora todo lo que los españoles necesitaban hacer era permanecer tranquilos y esperar a que Macuina oyese de su propio pueblo las lisonjeras palabras de los españoles.

Durante su estancia en Nutka, Alberni siempre se mantuvo alerta en su trato con los nativos como ocurrió en un momento de tirantez en las relaciones entre Macuina y los españoles. Alberni, para mejorar esta situación, compuso una canción con la ayuda del idioma de Nutka. En esta melodía se alababa la grandeza y la amistad de Macuina y la lealtad de España hacia el jefe del pueblo de Nutka y su gente. La canción decía:

Macuina, Macuina, Macuina,
Asco-Tais, hua-cas
España, España, España
Hua-cas, Macuina, Nutka

Macuina, Macuina, Macuina
Es un gran Príncipe, amigo nuestro
España, España, España
Es Amigo de Macuina y Nutka.

La canción se componía de dos versos, uno en idioma de Nutka y el otro en español.

El "poético" Alberni también fue un consumado "maestro", enseñando a sus soldados a cantar la canción compuesta por él con la tonadilla de la canción popular andaluza "Mambrú". Tal como el oficial catalán esperaba, los nativos se percataron de la letra de la canción y lo hicieron saber a Macuina y pronto el improvisado coro catalán tuvo que cantar "la canción del año" ante el número uno de sus "fans", el propio, Macuina. El naturalista José Mariano Moziño, escribió en su diario que Macuina pidió a los catalanes que repitiesen la canción varias veces con el fin de aprendérsela de memoria. Este hecho ayudó a la presencia de los españoles en Nutka, y como agradecimiento Macuina suministró pescado y carne de venado a las hambrientas tropas de Alberni.

Sobre el excelente trabajo realizado por este singular catalán en Nutka, queda plasmado en el diario de Alejandro Malaspina cuando el 13 de agosto de 1791 arribó a este remoto puesto en su épica expedición:

> *Veíanse en el fondo del Puerto (Nutka) diferentes barracas construidos con tablazón; vigilaban para su custodia, y buen orden el mismo Alberni con su Tropa acuartelada en Tierra; la fábrica de pan fresco, suministraba diariamente a todos, el cultivo de la huerta, en las cuales la Naturaleza ya prodigaba sus dones, el cuidado de los víveres y pertrechos contra un enjambre harto destructivo de ratas; las herrerías, … e incremento de las casas con el corte necesario de maderas, eran otras tantas ocupaciones, en las cuales brillaban el buen ejemplo, y acierto de los oficiales comandantes… Alberni, influyendo últimamente en la conservación de la salud, y la buena armonía, que a la sazón reinaba entre todos…*

Dos días más tarde Malaspina vuelve a mencionar a Alberni en su diario con elogiosas palabras, no sólo como comandante de los *Voluntarios de Cataluña*, sino por su experiencia agrícola, gracias en gran parte a su origen tortosino. Malaspina aprovechó su estancia en Nutka para suministrar a Alberni algunas piezas no disponibles en Nutka como fraguas, herrerías, armerías y herramientas para el cultivo de la tierra, que ayudarían a mantener el acuartelamiento de los voluntarios hasta la primavera siguiente. Las dos corbetas de Malaspina también abastecieron a Alberni de textiles, ropa, cera, medicinas y equipo médico, además de harina, tabletas de caldo, y cuatro barriles de vino de Sanlúcar de Barrameda, sin duda muy apreciados durante el largo y duro invierno que se acercaba. No sólo utilizó Alberni su talento agrícola para plantar hortalizas, sino que incluso utilizó las coníferas para fabricar un tipo de cerveza antiescorbútica, bastante fuerte. Probablemente los catalanes hubiesen preferido vino a la cerveza, pero Nutka era demasiado frío y estaba demasiado al norte para el cultivo de viñedos.

La investigación de Alberni sobre la mejor época para cultivar la tierra se ayudaba con sus estudios meteorológicos. Malaspina en su "Descripción Física de las Costas del

Norte de America" señaló las contribuciones de Alberni en este sentido:

Los acertados descubrimientos pioneros de Pedro Alberni y las noticias que él ha comunicado, nos ha situado en un lugar para detallar muchas circunstancias que ciertamente pudo compobarse importantes hacia la futura medición de la temperatura de Nutka.

Con la información recopilada por Alberni durante sus años en Nutka, Malaspina realizó una carta de las condiciones climatológicas de la región, además de darle un termómetro con el fin de medir la temperatura y completar sus observaciones atmosféricas. Durante su breve estancia en Nutka, Malaspina tuvo tiempo de mandar establecer un observatorio donde Felipe Bauzá realizó la exacta marcación del puerto. El pintor Tomás Suria, impresionado con el comandante de Nutka, dijo de él, «Alberni, un distinguido oficial ocupará uno de los más importantes lugares en el relato de esta travesía como resultado de su talento y trato con estos nativos».

Durante el tiempo que las corbetas de la expedición Malaspina permanecieron fondeadas en la bahía de Nutka, Alberni sirvió de interprete entre José Bustamante, el capitan de la *Atrevida*, y un Jefe de Nutka cuando éste abordó la corbeta. Antes de partir de Nutka, Malaspina escribió en su diario sobre el talento de este destacado comandante, Gobernador de Nutka: "la gente gozaba de la mejor salud; y el oficial Alberni, cuya atención hacia nosotros había sido desde el primer día tan finas, como constantes, había querido últimamente contribuir a nuestro bienestar, cediéndonos para repuesto, la mayor parte de las verduras, que en el día producían las huertas...".

Además de estas habilidades agrícolas descritas por Malaspina, Alberni también demostró su faceta de constructor. Entre las edificaciones que levantó y restauró en ese remoto lugar además de las mencionadas fortificaciones construyó el hospital, el horno de pan, las casas para los oficiales y para los hombres de la guarnición, la herrería, la carpintería, y un almacén para las municiónes.

Poco después de la llegada de Alberni a Nutka se comenzó a construir una pequeña nave, la *Santa Saturnina*, alias la *Orcasitas,* que se botó a los seis meses. Parte de la madera había sido traída desde San Blas. El piloto gaditano José María Narváez, quien había viajado desde San Blas con Alberni, utilizó la nave para los reconocimientos del estrecho Juan de Fuca.

Durante su estancia en Nutka el oficial catalán realizó experimentos agrícolas aprovechando sus estudios meteorológicos que proporcionaban, no sólo un suplemento alimenticio a todos los barcos que fondeaban, sino que además facilitaba una interesante información sobre qué clase de plantas crecían mejor en ese clima. Alberni mantuvo anotaciones sobre cada cultivo y la cantidad cosechada por planta, además de estudiar la época más idónea para plantar cada semilla. Instruyó a sus soldados a cultivar las huertas, escogiendo su tropa entre los soldados que habían usado las herramientas agrícolas antes que las armas. Él personalmente ayudó a cavar la tierra, hacer canales para el regadío y se percató que los repollos, cebollas y ajos crecían mejor durante los meses de verano, las lechugas y rábanos crecían hasta finales del otoño, las patatas, judías, guisantes, zanahorias y alcachofas crecían en abundancia, los garbanzos, trigo, maíz, tomate y calabazas parecía que no se daban bien. Aunque Alberni no fue el primer español en desembarcar en Nutka, sus experimentos agrícolas le dieron un gran reconocimiento, quizás porque llegó a producir cosechas a gran escala y quizás también porque en ese tiempo más españoles y visitantes extranjeros atracaron en Nutka. También mantuvo Alberni una pequeña granja que contaba con dos vacas, un buey y un ternero; también tenía una cabra, además de una oveja, 20 cerdos y 70 gallinas con 400 polluelos, un pavo y un pato. Como el riachuelo más cercano al puesto estaba a más de tres kilometros, Alberni tuvo que cavar pozos para obtener la suficiente agua potable.

Durante los casi tres años que Alberni permaneció en Nutka tuvo tiempo, para hacer un estudio sobre la lengua de Nutka, de gran ayuda durante la estancia de los españoles y especialmente durante la visita de la expedición de Alejandro Malaspina. El "filólogo" Alberni ayudó a recopilar una lista de once páginas con 633 palabras en idioma de Nutka con su definición en castellano en colaboración con Moziño, autor de las famosas *Noticias de Nutka*. La comunicación era una tarea primordial entre los nativos y españoles como lo manifestaron los marinos llegados a Nutka que siempre declararon el cariño que los nativos sentían por Alberni, incluso después de su marcha.

Durante su destino en Nutka fue ascendido el 1 de julio de 1792 a *teniente coronel graduado*. Alejandro Malaspina y Juan Francisco de la Bodega y Quadra ambos recomendaron a este distinguido oficial para un ascenso. El ministro de Marina Antonio Valdés también tuvo elogiosas palabras sobre este oficial:

El virrey de Nueva España ha informado de que el capitán de la primera compañía de Voluntarios (de Cataluña) Don Pedro Alberni había dado las pruebas más apreciables de su actividad y zelo en el puerto de Nutka cuyo establecimiento había fomentado, contribuyendo al cultivo de las tierras y fábricas de algunas casas, y haciéndose amar a los Indios, y he recomendado el mérito de aquel oficial, sin embargo de que S.M. le había distinguido últimamente con el grado de teniente coronel.

Alberni y los últimos componentes de la compañía de los *Voluntarios de Cataluña* tuvieron que abandonar Nutka en septiembre del año 1792.

A su regreso a México este catalán tuvo poco tiempo para disfrutar de un bien merecido descanso pues fue destinado como *comandante de armas* del Castillo de San Juan de Ulúa y *teniente de Rey* de la plaza de Veracruz, donde sirvió ocho meses. De allí pasó a Guadalajara donde permaneció dos años. A finales de 1795 Alberni y 72 hombres que componían los *Voluntarios de Cataluña* fueron asignados a Alta California donde asumió el cargo de *comandante de armas* de los cuatro presidios de Alta California, y un año más tarde comandante del Presidio de San Francisco a la vez que teniente coronel del ejército, convirtiéndose desde ese momento, en el militar de más alta graduación en California.

Debido a la delicada salud del gobernador de California, en enero de 1800, Alberni fue destinado al Presidio de Monterey. Sin embargo nada más llegar cayó enfermo de hidropesia. Creyendo que su final estaba cerca, Alberni dio testamento el 15 de diciembre de 1801 en la cercana misión de San Carlos del Carmelo dejando su hacienda a su esposa ya que su hija había muerto, y nombró al sargento Ticó su albacea. La extremaución le fue administrada el 11 de marzo de 1802, muriendo poco después, a la edad de 55 años. Sus restos fueron enterrados en la misión de Carmelo. Le sobrevivió su esposa quien recibió una propiedad valorada en 9.000 pesos.

Pedro Alberni, oficial español con cuarenta años de servicios se destacó en México, en la Alta California y en la Columbia Británica. Fue comandante de las tropas catalanas en Nutka, Nayarit, Guadalajara, Sonora, Veracruz, San Francisco y Monterrey. A pesar de ello, sólo una señal marca hoy en día su presencia en esas tierras. En la isla de Vancouver los contemporáneos de Alberni anotaron en los mapas de la Columbia Británica una larga entrada de agua que llamaron *Canal de Alberni*, y que actualmente se llama Barkley Sound. Queda sólamente una ciudad en este canal que lleva el nombre de *Port Alberni*. Cataluña debe sentirse orgullosa de tener hombres del calibre de Pedro Alberni. No sólo era un destacado militar, comandante de los *Voluntarios de Cataluña* además de sus cualidades militares, demostró una gran habilidad diplomática, linguística y un gran talento agrícola.

En el año de 1997 se cumplió el 250 aniversario del nacimiento de este extraordinario *catalán* de la ciudad de Tortosa, fecha que ha pasado reconocimiento. Esperemos que este merecido reconocimiento llegue ahora con motivo del bicentenario de su fallecimiento en California.

Curiosamente este distinguido militar terminó su carrera en Monterrey, donde un recluta –el autor de este artículo– commenzó su breve paso por las fuerzas armadas, hace ahora medio siglo.

FUENTES DOCUMENTALES

Pedro de Alberni, «Puerto de S. Lorenzo de Nutka: Compañía Franca de Voluntarios de Cataluña, 23 agosto 1790», MN, Mss. 330, Doc. 27.

Resumen de servicios de Pedro Alberni (manuscrito que unió a una carta que escribió a Miguel Joseph de Azanza, San Francisco, 1 agosto 1798), Archivo General de Indias (Sevilla), Audiencia de México, leg. 1446.

Hoja de servicio de Pedro Alberni, Archivo General de Simancas, Guerra y Marina, leg. 7277, núm. c:8 (31 dic. 1800).

«Noticias de las semillas que se da en Nutka», MN, Mss. 330, Doc. 18.

Antonio Valdés al conde de Campo Alange, 28 marzo 1793, AHN, E, leg. 4287.

«Viaje al Estrecho de Fuca», MN, Mss. 144.

BIBLIOGRAFÍA

BANCROFT, Hubert H., *History of California* (7 vols., San Francisco, 1884-90).

BERNABEU, Salvador (ed.), *Juan Francisco de la Bodega y Quadra: El descubrimiento del fin de mundo* (Madrid, 1990).

CÁRDENAS DE LA PEÑA, Enrique, *San Blas de Nayarit* (2 vols., México, D.F., 1968).

CEREZO MARTÍNEZ, Ricardo, *La Expedición Malaspina, 1789-1794* (3 vols., Madrid: Museo Naval, 1987).

Cook, Warren L., *Flood Tide of Empire, Spain and the Pacific Northwest, 1543-1819* (New Haven and London: Yale University Press, 1974).

CROSSE, John, «Malaspina and the Eliza Expedition of 1791», *Jornadas Internacionales, conmemorativos de la Expedición Malaspina, 1992* (Cádiz, 1994, pp. 329-334).

CUTTER, Donald C., «Pedro Alberni y los primeros experimentos de agrícola científica en la costa Noroeste del Pacífico», *Revista de Historia Naval* (Madrid), Año V, nº 18 (1987), pp. 41-55.

CHARTRAND, Rene, «Malaspina and the Spanish Explorations. A Contribution to the Geostrategic History of Canada's West Coast», *Jornadas Internacionales, conmemorativos de la Expedición Malaspina, 1992* (Cádiz, 1994), pp. 319-327.

«The Garrison at Nootka: Spanish colonial troops at the end of the Eighteenth Century», *Spain and the North Pacific Coast*, (ed.) Robin Inglis (Vancouver, B.C., 1992), pp. 111-118.

JONES, Oakah L., «The Spanish Occupation of Nootka Sound, 1790-1795», M.A. thesis (University of Oklahoma, 1960).

MARCHENA FERNÁNDEZ, Juan, *Oficiales y soldados en el ejército de América* (Sevilla, 1983).

MENCHACA, Antonio, *De California a Alaska: vida y descubrimiento de D. Juan Francisco de la Bodega-Quadra* (Madrid, 1989).

MOZIÑO, Joseph Mariano, «Noticias de Nutka», *Mercurio de España* (Madrid), 31 mayo 1804, vol. II.

NUTTALL, Donald A., «The Gobernantes of Spanish Upper California: A Profile», *California Historical Quarterly* (San Francisco), LI, 1972, núm. 3, pp. 257-280.

PALAU-DULCET CLAVERAS, Agustín, (ed.) M. Fernández Navarrete, *Biblioteca Marítima Española* (2 vols., Barcelona, 1995).

PALAU DE IGLESIAS, Mercedes, *Catálogo de los dibujos, aguadas y acuarleas de la Expedición Malaspina* (Madrid, 1980).

PALAU, Mercedes; ZABALA, Aránzazu y SÁIZ, Blanca, *Viaje científico y político a la América Meridional a las costas del mar Pacífico y a las Islas Marianas y Filipinas, verificado en los años 1789, 90, 91, 92, 93, y 94* (Madrid: Ediciones el Museo Universal, 1984).

SÁNCHEZ, Joseph P., *Spanish Bluecoats: The Catalonian Volunteers in Northwestern New Spain (1767-1810)* (Albuquerque, NM, 1990).

«The Catalonian Volunteers and the Defense of Northern New Spain, 1767-1803» Ph.D. dissertation (University of New Mexico, Albuquerque, NM, 1974).

SOTTO, Serafín María [Conde de Clonard], *Historia orgánica de las armas de infantería y caballería españolas* (16 vols., Madrid, 1851-1859), V, pp. 279-287.

Thurman, Michael, *The Naval Department of San Blas: New Spain's Bastion for Alta California and Nootka, 1767-1798* (Glendale, CA, 1967).

EL INTERÉS POR LA LENGUA DE LOS POBLADORES DE LA COSTA NOROESTE

Emma Martinell Gifre - Mª José Martínez

La expedición Malaspina, formada por doscientos hombres embarcados en dos fragatas, Descubierta y Atrevida, y dirigida por Alejandro Malaspina y José Bustamante y Guerra, zarpó de España en 1789 y no regresó hasta 1794. Recorrió durante sesenta y dos meses las costas de toda América desde Buenos Aires a Alaska, las Filipinas, las Marianas, el archipiélago de Vavao, Nueva Zelanda y Australia.

Los objetivos o propósitos que guiaron esta expedición se inscriben, por un lado, en el marco *político-comercial* y, por otro, en el *científico-cultural* característicos de la segunda mitad del siglo XVIII.

Existía también un interés por América que iba más allá del inmediato provecho comercial o de la estrategia política. Nos referimos a la curiosidad de saber. El afán del siglo por clasificar la especie humana, el gusto por lo exótico, los debates sobre las ventajas y desventajas de la civilización y la bondad o bestialidad del hombre natural fueron las preocupaciones antropológicas de la época.

Malaspina propuso una organización semejante a las de los viajes de Cook y La Pérouse. Con sus aportaciones, se estaba enriqueciendo la historia natural y favoreciendo los próximos descubrimientos. La misma historia de la sociedad se iba a cimentar sobre investigaciones generales.

Todo viaje supone un *acto de comunicación lingüística entre los hombres* y en uno de circunnavegación, que pretendía recalar en las posesiones de Ultramar y estudiar su fauna, su flora y población, tuvo que haber comunicación entre europeos y naturales[1]. Los expedicionarios de Malaspina establecieron contacto con los naturales en seis ocasiones. Cronológicamente, con los patagones en Puerto Deseado (Argentina), con los huiliches-araucanos en la isla de San Carlos de Chiloé (Chile), con los tlingits de la Bahía de Yakutat, Puerto Mulgrave (Alaska), con los pobladores de Nutka (Vancouver, Canadá), con los naturales ya reducidos en la colonia británica de Port Jackson (excursión a Botany Bay y Parramata, en Sydney, Australia), y, finalmente, con los naturales del archipiélago de Vavao (Polinesia).

En cada una de estas seis situaciones, el encuentro entre los expedicionarios y los habitantes de aquellos lugares fue diferente y vino determinado por la duración del encuentro: las estancias, en cinco ocasiones (excluimos Parramata), duraron 10, 12, 15 días, o un mes.

Así pues, el poco tiempo, la variedad geográfica de las zonas, la naturaleza antropológica y lingüística heterogéneas plantearon problemas a la hora de establecerse la comunicación de los europeos con los naturales. A pesar de ello, facilitaron el intercambio comunicativo bien la llegada con anterioridad de otros expedicionarios, bien la ayuda de intérpretes.

Los expedicionarios intentaron conocer el modo de vida, las costumbres y la lengua de los hombres que vivían en esos lugares. Destacamos la labor de algunos de los expedicionarios, que confeccionaron vocabularios de las lenguas indígenas. Es cierto que los hombres de Malaspina no produjeron trabajos lingüísticos descriptivos ni gramáticas, sino que recopilaron listados de palabras, que quedaron incluidos en sus diarios y relaciones.

Los materiales manuscritos que contienen los mencionados vocabularios pertenecen al fondo bibliográfico del Museo Naval[2] de Madrid.

Los manuscritos conservados se articulan geográficamente en cuatro áreas[3]:

1. *Costa meridional de América,* es decir, la Patagonia y sur de Chile.
2. *Costa de California,* a la altura de Monterrey.
3. *Islas del Pacífico.*
4. *Costa noroeste de Norteamérica,* la más rica en materiales. A esta zona pertenecen los repertorios léxicos correspondientes a la lengua de la Bahía o Entrada del Príncipe Guillermo (eyak)[4], que fueron elaborados por Juan Eugenio de Santelizes entre febrero y marzo de 1791. También forma parte de esta zona el vocabulario de la lengua que se habló en la "boca sur" del Estrecho de Fuca (makah)[5], recogido por la expedición de Alcalá Galiano en junio de 1792. Junto a ellos debemos anotar el de la lengua de Puerto Mulgrave (tlingit, lengua nadéné)[6], recogido por José de Espinosa y Tello entre el 27 de junio y el 6 de julio de 1791) y el de Nutka[7] en el que encontramos diferentes series entre las que destacamos el vocabulario de Francisco Moziño y el de Dionisio Alcalá Galiano.

Gracias a la tarea de recopilación de estos expedicionarios, disponemos de información sobre cómo pudieron ser lo intercambios comunicativos, al margen de su propia descripción en los diarios. Entre esos términos figuran las palabras que designaban la realidad más inmediata y cotidiana, los términos de las relaciones de parentesco y de jerarquía que los europeos observaron, y los verbos de acciones más comunes.

Todos los vocabularios son *bilingües*, ya que dan la correspondencia entre términos españoles y voces nativas. Los repertorios léxicos presentan una ordenación alfabética o temática.

Las voces de los vocabularios son agrupables en *campos semánticos como estos*: partes del cuerpo, animales, plantas; utensilios de caza y pesca, objetos de adorno, elementos relacionados con la higiene, enseres de la vida cotidiana; comida, vestimenta, casa; dios, religión y muerte; navegación; elementos de la naturaleza, fenómenos atmosféricos.

Repasaremos a continuación cada uno de estos ámbitos (desestimando lo relativo a los vocabularios de la Polinesia, de América del Sur, y de la costa de California).

El vocabulario de Nutka presenta un repertorio muy completo de las *partes del cuerpo humano*. Entresacamos "garganta"[8], "vbula ó campanilla", todos los nombres de los dedos, "nuca", "ombligo", "sobaco", "pestañas", y metáforas como "ventana de la nariz", "orbita del ojo", "nube del ojo"; en detalle, constan los nombres de los rasgos distintivos del cuerpo del hombre y la mujer, y los nombres de todo tipo de secreciones. También se recogen las menciones de músculos, vísceras y conductos.

El vocabulario de Nutka recoge numerosas voces de *animales*: "pulpo" y "mojarra", "pato", "caballo", "raton", "venado", "aguila", "gorrion", "gaviota", "cuervo grande" y "cuervo pequeño", llamados con las voces conocidas.

En el vocabulario de Fuca no se mencionan *instrumentos de caza y pesca*; en Nutka: "flecha" y "red"; en Mulgrave: "lanzas", "flechas", "red de pescar".

Los *objetos de adorno* más frecuentes son los "abalorios". En Mulgrave se incluyen: "sarcillos" y "cilindros curvos de hueso y cobre que pasan por la ternilla de la nariz".

En relación con los *elementos* relacionados con la *higiene*, en Nutka ("peine", "azeyte") y en el de Príncipe Guillermo ("espejo"). El espejo fue uno de los regalos con el que los expedicionarios obsequiaron a los naturales para asegurar un primer acercamiento pacífico o un encuentro no conflictivo[9].

En Nutka, hallamos "carne", "leche", "pescado", "arenque", "manzana", y los genéricos "fruto" y "fruta".

Los vocablos relacionados con *la vestimenta o la indumentaria* son: "el sombrero", "los guantes", "la tunica de plumas", "la camisa de membrana de pescado" (en Príncipe Guillermo). En Mulgrave al genérico "ropa" se suman "calzones", "chaqueta", "gorro ó sombrero" y "vestido". Y en Nutka, "esclavina" y "sombrero".

Además de las *designaciones para Dios*, en el vocabulario de Nutka encontramos las voces "Ynfierno" y "Taís del Ynfierno". En el resto de vocabularios (Príncipe Guillermo, Mulgrave y Fuca) no encontramos tales términos.

Encontramos voces pertenecientes al ámbito de la *religión y a la muerte* en Mulgrave ("casa fúnebre o cementerio" y la larga correspondencia "figura humana, colosal de madera, que ponen sobre un palo en las inmediaciones de sus sepulcros, ya represente persona ó idolo", es decir, tótem).

Es curiosa la denominación de la casa en Mulgrave, ya que hallamos un mismo término para "canoa grande de madera" y "casa de lo mismo". En Nutka se mencionan "casa" y "casa sola".

En cuanto a los términos referidos a la *navegación*, en Mulgrave aparecen tanto tipos de embarcaciones ("canoa grande de madera", "canoa de cuero") como utensilios ("canalete"). En Fuca sólo hallamos partes de la embarcación ("palo de embarcacion" y "vela de barco"). El de Nutka sólo contiene "navio", "canoa" y "canalete". Vemos cómo la voz indoamericana "canoa" se trasplanta de lugar.

Presentes están las voces de los *elementos de la naturaleza*: en el repertorio de Príncipe Guillermo "olas", "mar", "tierra"; en el de Mulgrave "nubes"; en Fuca "laguna", "rio".

El vocabulario de Nutka es el que presenta más términos relacionados con los *fenómenos atmosféricos*: "relampago", "Yris", "arcoiris", "viento duro", "viento bueno", "Nordeste (viento)", "Norte (viento)", "Sur (viento)", "rayo", "lluvia", "nieve", "granizo" y "yelo". En cambio, no encontramos ninguna voz referida a ellos en Fuca. En Mulgrave, "agua de lluvia ó quiza la accion de llover".

Conocemos los *utensilios de la vida cotidiana y doméstica* por el vocabulario de Mulgrave ("cuchara", "cuchillo", "manta exterior", "manta interior", "canastillo donde cuecen" y "especie de cuna en que ponen los niños"). Son más escasos en Nutka ("almoada", "arca" y "cama"), y no se mencionan en Fuca.

Algunas denominaciones de *pieles de animales* se recogen en Nutka ("cuero de zorro", "piel de nutria" y "piel de oso") y en Mulgrave ("nutria ó su piel" y "piel de zorrillo"); de *metales* en el de Príncipe Guillermo ("fierro", "alambre" y "cobre") y en Nutka ("cobre", "hierro"); de *partes de las aves* en Nutka ("alas", "cola", "pico de ave", y las precisiones "pluma en el ala" y "pluma arrancada"), así como de *partes de las plantas* ("tallo", "raiz" y "hojas"). En Nutka hallamos un único nombre de planta, "espírea".

Los vocabularios de Fuca y de Príncipe Guillermo no contienen voces de *relaciones de parentesco*. Una vez más, es el de Nutka el más completo, con diez palabras. En el de Mulgrave aparecen "ama de leche" y la oposición "amigo"/"enemigo".

En el vocabulario de Fuca no encontramos términos relacionados con la *organización social*. En Mulgrave figuran "capitan ó Xefe" y el "nombre del Cazique". De nuevo la voz india conocida a fines del XV vale para la nueva realidad vista en el XVIII.

Son muy numerosos los *verbos descriptivos de las actividades de la vida cotidiana* recogidos.

En el repertorio de voces de príncipe Guillermo "llouer", "cambiar", "beber", pero no "comer"; en Fuca "oir", "llorar", "dar un tajo", "nadar"; en el listado de Mulgrave, junto a ellos, otros ("dormir", "roncar"), y los relacionados con el saludo y la amistad ("dar la mano" y "abrazar"). En el de Nutka hay mayor precisión léxica. Así, en el apartado de higiene personal se incluyen "labarse", "peinarse", "labarse las manos","cortar el cabello" y "cortar el vello"; en el de la alimentación, "erutar", "vomitar", "sorbér", "tener sed" y "tener hambre"; en el del sueño, "estar dispierto", "tener sueño" y "esperesarse"; en el de los sentimientos, "suspirar"; en el de los sentidos, "oler" (la lista es aún más rica, pero omitimos la mención).

Hallamos *adjetivos aplicables al ser humano y a cosas* en Mulgrave (tan solo "bonito"), aunque en Fuca y en el Príncipe Guillermo no aparecen. Abundan en Nutka: "manco", "mudo", "gibo", "enfermo", "borracho", "enojado" y "mentiroso".

Los expedicionarios también recogieron *elementos gramaticales*. En los vocabularios aparecen *adverbios marcadores de las coordenadas de espacio y tiempo*. Los *términos de naturaleza pronominal* no aparecen ni en el de Príncipe Guillermo ni en el de Fuca; en el de Mulgrave sólo "nada", "todo junto". Es en Nutka donde hallamos "tu", "nosotros", "suyo,a", y los interrogativos encabezadores de preguntas: "Quando?", "Quanto?", "Que?" y "Quien? En cuanto a los *marcadores de cantidad*, en Nutka hallamos "muchos", "poco,a". En cambio, no encontramos ninguno en los vocabularios del Príncipe Guillermo, ni en Fuca ni en Mulgrave.

Al estudiar las voces oceánicas contenidas en los repertorios léxicos analizados nos sorprenden, por ejemplo, las perífrasis descriptivas de los verbos, la parcelación en la denominación de las partes del día... De hecho, se intenta dar una idea de la matización que establece esa lengua (y que quizá no conoce el español). A veces resultan de difícil conceptualización: "lastimar el humo", "verse en los ojos de otro" (Nutka). En la misma línea el lector contemporáneo está atento a los nombres de color que se recogieron, que, por cierto, no resultan llamativos: en Nutka, "amarillo", "azul", "encarnado", "negro" y "verde".

Destacamos, entre otros fenómenos, los siguientes:

a) el *uso de los proverbos* hablar, dar, ser, tener o decir: "hablar vno", "hablar solo", "hablar mucho" y "hablar de secreto", "dar bofetadas", "estar dispierto", "estar callado", "estar atado"/"estar suelto", "estar bueno", "estar en pie", "tener sueño", "decir de memoria".
b) las *perífrasis verbales* (verbo más sustantivo sujeto u objeto): "atravesar una cosa", "buscar una cosa", "voltearse la canoa", "disparar una flecha" y "lavar la cara" (en Nutka).
c) construcciones formularias relacionadas con la *bienvenida*, con el *saludo*: "dar la mano" (en Mulgrave), con el enfado: "sacar la lengua" (en Nutka), o con el dolor: "quemarse el cabello" (Nutka).
d) denominaciones para los diferentes momentos en el *transcurso del día*: en Nutka: "tarde", "noche", "dia del Verano", "dia del Ynvierno", "Noche de Verano" y "Noche de Yvno"; en Mulgrave: "revolucion diaria del sol"; en Fuca: "ponerse el Sol".
f) *información precisa* sobre las materia base de su vestimenta: "la camisa de membrana de pescado", "la tunica de plumas" y las "tripas o intestinos de que hacen sus vestidos" en Príncipe Guillermo.
g) el uso de *metáforas* relacionadas con las partes del cuerpo: "ventana de la nariz", "nube del ojo", "orbita del ojo" y "hoyuelos de la cara" en Nutka. Debemos suponer que la lengua indígena conoce la misma metáfora que el europeo. Y el de los *epítetos*: "Principe del Ynfierno" en Nutka.
h) las referencias al *contacto gestual*: "llamar pr. señas", "llevar pr. la mano", "hacer gestos", "tirar de la ropa" y "tirar del brazo" en Nutka[10].

Lo que sorprende al filólogo cuando analiza estos vocabularios desde una perspectiva *pragmática* que atienda al uso de la lengua y a las condiciones de su uso, es la presencia de frases que forman un pequeño repertorio de estructuras que se debían de utilizar para las diversas funciones de los actos comunicativos más frecuentes.

Para su presentación, distinguiremos las funciones de relación social, las de información, las de acciones comunicativas y las de sentimientos, gustos y opiniones[11].

Entre las fórmulas de *relación social*, los vocabularios no contienen estructuras lingüísticas que correspondan a saludo. Sí que encontramos, en cambio, construcciones utilizadas para reclamar la atención de alguien: "Escucha", "Mira aquello".

En cuanto a ofrecimientos e invitaciones, no hemos hallado estructuras para pedir u ofrecer ayuda o apoyo. Sin embargo, sí encontramos frases destinadas a pedir algo a alguien: "Dame", "Dame de comer", "Regalame algo", "Dadme alguna cosa en cambio", "Dame para ver", "Dame mas", "Tira eso", "Apaga la luz", "Abre", "Cierra", "Agarra", "Siéntate", "Quítate" y "Sal a fuera", entre otras. También encontramos el escueto "Gracias".

No constan en los vocabularios ni fórmulas para expresar condolencia ni para pedir o aceptar disculpas a alguien.

Figuran entre las expresiones las relativas a la *información*. Hay frases con las que los expedicionarios recogían información de los naturales sobre la realidad que encontraron en aquellas tierras visitadas: "¿Como se llama?", "¿En donde?".

Los vocabularios contienen fórmulas de afirmación y negación ("si", "si señor", "no", "no señor"), para pedir a alguien que repita lo dicho o para expresar duda, confianza o incredulidad o para manifestar que uno no está de acuerdo con alguien ("¿Que dices?"); para quitar importancia a algo o mostrar indiferencia ("No vale nada"); para comprobar que el interlocutor ha entendido el mensaje ("¿Ves?"). En cambio, no hallamos elementos de inicio o finalización de una conversación o charla, de cambio de tema, de ejemplificación o de poner algo de relieve.

No aparecen preguntas o afirmaciones sobre si alguien está seguro de algo ni especulaciones sobre lo que podría ocurrir.

Las construcciones no pretenden persuadir a alguien a hacer algo ni sugerir algo a alguien, sino que en todas las ocasiones se utiliza el imperativo : "Ven acá", "Ven conmigo", "Vete de ahi", "Anda vete".

En el ámbito de las reacciones, hallamos fórmulas para rechazar a alguien y para expresar irritación por algo ("¡Basta!"); para interrumpir o cortar a alguien encontramos ("No mas").

En cuanto a la *expresión de sentimientos, gustos y opiniones*, no hallamos fórmulas que expresan enfado, admiración, sorpresa, interés y entusiasmo. Tampoco figuran frases de optimismo, pesimismo, dolor físico ni fórmulas para lamentarse de algo, expresar arrepentimiento, resignación, tristeza, dolor, disgusto o desagrado. Sólo vemos el escueto "Gustame".

Los vocabularios contienen *aserciones contundentes negativas y afirmativas*. Las negativas están formadas por el adverbio de negación "no" y el verbo. Las afirmativas son del tipo de: "Me pertenece", "Esto es mio", "Mio".

Todas las estructuras analizadas muestran cómo se estableció la relación comunicativa entre los dos grupos. Y nos aventuramos a afirmar que la mayor parte de todas ellas fue formulada por los expedicionarios, aunque quizá otras como "Regalame algo", fueran pronunciadas por los naturales. ¿Podemos decir, por esa razón, que se ejerció un dominio, pacífica y verbalmente, sobre el hablante de las tierras visitadas[12], a la vez que se conseguían tanto el propósito político-comercial como el científico que alentaron a los hombres de Malaspina? El frecuente uso de imperativos y de construcciones elementales indican que fueron los expedicionarios quienes pronunciaron la mayoría de esas frases con contundencia exhortativa, sin mitigar el mandato.

La sencillez de las fórmulas podría responder a que los expedicionarios no necesitaban frases complejas para tratar con los naturales sobre el comercio, y a esta circunstancia tenemos que añadir que la estancia en cada uno de aquellos lugares fue breve.

Los intereses, la preparación y las actitudes hacia la lengua que guiaron a los expedicionarios del siglo XVIII no fueron los mismos que para los misioneros del siglo XVI. Ni en el plan científico del viaje, elaborado por Malaspina, ni en los cuestionarios previos enviados a las audiencias, corregimientos y misiones ni en las órdenes cursadas a sus oficiales, se menciona un objetivo lingüístico[13]. Los estudios lingüísticos no formaron parte de las metas científicas de las expediciones de la época. La recopilación de vocabularios y el estudio de las lenguas habladas por los indígenas constituían sólo unos instrumentos para profundizar en el conocimiento de esos grupos, pero no un fin en sí mismo.

No había ningún tripulante especialmente preparado para realizar un estudio lingüístico, aunque, por afición o por predisposición natural, algunos oficiales sobresalieron en esta disciplina: el naturalista Antonio Pineda en el estudio de los patagones; José de Espinosa y Tello en las lenguas de la costa noroeste de América y California, y Ciriaco Cevallos en el idioma polinésico de Vavao.

A todas luces, la elaboración de los vocabularios de las lenguas indígenas sirvió al expedicionario español como instrumento útil para la comunicación con la finalidad de saber cómo dirigirse al natural para ser comprendido y, a la vez, respondió al deseo de descifrar una naturaleza nueva para obtener la información etnográfica que requería el propósito científico que perseguían las expediciones.

En conclusión, estos vocabularios, aunque no se confeccionaron con una finalidad lingüística, constituyen una valiosa recopilación de voces oceánicas. Hemos analizado los documentos manuscritos e inscrito estos vocabularios en el marco histórico en que se utilizaron como herramienta útil de comunicación entre expedicionarios y naturales para recoger información comercial, marítima, geográfica, estratégica y antropológica. De todos esos vocabularios se han nutrido los antropólogos y etnólogos, que cien años después siguen estudiando la desaparición o la pervivencia de esos pueblos, y analizando su cultura, a través de los artefactos que les han llegado y de la documentación lingüística que estos vocabularios atesoran.

NOTAS

1. MARTINELL GIFRE, E.: "La comunicación con los naturales en la expedición Malaspina: La conciencia lingüística a finales del siglo XVIII", en MARTINELL GIFRE, E. y CRUZ, M. (eds.): *La conciencia lingüística en Europa. Testimonios de situaciones de convivencia de lenguas (ss. XII-XVIII)*. Barcelona, 1996, PPU, pp. 276-289.

2. Ahora, gracias a las publicaciones digitales de DIGIBIS, se pueden consultar los vocabularios objeto de esta investigación en CD Rom. Éstos están incluidos en el catálogo de documentos relativos a la Expedición Malaspina.

3. Véase BUSTAMANTE GARCÍA, J.: "Los vocabularios mexicanos. Malaspina y la costa noroeste. Un modelo clasificatorio", en PESET, J.L. (ed.): *Culturas de la Costa Noroeste*. Madrid, Turner-Quinto Centenario, 1989.

4. MOSELEY, Ch. y ASHER, R.E., 1994, agrupan la lengua eyak entre las lenguas na-déné que, a su vez, pertenecen a las lenguas atabascanas. En la actualidad está extinguida.

5. Según MORENO CABRERA, J.C., 1990, pertenece a la familia de las lenguas cacachanas.

6. MORENO CABRERA, J. C., 1990, incluye el tlingit o coluchano en el grupo de las lenguas atabascanas y en el subgrupo na-déné. Añade que los indios coluchanos viven en Alaska en las ciudades de Juneau, Sitka, Ketchikan y en las islas del archipiélago de Alexander. Posee aproximadamente 100 hablantes.

7. Véase la clasificación de MORENO CABRERA, J.C., 1990, donde se indica que la lengua nutka se habla en la isla de Vancouver y en la Columbia Británica y que pertenece a la familia de las lenguas vacachanas.

8. Hacemos referencia exclusiva a la palabra española que aparece como traducción de la voz indígena en los mencionados vocabularios. Respetamos la ortografía que presentan los vocablos españoles en los repertorios léxicos consultados.

9. Véase el trabajo de MARTINELL GIFRE, E. y VALLÉS, N.: "Ellos vinieron a rescatar", en ZIMMERMANN, K. y BIERBACH, Ch. 1997, (eds.): *Lenguaje y comunicación intercultural en el mundo hispánico*, Madrid, Vervuert (Frankfurt a. M.)- Iberoamericana.

10. Véase el artículo de MARTINELL GIFRE, E. y VALLÉS, N., 1997, que trata sobre la gestualidad como primera etapa de comunicación en el intercambio lingüístico.

11. Seguimos la pauta de AA. VV.,: *Niveles umbral, intermedio y avanzado. Repertorio de funciones comunicativas del español*. Madrid, SGEL, 1998.

12. Véase nota nº 2

13. Consúltese el trabajo de MARTÍN-MERAS, M.L.: *"Vocabularios indígenas recogidos en las expediciones de Malaspina y de las goletas Sutil y Mexicana"*, Revista de Historia Naval, año II, nº 6, Madrid, 1984, pp. 57-73.

BIBLIOGRAFÍA

AA. VV. (1988): *Niveles umbral, intermedio y avanzado. Repertorio de funciones comunicativas del español*. Madrid, SGEL.

BUSTAMANTE GARCÍA, J.: "Los vocabularios mexicanos. Malaspina y la costa noroeste. Un modelo clasificatorio", en PESET, J.L. (ed.): *Culturas de la Costa Noroeste*. Madrid, Turner-Quinto Centenario, 1989.

COMRIE, B. (1981): *Universales del lenguaje y tipología lingüística*. Madrid, Gredos.

HIGUERAS RODRÍGUEZ, M.D.: *Catálogo crítico de los documentos de la expedición Malaspina (1789-1794) del Museo Naval*. Madrid, Museo Naval, 1985.

HIGUERAS RODRÍGUEZ, M.D.: "La expedición Malaspina 1789-1794: Una empresa de la Ilustración española", en MARTÍNEZ SHAW, C., 1988, (coord.): *El Pacífico español. De Magallanes a Malaspina*. Madrid, Lunwerg, pp. 147-163.

MARTÍN-HERAS, M.L.: "Vocabularios indígenas recogidos en las expediciones de Malaspina y de las goletas Sutil y Mexicana", *Revista de Historia Naval*, año II, nº 6, Madrid, 1984, pp. 57-73.

MARTINELL GIFRE, E.: "La comunicación con los naturales en la expedición Malaspina: la conciencia lingüística a finales del s. SVIII", en MARTINELL, E. y CRUZ, M., 1996, (eds.): *La conciencia lingüística en Europa. Testimonios de situaciones de convivencia de lenguas (ss. XII-XVIII)*. Barcelona, PPU, pp. 276-289.

MARTINELL GIFRE, E. y VALLÉS, N.: "Ellos vinieron a rescatar", en ZIMMERMANN, K. y BIERBACH, CH. (eds.): *Lenguaje y comunicación intercultural en el mundo hispánico*. Madrid, Vervuert (Frankfurt a. M:) Iberoamericana, 1997, pp. 13-36.

MORENO CABRERA, J.C.: *Lenguas del mundo*. Madrid, Visor, 1990.

MOSELY, CH. y ASHER, R.E.: *Atlas of the World's Languages*, Nueva York, Routledge, 1994.

CAMBIO Y CONTINUIDAD EN EL ARTE DE LAS CULTURAS NATIVAS DE LA COSTA NOROESTE DE AMERICA, EL CASO DE LOS NUU-CHAH-NULTH[1]

Emma Sánchez Montañés

Para cualquier persona, investigador o simplemente curioso del ámbito indígena de América del Norte, la sola mención a la costa del Pacífico, o mas concretamente a la denominada área cultural de la Costa Noroeste, trae inmediatamente a la mente, como si se tratase de un símbolo, la imagen de un elevado poste, mal llamado totémico, que se levanta aislado y cubierto con una serie de figuras talladas y pintadas. Su imagen ha sido y es utilizada incluso en anuncios publicitarios, generalmente al lado de las figuras de unos "indios" que no tienen nada que ver con dicha región.

Y sin embargo en un pasado cercano, tampoco los pueblos nativos de la Costa Noroeste tuvieron mucho que ver con dicha imagen, ya que el poste heráldico, como mas correctamente debiera denominársele, aislado y separado de las viviendas, ni es de tradición aborigen ni era característico de toda el área. El esplendor del poste heráldico corresponde ya a una etapa clara de destrucción cultural, a un a modo de "canto del cisne" de una cultura gravemente afectada por el impacto de occidente. Pero hoy día ha sido recuperado, incluso por parte de pueblos que tradicionalmente no lo utilizaron y, al igual que ha ocurrido con otras manifestaciones artísticas, algunas de claro corte occidental, se ha reasumido, reelaborado, y hoy cumple una función plena e integrada en unas culturas que luchan por su supervivencia y por el mantenimiento de su identidad.

No obstante, el caso del "poste totémico" es solo uno de los muchos malentendidos que han caracterizado el conocimiento de las culturas nativas de la Costa Noroeste por parte del mundo occidental.

El área de la Costa Noroeste de Norteamérica

Estrictamente, la región que se encuentra bajo la denominación de área cultural de la Costa Noroeste de Norteamérica, es la franja costera que se extiende entre los 60º y los 40º de latitud N., más de 2.400 Km. en línea recta, desde la bahía de Yakutat, al pie del monte San Elías, en Alaska, hasta la bahía de Humboldt, al norte de California. Pero tradicionalmente la "Costa Noroeste" termina, para la mayor parte de los investigadores y sobre todo para los estudiosos del arte tradicional, en el río Columbia.

Nos encontramos ante un paisaje muy recortado y montañoso, con canales que penetran hasta un centenar de kilómetros en el interior, entre imponentes acantilados, elevadas montañas y multitud de islas, restos de la primitiva cadena costera. En tierra firme, el área se cierra por cordilleras que, según el país reciben diversos nombres, y que se levantan bruscamente hasta unos 1.500 m. de altura media. En los fiordos y canales desembocan gran cantidad de torrentes, pero solamente algunos grandes ríos comunican con el interior, constituyendo vitales vías de comunicación. Dado lo accidentado de la costa, el mar fue siempre, y lo sigue siendo, la vía de comunicación principal.

El clima, afectado por la corriente cálida del Japón y por las montañas que detienen los vientos del oeste, es, a rasgos generales, suave y muy húmedo. En todas partes las precipitaciones son muy elevadas, aunque las nieves y heladas varían mucho al descender hacia el sur. El verano es la época mas seca y soleada.

Este clima permitió la existencia de los bosques mas exuberantes de Norteamérica, particularmente coníferas de mas de 80 m. de altura, que cubrían las laderas de las montañas y llegaban hasta la misma orilla del mar. Entre las especies de las dos regiones forestales que cubren toda la región, destacan los llamados "cedros", el amarillo y sobre todo el rojo, la materia prima fundamental para la cultura tradicional. Entre los altos árboles crecía una gran variedad de vegetación, helechos gigantes y sobre todo multitud de arbustos productores de bayas, de gran importancia para la alimentación nativa. Hoy día los restos de los bosques originales se encuentran muy limitados debido a las actividades de la industria forestal.

Aunque existen en el área diferentes variaciones culturales, se manifiesta también cierta unidad que la caracteriza, basada en los particulares medios de uso y explotación de los recursos. Todos los pueblos del área compartían un modelo económico cazador-recolector especializado, basado en la explotación de unos recursos abundantes, aunque solo temporalmente, y muy variables -fundamentalmente peces anadromos-; vivían en poblados sedentarios semipermanentes; construían grandes y sólidas casas de madera; y tenían una peculiar organización social que les permitía la explotación eficiente de los particulares recursos.

Pero es importante destacar que lo que se entiende vulgarmente por "tribus" indígenas de la Costa Noroeste son en realidad grupos lingüísticos, sin ningún tipo de integración política o social -en tiempos históricos-, aspectos que se centraban en los poblados.

Esas divisiones lingüísticas principales pueden a su vez agruparse en tres "provincias" o regiones que responden tanto a criterios ecológicos como culturales, y que son particularmente signficativas en lo que se refiere al arte. Así en la provincia norteña se encuentran los *tlingit*, en los archipiélagos y franja costera del sureste de Alaska; los *haida*, en el sur de la isla Príncipe de Gales (subdivisión kaigani) e islas de la Reina Carlota; los *tsimshian*, en la franja costera entre las desembocaduras de los ríos Nass y Skeena (con dos subdivisiones, los *nishg'a,* en la cuenca del río Nass, y los *gitksan*, en la cuenca del Skeena).

La provincia central, a partir del canal de Gardiner, hasta el cabo Mudge -excepto el área del canal de Dean-, junto con el tercio norte y el oeste de la isla de Vancouver y la península Olimpic en Washington, la ocupaba la gran división *wakashan*. Los conocidos tradicionalmente como *kwakiutl septentrionales* engloban a los *haisla*, que se encontraban en los canales de Gardiner y Douglas; los *haibais,* en los canales de Finlayson y Mathieson; los *heiltsuk* (bella-bella) ocupaban los diversos canales que desembocan en las bahías Milbank y Fitz Hugh; y los *oowekeeno* se situaban en torno al fiordo de Rivers. Desde aquí hasta el cabo Mudge y en el norte de la isla de Vancouver se encuentran mas de veinte subdivisiones que recibían el nombre de *kwakiutl meridionales*. Actualmente se denominan así mismos *kwakwaka'wakw*. Los *nuu-chah-nulth* (nootka) se encuentran en la costa oeste de la isla de Vancouver y los *makah* en la península Olimpic, en Estados Unidos.

La provincia sureña la constituyen los *salish costeros*, ubicados entre el delta del río Frazer y la desembocadura del río Columbia, así como en el este de la isla de Vancouver. Un grupo aislado de lengua salish se encuentra sin embargo en el norte, intercalado entre los *kwakiutl septentrionales,* en el canal de Dean y los brazos norte y sur de Bentick. Son los *nuxalk* (bella-coola).

Las culturas tradicionales

La población se asentaba en grandes poblados concentrados en la franja costera, en una cala abrigada con una playa de fácil acceso y cerca de un manantial de agua dulce. El poblado era realmente la unidad de control y de explotación de recursos. El asentamiento principal se ocupaba en invierno, la época de preparación de utensilios y de celebración de fiestas y ceremonias. De marzo a septiembre, toda la población se trasladaba a diversos emplazamientos temporales, para la explotación de determinados recursos, permaneciendo en su sitio la estructura del poblado principal.

Las casas se levantaban de cara al mar, formando una o dos hileras, y constaban de una estructura permanente de troncos y un revestimiento desmontable de planchas y tablones que se llevaban a los diversos emplazamientos de verano. Los estilos de las casas variaban en las diferentes provincias.

La casa era también la unidad de relación económica y social. En ella habitaba un jefe, el propietario, con todo su linaje familiar, esclavos, y una serie de "inquilinos" u hombres libres que convivían temporalmente ayudando en las tareas de producción, pero con una gran movilidad. La división espacial en el interior de la casa reflejaba claramente esas diferencias sociales. Los soportes interiores de las vigas y las fachadas de las casas, se decoraban además con los emblemas del propietario, pero los grandes jefes colocaban también grandes esculturas, cuya boca o vientre constituía la entrada a la casa, siendo ese el único acceso en las viviendas tradicionales.

El medio ambiente proporcionaba una variedad de recursos marinos y terrestres, pero disponibles en abudancia solamente en épocas y regiones muy concretas. Además, las veleidades climatológicas podían impedir el acceso a los recursos mas importantes en el momento adecuado. Por lo tanto, la explotación de esos recursos con una tecnología de sociedades cazadoras-recolectoras, suponía serios problemas para el aprovechamiento de los mismos. (Carretero 1995). Se imponía la necesidad de especializarse en los recursos que, además de ser mas abundantes, fueran también susceptibles de almacenamiento y conservación para el resto del año.

La mas importante provisión de alimento la constituían diferentes especies de salmón. Se pescaba tanto en el mar, como sobre todo en el momento del remonte de los ríos, a base de represas y trampas. Su importancia era tal que los grupos que no disponían de territorios en los ríos salmoneros solían ser mas pequeños, realizando algunas capuras en la costa y obteniendo lo necesario mediante el intercambio con grupos del interior.

Del olachén o pez candela se extraía un aceite de gran importancia en la dieta, como condimento y conservante. Se obtenía en grandes cantidades solamente en sitios muy concretos, constituyendo uno de los artículos comerciales mas valiosos, transportándose a largas distancias en canoas por la costa y hacia el interior, a lo largo de las llamadas "rutas de la grasa".

Otros importantes recursos fueron el hipogloso (halibut), varias especies de escorpénidos, el arenque y la freza de los peces. Los mamíferos marinos fueron también significativos, destacando la caza de la ballena entre los *nuu-chah-nulth*, tarea reservada a los jefes, rodeada de prescripciones y de rituales. A falta de otros recursos, y como complemento, se recogían moluscos, crustáceos y algas, y los bosques suministraban una gran variedad de bayas. Especialmente apreciado era el bulbo de una liliácea, el *camas*. La caza de mamíferos terrestres tuvo también una importancia secundaria.

En ese particular medio ambiente, la abundancia temporal y la predictibilidad de los peces anadromos, permitieron una especialización muy acentuada de estas sociedades con una tecnología de cazadores-recolectores. Pero la captura, procesamiento, conservación y transporte de grandes cantidades de provisiones que deben durar todo el año, pero que solamente se pueden obtener en un lugar muy concreto, alejado, y durante un período muy corto de tiempo, eran condiciones que exigían, a falta de un tecnología compleja, una muy elevada concentración de fuerza de trabajo con una organización muy eficiente de las tareas (Ames 1981), lo que impulsó la aparición y consolidación de una considerable estratificación social. Esa variabilidad temporal y espacial de los recursos era mas acusada cuanto mas al norte, y es significativo que los modelos culturales mas característicos se encuentren también en la provincia norteña.

Los grupos del norte se organizaban socialmente en mitades, fratrías y clanes (Boas 1924; Barbeau 1912), siendo éstos, matrilineales y exógamos, la unidad de parentesco mas importante. En la provincia central las divisiones carecen de reglas de exogamia (Boas 1924: 326), las afiliaciones de un individuo podían cambiar y, al contrario de lo que ocurría entre los grupos del norte, la terminología de parentesco tampoco reflejaba distinciones. Entre los grupos del sur y los *nuxalk* no hay vestigios de organización clánica, sino solamente linajes y unidades locales de filiación patrilineal. En todo el área, las fratrías cumplían también una función política, impidiendo la beligerancia entre fratrías del mismo emblema, lo que favorecía las relaciones comerciales y ceremoniales.

Fratrías, clanes, linajes y familias se reconocían a través de emblemas, generalmente de carácter zoomorfo o de algún ser mitológico. El término *emblema* -nunca totem- describe exactamente a una representación del animal o entidad con que determinados grupos son nombrados y a través de los cuales están conectados conjuntamente por lazos de afinidad especial (Barbeau 1912: 87). El uso de los emblemas era constante y múltiple: se pintaban en las fachadas de las casas o sobre el cuerpo; se tallaban en los postes y paredes de las casas, en cofres y cajas, y también en los objetos ceremoniales, como máscaras, sonajas, mantos o delantales.

El emblema, el nombre propio del invíduo y su posición social, eran algo indisoluble, y todo iba unido a privilegios de caracter hereditario que incluían, por ejemplo, la propiedad sobre terrenos de explotación de recursos, el derecho a vivir en la casa de alguien del mismo linaje, el derecho a pertenecer a determinada sociedad religiosa, el derecho a la posesión de determinados cantos y danzas...

La sociedad aborigen de la Costa Noroeste era claramente una sociedad de clases (Ruyle 1973; Donald 1985), con tres estamentos bien definidos, nobles, plebeyos y esclavos; clases a las que se pertenecía por nacimiento y que condicionaban toda la vida del individuo. Esas distinciones de clase eran claramente visibles en los vestidos, ornamentos, alimentación, y prácticamente en todos los aspectos de la vida cotidiana (Ruyle 1973).

La nobleza la constituían los cabezas de las familias principales que poseían los territorios con recursos y los nombres mas importantes. Esta nobleza principal mantenía una fuerte endogamia y detentaba los principales privilegios en la vida ceremonial. Una nobleza secundaria era la formada por los hijos y hermanos de los grandes jefes, quienes gozaban también de ciertos privilegios, aunque de menor rango.

Los plebeyos no poseían derechos territoriales, y por lo tanto tampoco cargos de carácter seglar o ceremonial. Eran la mas importante fuerza laboral, pudiendo prestar sus servicios a quienes quisieran, por lo que los jefes debían tratarles con cierta deferencia, e incluso concederles algún privilegio menor (Drucker 1951: 280).

Los esclavos eran producto de la captura por guerra o comercio (Ruyle 1973: 613), carecían de cualquier privilegio, eran plena posesión de sus dueños, y constituían una considerable fuerza de trabajo, ya que eran mucho mas fáciles de controlar que los hombres libres (Donald 1985: 239). Eran también un elemento de prestigio, y cualquiera que pretendiera ser reconocido como jefe debía poseer al menos una familia de esclavos, y los jefes mas importantes, varias.

La guerra, como respuesta a la desigualdad en la disponibilidad de los recursos, era una actividad muy común a lo largo de la Costa Noroeste. Sus motivos explícitos variaban desde la represalia, hasta la necesidad de obtención de botín y esclavos, produciéndose incluso ataques en toda regla, de guerreros completamente armados, contra un poblado completo. Existen evidencias arqueológicas de conflictos armados frecuentes por lo menos desde el 500 a.C., siendo la guerra uno de los pocos medios que permitían la movilidad social.

Las sociedades secretas, que parece se desarrollaron entre los *kwakiutl septentrionales*, desde donde se extendieron, reflejaban la estructura de la estratificación social con dos grupos principales: Los iniciados y los no-iniciados. Los primeros eran los nobles, cuyos jefes mas importantes poseían las danzas mas importantes y el mayor número de prerrogativas rituales. Para los iniciados, el modelo de esos rituales era semejante: un antepasado de la familia fue poseído una vez por un espíritu sobrenatural que le enseñó una danza particular y le concedió el derecho de ostentar ciertos emblemas y objetos. Sus herederos dramatizan esa experiencia representando al espíritu y al antepasado del novicio, fingiendo éste la posesión espiritual, y mostrando las danzas y privilegios obtenidos: nombres, canciones, máscaras, vestidos, trucos mágicos...

Los plebeyos carecían de derechos rituales, y debían incluso permanecer fuera de la casa durante buena parte de la celebración del ceremonial.

Las diferencias de clase se extendían incluso a la disposición de los cadáveres, siendo los nobles los únicos enterrados con honores en un poste mortuorio o de otras prestigiosas maneras.

El potlatch, que se ha convertido también en un símbolo de las culturas de la Costa Noroeste, es denominado por una palabra procedente de la "jerga chinook", que no se generalizó entre los nativos hasta después de 1860. Para la época aborigen sería mas correcto hablar de fiestas, con nombres específicos, agrupadas en cuatro tipos principales.

Las mas importantes y menos frecuentes, eran las mortuorias, las de sucesión, de transmisión de cargos y prerrogativas, y de construcción de casas. Otras se relacionaban con el ceremonial religioso de invierno. Las fiestas recíprocas intergrupales tenían que ver con acontecimientos del ciclo vital, matrimonio, partidas de guerra, eliminación de estigmas y ofensas. Y las fiestas locales, de menor importancia y duración, de las familias de bajo estatus, ceremonias religiosas locales o familiares, o de reparto de comida en tiempos de escasez, y que podían incluirse en otras mayores.

El conjunto de esas fiestas es lo que mas propiamente se puede denominar "complejo del potlatch", aunque en sentido estricto el término potlatch se refería solamente a las fiestas y ceremonias del primer grupo (Grumet 1975).

Para la realización de algunas de esas fiestas, se acumulaban de antemano grandes cantidades de comida y de regalos, se tallaban nuevas esculturas con los emblemas del anfitrión, quien además podía adoptar un nuevo nombre que sería legitimado a través de la fiesta. Se dramatizaban episodios históricos y mitológicos en relación con el origen de los nombres, títulos, clanes, fratría o linaje del anfitrión, donde se empleaban máscaras y todo tipo de parafernalia teatral. Al final de la fiesta los invitados eran nombrados públicamente, uno a uno, por riguroso orden de estatus, dándoseles diversos regalos de acuerdo con su jerarquía, en forma de pieles de nutria, mantas, canoas, e incluso cobres. Estos cobres, la posesión mas preciada y de elevadísimo valor, son una especie de escudo plano de unos 60 cm. de altura, cuya forma, mas o menos trapezoidal, parece representaba la frente de *Gonaqadet*, un ser que vive en el fondo del mar y concede la riqueza a quien se aparece (Waterman 1923: 450-1).

El arte tradicional

En la época aborigen es mas que posible que el rol de los artistas no fuera muy diferente del resto de sus colegas de la América indígena, hablando por supuesto de sociedades del mismo o menor nivel de complejidad social.

La división sexual del trabajo es puesta de manifiesto por los primeros viajeros y diversos autores. Las mujeres se dedicaban a la cestería y al tejido, y los hombres a la talla en madera y a la pintura, generalmente unidas (Malaspina 1984: 247; Moziño 1913: 37; Garfield 1951: 66; Hawthorn, A.: 1979: 5). La división sexual de los roles artísticos se refleja además en el particular estilo de cada uno, desarrollando los hombres un estilo simbólico y las mujeres uno mas puramente formal (Boas 1955: 181-2).

De los testimonios de los primeros viajeros parece desprenderse que el número de artistas era escaso y que, sobre todo, era un rol de especialistas a medio tiempo, siendo su estatus el de una persona libre plebeyo, o el de esclavo. Los artistas no podían contarse entre los jefes, ya que éstos no podían desarrollar ningún tipo de trabajo manual, pero dependían de ellos en cuanto que estaban exentos en mayor o menor medida de las actividades directas de subsistencia y recibían los encargos directamente de sus jefes (Ruyle 1973: 615), a cambio de lo cual eran recompensados en especie (Drucker 1951: 271-2). El oficio tendía a ser hereditario, aprendiéndose dentro de la familia tanto las técnicas de trabajo como los rituales que debían observarse para realizar cada objeto adecuadamente, preservando ese conocimieto de los demás (Drucker 1951: 273; Hawthorn, A. 1979: 5).

En ocasiones los artistas eran esclavos que también eran recompensados por su trabajo (Jewitt 1990). Pero en algunos casos podían pertenecer a una nobleza secundaria. Eso se debería en parte a que algunos artistas tenían que elaborar las máscaras rituales y componer cantos, tareas que sólo podían realizar los iniciados en las sociedades secretas, aunque su rango fuese el de menor categoría. Además los artistas especialmente habilidosos eran atraídos por los jefes con regalos y prebendas para asegurarse sus servicios, otorgándoles incluso ciertas prerrogativas.

Los materiales y las técnicas de trabajo empleados por los artistas de la Costa Noroeste es uno de los aspectos del proceso artístico mas cambiante, pero también mas tradicional, y aunque se adoptaron en seguida nuevos materiales y nuevas herramientas, otros muchos se han mantenido hasta hoy, junto con las formas de los instrumentos y las técnicas de talla.

La madera fue y es el material primordial utilizado en todo el área, abundante y fácil de trabajar aun con herramientas no metálicas. La mas utilizada es la de los llamados vulgarmente "cedros" rojo y amarillo, que en realidad pertenecen a la familia de las cupresáceas, *thuja plicata* y *chamaecyparis nootkatensis* respectivamente (Stewart 1984). Su madera se apreciaba hasta el punto de que los tlingit, en cuyo territorio no crecen dichos árboles, aprovechaban los troncos de cedro llevados por el mar a las playas e incluso importaban la madera de sus vecinos del sur (Laguna 1977: 413).

Las herramientas utilizadas y las técnicas empleadas para abatir los grandes árboles, transportarlos, extraer tablas y tablones, o la construcción de canoas, cofres, y todo tipo de objetos, han sido descritas con minuciosidad y abundante ilustración por Hilary Stewart (1984). Todo se decoraba con pinturas, y se complementaba con el método mas común y probablemente mas antiguo de la talla en bajorrelieve, consiguiendo un efecto de dos dimensiones y siguiendo las mismas reglas que en el diseño pintado (Holm 1965: 17).

La pintura se aplicaba también sobre los vestidos, especialmente los de ceremonia, y sobre la cestería, sombreros generalmente. Los colores fundamentales eran el negro, el rojo, el verde o azul cobalto (en madera) y amarillo (exclusivamente en "tejidos"). El negro se obtenía del lignito, también del grafito y del carbón vegetal; el rojo se sacaba de los ocres; y los verdes y azules de arcillas con sulfuros de cobre. El amarillo se obtenía del "musgo de lobo" (*evernia vulpina*). El pigmento se mezclaba con un aceite hecho a base de huevas de salmón, y la pintura se extendía con pinceles de varios tamaños de pelo de puerco-espín, insertados en un mango de madera.

Aunque hay quien afirma la existencia de hierro a la llegada a la Costa Noroeste de los primeros viajeros (Blackman 1976: 393; Peña 1969: 156; Crespi 1774: f. 19r), parece evidente su escasez y su procedencia de materiales de deriva, arrojados por el mar, o comerciados con europeos (Laguna 1977: 412; Malaspina 1984: 243; Moziño 1913: 42). Muchos testimonios primeros se refieren al ansia con la que los nativos trataban de apropiarse de cualquier objeto de hierro (Bodega y Quadra 1990: 74; Arteaga 1975: 75; Martínez 1964: 121-2).

Está comprobado el empleo del cobre en pequeña escala y con un alto valor, utilizándose siempre material de superficie y desconociéndose el procedimiento de fundición. Se empleaba para puntas de flecha, arpones, dagas, adornos personales, incrustaciones en máscaras y tocados, y en los "cobres". Se reutilizaba una y otra vez gracias a su maleabilidad y su resistencia a la desintegración. Los tlingit eran sus principales poseedores, comerciándolo manufacturado o en bruto.

Otros materiales empleados fueron el marfil y el hueso, para amuletos hechos con colmillos de oso, morsa..., el cuerno hervido y ablandado para cajetes, cucharones y cuencos, la piedra y la concha. El bambú, encontrado casualmente en las playas, era una rareza valiosa, y lo usaban como adorno del pelo las muchachas tlingit (Laguna 1977: 413).

El "cedro" aparece de nuevo como materia prima fundamental en los trabajos de tejido y de cestería, utilizándose sobre todo la corteza interior y las raíces (Stewart 1984). Las mantas chilkat, por ejemplo, se hacían con una urdimbre de corteza de cedro recubierta de lana de cabra montés y trama de lana, tejidas con las manos en una especie de telar rudimentario de un solo travesaño. La variedad de técnicas de cestería era considerable, así como los objetos producidos, destacando los sombreros.

Podría parecer en principio que la obra de arte sería el elemento del proceso artístico tradicional mas fácil de reconstruir, ya que en el caso de las artes plásticas -de las que nos estamos ocupando- éstas quedan plasmadas en un objeto material que permanece y que nos sirve como fuente de información. Pero en el caso de la Costa Noroeste, la costumbre de destruir las máscaras viejas por el fuego, la elevada humedad y la destrucción sistemática en algunos casos por parte de los misioneros blancos, han hecho desaparecer rápidamente los materiales en madera, cestería y tejidos mas antiguos. Por lo tanto, no son muchas las obras anteriores a 1770 que han sobrevivido, y la mayoría se encuentran en museos europeos como San petersburgo, el Museo Británico de Londres (King 1981), o el Museo de América en Madrid (Sánchez Montañés 1991). Sí han permanecido sin embargo las obras realizadas en piedra, cuerno, hueso, marfil, la mayoría de ellas procedentes de excavaciones arqueológicas que están aclarando los problemas relativos al arte antiguo del área, y que se encuentran en museos canadienses y estadounidenses (ver, por ejemplo, Carlson, ed. 1976).

La descripción o el mero listado de las obras de arte tradicionales ocuparía un gran espacio. Recordemos que las fachadas de las casas, las canoas, cofres y cajas, vestidos y sombreros, mantos y delantales, cuencos y fuentes para el servicio de la comida, cucharas y cucharones, máscaras y mascarones, tocados ceremoniales, sonajas, bastones de mando, yelmos, corazas, espinilleras, casi cualquier objeto, por supuesto propiedad de los jefes, estaba cuidadosamente tallado y pintado con los emblemas familiares de su propietario.

Pero tal vez la obra considerada como mas distintiva de la Costa Noroeste sea el mal llamado "poste totémico", en realidad un poste heráldico. Anteriormente a la etapa colonial no existían los postes aislados. Se conocían los *postes mortuorios*, de 1 a 5 m. de altura. Pueden ser uno o dos postes que sostienen un cofre, un ataúd tallado que contiene los restos de un jefe de familia. O pueden estar horadados en su parte anterior superior para contener los restos, cerrándose con un gran tablón frontal, tallado y pintado. También se incluyen en este grupo los *postes conmemorativos*, que se colocaban cercanos a las tumbas.

Los *postes heráldicos* podían ubicarse en las fachadas de las casas o en el interior de las mismas. En el primer caso se encuentran horadados, generalmente por la boca o el vientre de una figura zoomorfa que sirve de entrada a la casa, mientras que los postes interiores solían ser los soportes principales de la estructura en los que podían tallarse diferentes emblemas. Estos últimos eran muy característicos de los kwkwaka'wakw y de los nuu-chah-nulth.

El peculiar estilo emblemático

El arte plástico tradicional del área de la Costa Noroeste puede definirse claramente como un arte de carácter "emblemático". Ello quiere decir que los protagonistas de sus representaciones son los emblemas o elementos con los que se identifican los diferentes segmentos sociales de los pueblos. Se encuentran así emblemas de fratrías, de clanes, de linajes, familiares o individuales. Los emblemas son generalmente formas de animales, la mayoría tomados del mundo natural pero algunos de carácter fantástico, inspirados en algunos casos en animales reconocibles pero otros totalmente imaginarios.

La manera de representar esos animales es muy peculiar y diversa, siendo fácilmente identificables en algunos casos, mientras que en otros lo único reconocible son los rasgos mas distintivos del animal representado: los dientes y la cola del castor, el hocico del oso, la aleta dorsal de la orca...

La configuración estilística de esos emblemas estaba perfectamente estructura y reglamentada, hasta el punto de que los diseños pueden reducirse a unos cuantos motivos que se combinan entre sí para formar una figura, para lo que con frecuencia se empleaban (y se siguen empleando) plantillas. Bill Holm (1965) realizó un estudio sobre este tema que se ha convertido en una obra clásica e imprescindible, y en libro de cabecera no solo de los investigadores del arte de la Costa Noroeste, sino también de los artistas nativos actuales, que trabajan en muchos casos ateniéndose a sus indicaciones.

Holm revela las claves para la comprensión del estilo artístico de la Costa Noroeste. Lo describe como una concepción profundamente pictórica y bidimensional, en el que las líneas principales del diseño, o líneas formales, esencialmente curvilíneas y siempre en negro, forman una a modo de trama fluida. Líneas formales secundarias en rojo, y a veces terciarias en azul-verdoso, completan el diseño. Dichas líneas se componen de una serie de motivos perfectamente codificables, como los ovoides, las ues, eses o diseños de plumas, que se confeccionan con ayuda de plantillas de corteza de cedro.

Es la combinación de esos peculiares motivos y el manejo de la línea pintada que se engrosa o adelgaza con elegancia en puntos concretos, lo que imprime ese particular sello estilístico al arte tradicional de la Costa Noroeste, y que lo hace inconfundible en todo el arte indígena americano.

Sin embargo y como el propio autor reconoce, las culturas centrales del desarrollo del arte indígena tradicional de la Costa Noroeste se encuentran en la región norteña y particularmente entre los haida de las islas de la Reina Carlota y los tsimshian del continente (Holm 1965: 20). Esto es así hasta el punto de que el arte de los grupos septentrionales y particularmente el de los haida, considerado como un arte "clásico", han generado una abundante bibliografía. También el arte kwakiutl ha merecido una particular atención, sobre todo por el hecho de que los kwakwaka'wakw han sido los que mejor han podido conservar sus tradiciones ceremoniales, a pesar de las tremendas presiones de las autoridades gubernamentales (Macnair 1984: 71), produciendo por lo tanto las manifestaciones artísticas que acompañan a dicho ceremonial.

Pero la Costa Noroeste no se agota, desde un punto de vista cultural y artístico, con los grupos mencionados. Y tal vez sea el arte tradicional de los nuu-chah-nulth uno de los menos estudiado, incluso a veces menos valorado en comparación con los estilos septentrionales. Al apartarse de la estructuración formal y del peculiar estilo tradicional de los grupos del norte, descrito por Holm, se carece todavía de un corpus de estudios semejante al que se ha dedicado al arte de otros grupos de la región. Se trata sin embargo de un arte propio y original, que debe ser valorado en si mismo y no por referencias con otros estilos, del que trataremos de apuntar algunas reflexiones. No se trata de realizar un tratado extensivo sobre el mismo, sino de llamar la atención sobre su carácter distintivo, para llevar a la reflexión sobre la variedad del arte del área, y sobre todo para poder recoger algo del proceso de cambio del arte de un grupo concreto, sobre el que además existen ejemplares en museos españoles como el Museo de América de Madrid, e importante documentación por obvias razones históricas.

El arte tradicional nuu-chah-nulth [2]

Intentar una generalización sobre el arte tradicioal nuu-chah-nulth es una tarea nada sencilla, ya que a la escasez de bibliografía existente, se une el hecho de que en esa bibliografía se mezclan datos referentes a la etapa aborigen, al sucesivo período colonial, e incluso al arte actual.

El arte tradicional de los nuu-chah-nulth era una ilustración de su mundo espiritual. Esta afirmación de Arima (1983: 160) bien podría servir como comienzo para una consideración general del arte de cualquier grupo de la Costa Noroeste. A ello habría que añadir, siguiendo lo ya comentado aquí, que también era una ilustración de su mundo social y político. Al igual que en todo el área, las diferentes manifestaciones artísticas se encontraban perfectamente integradas y eran también el exponente de derechos hereditarios adquiridos. Esculturas en forma de máscaras y tocados, vestuario, música, cantos y danzas, y toda suerte de objetos ceremoniales fucionaban conjuntamente, aunque los occidentales y desde una perspectiva un tanto distorsionada, nos empeñemos en considerar cada manifestación aisladamente, centrándonos generalmente en las denominadas artes plásticas. Habrá por lo tanto que intentar comprender, al menos mínimamente, ese mundo sobrenatural, para acceder a la comprensión del arte que lo expresa.

Un simple vistazo a las colecciones de arte nuu-chah-nulth recogidas por los primeros viajeros a la región, concretamente a las del Museo Británico de Londres y a las del Museo de América de Madrid, nos revela una serie de objetos comunes a la tradición del área, pero otros particulares, y además un estilo artístico personal y hasta cierto punto diferente al de las culturas del norte. Algunos objetos podrían considerarse de uso cotidiano, aunque están profusamente adornados, otros tienen que ver con actividades guerreras, y muchos tuvieron probablemente una función ceremonial.

Sin ánimo de exhaustividad, podemos ver una serie de cuencos de madera, de carácter escultórico, comunes al arte de la Costa Noroeste, pero con estilizadas aunque naturalistas figuras humanas. Figuras humanas que también aparecen en unos característicos grupos escultóricos, únicos en el arte tradicional del área, representando escenas maternales. Y vemos también peines grabados con diseños geométricos o rostros elementales, mantas y esclavinas de fibras de corteza de cedro entretejidas, algunas decoradas con diseños geométricos y otras pintadas en un estilo tradicional.

Entre las armas nos encontramos ante unas caraterísticas mazas de hueso de ballena, a modo de espadones, con la empuñadura siempre tallada con la cabeza del Pájaro del Trueno, y cuya hoja se cubre de diseños grabados. Otras armas son las dagas o mazas cortas de piedra, o de mango de madera y hoja de piedra, en las que aparece también el Pájaro del Trueno o una cabeza humana. Y las "picas" de madera, con una empuñadura primorosamente labrada, tal vez los mas sofisticados ejemplos de la escultura tridimensional nuu-chah-nulth, y que representan una serie de animales entrelazados (King 1981: 70-71)

Hay tocados frontales con la representación del lobo y de aves, y máscaras muy realistas, de gran simplicidad formal pero enorme expresividad, y también unas cabezas talladas, de función difícil de determinar, para las que se han sugerido, entre otras, su uso en el ceremonial de invierno (King 1981: 78). Características también son las sonajas en forma de ave, con decoración pictórica que, o bien completa el diseño del ave, o se despliega en motivos de puntos y líneas curvas.

El simple vistazo a estos y otros ejemplos del arte antiguo nuu-chah-nulth, nos habla de una arte un tanto naturalista, pero sobre todo expresivo, que no desdeña la representación de escenas, e incluso de estados de ánimo.

A rasgos generales, el estilo tradicional nuu-chah-nulth carece de la rigidez formal, de la rigurosa integración de los elementos formales del estilo norteño (Arima 1983: 160). Se trata de un estilo suelto y fluido, que se combina sin embargo y a menudo con cierta angularidad. Destaca la libertad de las líneas formales que no se ajustan a ningún esquema preestablecido y discurren libremente sobre el fondo, aunque puedan estar limitadas por una a modo de cenefa, y destaca también la ausencia de la tendencia norteña a llenar espacios vacíos con elementos del diseño (Stewart 1979: 94). Era muy escaso el uso de ovoides, y cuando aparece, presenta una simetría en ambos ejes y una característica forma redondeada. Diseños derivados de la tradición antigua pero potenciados en el arte mas actual son, por ejemplo, los diseños de plumas, mas naturalistas que los de sus congéneres del norte, ya que tienen una característica punta final bien redondeada. Su tamaño y desarrollo hace que en este caso se conviertan mas bien en elementos primarios antes que en diseños de "relleno" (Arima 1983: 160). Son también características particulares las formas cuadradas y rectangulares, que representan elementos tales como nubes, rocas o mar, y que, según Stewart (1979: 94) pueden deberse a la influencia de los diseños de cestería, siendo de antigua tradición. Según la misma autora, es también muy característico un diseño de cuatro hendiduras [four way split], que se origina al unir los diseños de dos U hendidas, y que aveces se estiliza sencillamente en la forma de una cruz dentro de un círculo. Y son también tradicionales las líneas compuestas de guiones o guiones paralelos, los elementos circulares y los arabescos (Stewart 1979: 94).

En las obras mas antiguas, correspondientes a la etapa aborigen, pueden verse diseños decorativos en los que dominan puntos e hileras de puntos, rectángulos redondeados, elementos curvilíneos, y sobre todo diseños que ayudan a la definición de la forma, conseguida en este caso por medio de la pintura antes que por la talla, hasta el punto de que puede hablarse de un tradicional estilo "gráfico" (MacNair 1984: 39).

En la iconografía tradicional nuu-chah-nulth dominan las representaciones de la ballena y del Pájaro del Trueno, generalmente en asociación con la Serpiente Relámpago (Arima 1983: 160), que son temas que también aparecen en el arte de otros grupos pero que aquí adquieren una especial relevancia. Son los emblemas asociados a los derechos hereditarios de los jefes, mostrados una y otra vez en mamparas pintadas, en figuras interiores de las casas y en máscaras (Arima 1983: 162). Hoy día el actual jefe Maquinna de los mowachaht, posee una máscara del Pájaro del Trueno, el emblema de los jefes principales nuu-chah-nulth. Y es también característica la representación del Lobo, el protagonista principal del ceremonial de invierno tradicional.

Vamos a detenernos a continuación en la consideración de algunas manifestaciones características de las artes plásticas nuu-chah-nulth, en las que veremos reflejada esta particular iconografía. Consideraremos su contexto en la época tradicional, y contemplaremos su proceso de cambio hasta la actualidad. Hemos escogido las máscaras ceremoniales que, aunque con cambios en su forma y estilo, se utilizan actualmente en un contexto hasta cierto punto semejante al tradicional. Los postes heráldicos exteriores a las casas, ausentes en la etapa aborigen, pero de gran vigencia hoy día, como exponentes de la asunción de tradiciones del área y de recuperación de la identidad nativas. Y los llamados "sombreros de jefes", que tras un período de desaparición, han vuelto a realizarse aunque con un sentido diferente al original.

Máscaras ceremoniales

Jewitt, el marinero inglés cautivo de los mowachaht entre 1803 y 1805, describe en su diario el ceremonial mas importante del pueblo, la Danza de los Shamanes o del Lobo, el *tlukwana*, que dramatizaba el rapto de los iniciados por seres sobrenaturales en forma de lobo y su posterior recuperación y purificación (1990: 235-236). Jewitt menciona también los atavíos de pieles de lobo de los participantes y las "máscaras sobre sus caras representando la cabeza de ese animal" (1990: 236).

Los ejemplos de máscaras o mas propiamente frontales en forma de cabeza de lobo recogidos en el siglo XVIII, tienen un carácter mas bien escultórico. Un ejemplar del Museo Británico, reproducido en múltiples ocasiones, se encuentra tallado en dos piezas separadamente para cada mandíbula, con un gran y prominente hocico. Se decora con pintura negra y ocre y lleva en la frente dientes de mamífero incrustados. Los dientes del lobo se representan con conchas de dentalium. Está unido a una ancha tira de cuero para sujetarse en la frente (King 1981: 81; lámina 65).

Despues de mediados del siglo XIX apareció un nuevo estilo de tocado en forma de cabeza de lobo que se ha mantenido hasta la actualidad. Su forma y construcción son muy peculiares. Están concebidos para ser colocados sobre la frente y los lados son completamente planos, hasta el punto de que pueden denominarse tocados de "tablillas". Son únicos entre los nuu-chah-nulth y los makah, y no pueden entenderse como una simplificación de un tocado escultórico, sino como un objeto con una particular función. Todos los que hacen máscaras de lados planos hacen también otras completamente escultóricas (Holm 1983: 46).

La mayoría de los ejemplos conocidos de este estilo de tocado representan lobos sobrenaturales, relacionadas con el ceremonial antes mencionado, aunque también se encuentran representaciones del Pájaro del Trueno, de la Serpiente Relámpago, del cinturón y el arpón de la mítica ave.

Su construcción es similar, a base de finas tablillas y una estructura de varillas ligeras para ajustarse a la forma de la cabeza del danzante y mantenerse sin problemas sobre la misma. Su ligereza permite el uso de máscaras de gran tamaño, y dado que los danzantes brincan, se retuercen y voltean rápidamente la cabeza, todo ello por espacios de tiempos prolongados, es evidente que el peso ligero facilita tal tipo de expresión.

Son tocados concebidos para ser contemplados de perfil, y el espacio plano permite el despliegue de una profusa decoración pintada, mezclando elementos de diseños antiguos y otros nuevos incorporados a finales del siglo XIX (MacNair 1984: 39). Se combinan círculos y elementos curvilíneos, con diseños en forma de U, encontrándose a veces el diseño del ovoide tradicional nuu-chah-nulth, simétrico en ambos ejes. El uso del color es también profuso, encontrándose ejemplares en los que se usa el negro, verde, rojo, azul marino, amarillo, blanco, naranja, oro y plata (MacNair 1984: 39), o el rojo, negro, azul y gris sobre fondo blanco e incrustaciones de latón (Holm 1983: 46).

Es también característico de este tipo de tocados o máscaras un remate en la parte superior y en la trasera en forma de un elaborado calado.

Este tipo de tocado de tablillas ha sido utilizado también por artistas actuales, como Art Thompson, reelaborándolos e interpretándolos de una manera muy personal (MacNair 1984: Fig. 115 y 116).

Representaciones de otros animales aparecían también en forma de máscaras o mas concretamente de tocados. Algunas parece que eran yelmos, como parte del atavío de guerra utilizado por los jefes (Meares 1790: 254 en Arima 1983: 162). Otras pudieron utilizarse como camuflaje en las partidas de caza (Arima 1983: 162), y también como tocado en determinadas danzas (Moziño 1913: 50). Pero existen también en las colecciones mas antiguas algunas máscaras humanas, de rasgos faciales sencillos aunque expresivos, y con aditamentos como cabello humano (King 1981: 79; fig. 61 y 62). Están concebidas para ser llevadas sobre la cara y representaban probablemente antepasados míticos o diversos seres sobrenaturales asociados con el ceremonial de invierno (Holm 1983: 34).

En el siglo XIX las máscaras faciales humanas adquieren un estilo peculiar. Son máscaras de forma angulosa, de gran profundidad, logrando una fuerte forma escultórica con una talla mínima. La fuerza del rostro se señala con una gran nariz aguileña, grandes y abiertos ojos y cejas arqueadas. Son precisamente estas máscaras las que han inspirado a los artistas contemporáneos nuu-chah-nulth para realizar nuevas y vigorosas creaciones (Holm 1983: 34; fig. 29 y 30).

Puede mencionarse entre otros muchos artistas actuales a Art Thompson o Tim Paul. Son autores de máscaras inspiradas en las "clásicas" del siglo XIX, e incluso, en el caso de Tim Paul, en la colección del Museo Británico del siglo XVIII (MacNair 1984: 110). Son máscaras concebidas también para ser usadas en un contexto ceremonial. En este sentido puede mencionarse el uso de una máscara, en realidad cuatro iguales aunque con diferentes diseños pintados que son mostradas en lo alto de un panel. Se asoman y esconden tan rápidamente que el ojo del espectador cree ver una misma máscara cambiando su expresión (MacNair 1984: 108), buena muestra del fuerte componente escénico del ceremonial, que ha logrado mantenerse hasta la actualidad.

Otros artistas mas jóvenes como Pat Amos, Joe David, Nick Howard y especialmente Sanford Williams, elaboran marcadas creaciones personales, influídas en algunos casos por el estilo de otros grupos del área, aunque sus refinadas máscaras pueden ser reconocidas también como nuuchah-nulth.

Los postes heráldicos (totem poles)

Ya hemos mencionado que el poste heráldico aislado no se encuentra en la etapa aborigen, aunque entre los grupos del norte y particularmente entre los haida sí existían postes adosados a las fachadas de las casas, que servían de acceso a las mismas a través de la boca o del vientre de algunos de los animales emblemáticos que lo componían.

En tiempos tradicionales, y tal como se desprende de los relatos de los primeros viajeros, no existían postes en el exterior de las casas nuu-chah-nulth, aunque se tallaban los postes interiores de algunas casas. Esos postes tallados, únicos o en parejas, representaban los emblemas de la familia a la vez que constituían el soporte de la viga principal, y añadían esplendor y prestigio a la casa y a su propietario (Stewart 1993: 24).

La mayor parte de las referencias primeras se refieren al poblado mowachaht de Yuquot. Cook describe que muchas de las casas estaban "decoradas con imágenes", troncos de árboles muy grandes, de *cuatro o cinco pies* de altura, colocados solos o por pares en el fondo de la casa, con el frente tallado con una cara humana y los brazos y las manos tallados a los lados y pintados, resultando el conjunto "una figura verdaderamente monstruosa". El nombre general de estas imágenes era "Klumna", y los nombres de dos particulares, una al lado de otra en una casa determinada [probablemente la del jefe] eran "Natchkoa" y "Matseeta". Los postes estaban parcialmente tapados por una estera colgante, y los nativos no estaban dispuestos a moverla en cualquier ocasión. Cuando los descubrían, parecían hablar de ellos de una manera muy misteriosa, por lo que Cook pensó que se trataba de "dioses" (1993: 367).

Martínez (1964: 121) menciona que cuando él vio esos dos pilares principales esculpidos con "unos mascarones monstruosos, pintados de encarnado y negro" estaban descubiertos y "no como los vio el capitán Cook". Bodega y Quadra ya hace mención a que los "figurones de las columnas" no son "ídolos verdaderos", sino "meros caprichos", o lo que es mas significativo "jeroglíficos que significan una de las virtudes mas sobresalientes del tais" (1990: 179). Moziño (1913: 16) es informado por los "naturales" de que no se trata de representaciones de dioses y "que si acaso tenía alguna significación era puramente la del hombre cuyo esfuerzo había elevado á aquel Arbol hasta el sitio en que se hallaba".

A principios del siglo XIX Jewitt, describe la casa de Maquinna y reincide en la descripción de los postes que soportaban la viga principal, con la parte delantera labrada con cabezas humanas de tamaño monstruoso, "pintadas a su manera" (Jewitt 1990: 190).

Solamente en este siglo comenzaron a levantarse postes aislados entre los nuu-chah-nulth. Aunque es significativo que la mayor parte de ellos se levantaron en Yuquot, y se aduce como razón la fuerte influencia kwakiutl en el lugar debido a relaciones matrimoniales (Arima 1983: 160), es posible también que nos encontrásemos ante el comienzo de la asunción de una tradición, en principio de origen septentrional, y que paulatinamente se fue extendiendo y aceptando como seña de identidad nativa frente a la imposición de la cultura occidental.

Uno de los primeros y famosos postes levantados lo fue sin embargo en territorio ehattesaht, concretamente en el poblado de invierno de Hohk, entre los fiordos de Espinosa y Zeballos, al norte de la isla de Nootka. El poste se erigió a comienzos de este siglo por una mujer ehattesaht de alto rango, casada con Old Captain Jack, uno de los jefes de los mowachaht. Es sobre todo conocido como el poste "Queen Mary", el nombre inglés de su propietaria (Jones 1991: 27). El poste fue removido en 1985 y llevado al Museo Provincial de la Columbia Británica, a pesar de la oposición de los ancianos[3]. El propio museo encargó una réplica del mismo a los artistas nuu-chah-nulth Art Thopmson y Tim Paul, que fue colocada en Ehetis, en la cabeza del fiordo de Zeballos el 30 de septiembre de 1988. Desgraciadamente pocas semanas despues el poste fué abatido y destruido por una tormenta (Jones 1991: 28).

Según Drucker, entre 1912 y 1915 se levantaron en Yuquot dos postes aislados, lo que supuso una novedad en el lugar. En ellos se reclamaba la representación de privilegios obtenidos de los nimpkish por matrimonio hacía varias generaciones (1951: 76). Es interesante señalar que uno de ellos, levantado en 1913 según Arima (1983: 160), fue erigido por Capitán Jack, hijo de Old Capitán Jack, para celebrar su matrimonio con una mujer muchalaht. Es el también llamado "poste de Lord Willingdon", ya que le fue presentado, como gobernador general en 1929 (Arima 1983: 160)[4].

El otro poste era el conocido vulgarmente como el "totem del sombrero alto", por el peculiar sombrero que llevaba la figura del remate. En fotografías antiguas puede reconocerse la silueta inconfundible de ambos postes (Jones 1991: 19)[5].

En tiempos actuales ha aparecido una nueva categoría de poste que puede llamarse el poste comercial. Son postes encargados por fuentes ajenas a la cultura tradicional, como gobiernos, corporaciones, instituciones o incluso compradores privados. Aunque por lo general el arte y la talla de esos postes son tradicionales y se erigen con ceremonia, su significado es ya diferente (Stewart 1993: 25). Por citar algunos ejemplos, el poste que se encuentra en Nanaimo, al final del puente Pearson, obra de Jimmy John con Norman John; o el que se instaló en el edificio de Psicología de la Universidad de Columbia Británica en 1984, tallado por Art Thompson con Joe David; o el levantado en 1988 en el Stanley Park de Vancouver, obra de Art Thompson y Tim Paul (Stewart 1993).

Pero en fechas muy recientes han vuelto a levantarse en Yuquot una serie de postes de nuevo en un contexto tradicional, concretamente en el interior de la iglesia que, una vez desacralizada, está siendo utilizada como una especie de "big house". En el mes de agosto de 1993 el jefe Jerry Jack colocó dos postes en el lugar donde antes se encontraba el altar mayor, celebrándose el correspondiente potlach. Dichos postes son una réplica de los que se encontraban en el interior de la casa de su abuelo, capitán Jack, en los años cuarenta, tal como puede verse en una fotografía de Barbeau (1950: 376). Los emblemas representados son tanto de tradición mowachaht como nimpkish (Jefe Jerry Jack, comunicación personal).

En el verano de 1994, el jefe Ambrose Maquinna levantó también sus postes en el interior de la iglesia de Yuquot, acompañados de un potlatch, y esta vez a la entrada de la iglesia. En este caso los postes son otra réplica de los que entre los años 40 y 50 se encontraban delante de la casa del jefe Maquinna en Yuquot (ver Barbeau 1950: 733 y 734).

En medio de los dos postes se encuentra otra réplica, la de un antiguo moumento funerario de Maquinna, un Pájaro del Trueno con las alas desplegadas que lleva en sus garras una ballena, con dos serpientes levantadas alrededor en medio de las cuales hay un sol. Kirk (1986: 79) muestra una foto del monumento original y describe que cuando se hacía descender al Pájaro del Trueno para agarrar la ballena, salían chorros de aceite de sus garras, representando la acción un encuentro sobrenatural que era la fuente del poder sobrenatural del nombre de Maquinna (Kirk 1986: 79).

Por otra parte el monumento descrito es claramente un remedo del complejo escultórico del Pájaro del Trueno y la Ballena como su presa, que se encontraba en el interior de la casa de otro Maquinna, abuelo del actual jefe, a finales del siglo pasado y que se colocó a su muerte, en 1902, en su tumba (Arima 1983: 162- 163).

El "sombrero Maquinna" o sombrero de los jefes

Uno de los objetos artísticos tradicionales que se ha recuperado casi como un símbolo del arte y de la identidad nuu-chah-nulth, son los sombreros de jefes con representaciones de la caza de ballena y con una característica forma cónica con remate bulboso.

Llamados también "sombrero Maquinna", por el dibujo del famoso jefe realizado por Tomás de Suria de la expedición Malaspina, se han convertido hoy en el logotipo de la banda mowachaht, apareciendo su efigie en multitud de objetos.

Se conocen 19 "sombreros de jefe" en diferentes museos del mundo con un contexto etnográfico, encontrándose la mayor colección en el Museo Peabody de la Universidad de Harvard, donde hay siete u ocho ejemplares (King 1981: 81). El Museo Británico posee tres y el Museo de América de Madrid cuatro, en diferente estado de conservación. Es probable que en el Museo de América se encuentre alguno de los ejemplares mas antiguos registrados, ya que por lo menos uno procede de la expedición de Juan Pérez de 1774 (nº de catálogo 13.567) y fue identificado por Bill Holm por su técnica de manufactura, aparentemente mas antigua, y por tener en su interior una especie de doble sombrero que lo diferencia claramente de los otros tres (Cabello Carro 1989: 114-115).

Este estilo de sombreros está reconocido en todas las fuentes y bibliografía moderna como característico y de uso exclusivo de los grandes jefes. El nombre indígena era *Seeya-poks* (Jewitt 1990: 193), o según el diario de Cook *See poox* o *Iseea'poox* (King 1981: 82).

Aunque a simple vista puedan aparecer casi idénticos en cuanto al material utilizado y la decoración, existen algunas diferencias sobre todo en los aspectos técnicos de la manufactura, aunque no es el momento de entrar en detalle en su consideración. En cualquier caso, el remate bulboso, la decoración y la distintiva textura del tejido en diagonal son elementos fácilmente identificadores.

Los materiales empleados solían ser la corteza de cedro y las fibras de raíz de picea. La técnica de cestería empleada es la que podemos denominar de entrelazado (twined), consistente en el enrollamiento o entrelazado de las fibras de la trama apretadamente sobre las de la urdimbre, que se acaba cubriendo totalmente.

Las particularidades de los materiales y de la confección son únicos en este peculiar tipo de sombreros (Holm 1990: 625). Su factura es doble, con un forro interior de corteza de cedro unido al caparazón exterior con unas cuantas filas de tejido entrelazado en el borde. La urdimbre era de tiras de raíz de picea. La cima del bulbo, el cuello, y el borde se entrelazaban con trama de raíz de picea, mientras que el cuerpo del bulbo y el sombrero, se tejían con corteza de cedro teñida en negro. La superficie exterior se cubría con una capa de "surf grass" (*Phyllospadix torreyi*), para proporcionar un acabado de color claro en el que el diseño se dejaba del tono natural de las fibras empleadas (Holm 1990: 625; Moziño 1913: 18).

Los elementos decorativos son muy semejantes, variando solamente en pequeños detalles. En el bulbo y en la parte superior del sombrero, la decoración es de bandas geométricas. La pauta decorativa principal consiste en escenas de caza de ballenas, repitiéndose el motivo de manera casi idéntica en unos y otros ejemplares. Al menos en los ejemplares del Museo de América aparece en dos bandas una ballena arrastrando una cuerda, y tras ella una canoa en la que hay una figura humana de pie con un arpón en las manos dirigido hacia el animal. La mayor amplitud de la banda inferior se completa añadiendo una canoa mas, sin ocupantes, excepto en uno de los ejemplares en el que dicha canoa aparece con ocupantes. La altura media total de los sombreros es de unos 30 cm.

Dos de estos sombreros se apartan de esta pauta decorativa, y muestran al Pájaro del Trueno asiendo con sus garras una ballena (King 1981: fig. 11 93A; Holm 1990: fig. 20). Uno de los ejemplares se encuentra en el Museo Peabody y otro en el Museo Británico, donde además de la escena mencionada se encuentra representado el monstruo Sisiutl o serpiente de dos cabezas.

Es evidente el esquematismo de estas representaciones impuesto en principio por el soporte del tejido. Pero es palpable también la expresividad y el sentido narrativo de la escena, en la que se representa una actividad concreta con un estilo que podemos denominar como gráfico, y en la que varios protagonistas, ballenas, cazadores, aparecen relacionados por una serie de objetos, cuerdas, arpones, canoas. Esa intención narrativa es algo peculiar y parece bastante alejada del arte de la provincia norteña donde domina la representación de animales emblema que, aunque aparezcan relacionados, por ejemplo en la representación de un mito en un poste, se representan también disociados entre si, simplemente yuxtapuestos.

Este peculiar tipo de sombrero y su técnica de manufactura desaparecieron relativamente pronto, hacia mediados del siglo XIX (Drucker 1951: 93). La bibliografía antropológica no aduce razones, pero parece evidente que la desaparición de su función y sentido acarreó también la del objeto. Todas las noticias de los visitantes a la región de finales del siglo XVIII y principios del XIX se refieren a que solamente los jefes llevaban esos sombreros (Moziño 1913: 18; Jewitt 1990: 192-193), hecho unido a la idea de su decoración, ya que la caza de ballenas era una ocupación exclusiva de los jefes, tarea difícil y peligrosa que requería una ardua preparación ritual previa. Es posible que esos sombreros no solo identificasen a sus portadores como jefes balleneros, sino que también funcionasen mágicamente como una plegaria propiciatoria para la caza de la ballena. La iconografía del Pájaro del Trueno capturando ballenas representa esencialmente la misma idea, ya que el ave mítica era y es el emblema de los jefes mas importantes nuu-chah-nulth. Desestructurada la sociedad y la economía tradicional, la función y por lo tanto la existencia de esos sombreros no tenía ya razón de ser.

A finales del siglo XIX y desde territorio makah se reintrodujo la técnica de la cestería entre los nuu-chah-nulth para la realización de objetos para la venta turística (Drucker 1951: 93). Los viejos motivos iconográficos de ballenas, canoas, Pájaros del Trueno y Serpientes Relámpago acompañados de adornos geométricos, volvieron a aparecer, pero esta vez sobre otros objetos como botellas redondeadas, cestillos rectangulares (Arima 1983: 163) o redondos, generalmente con tapa. Aunque son objetos comerciales, el tejido es siempre de gran calidad y finura, y continúan realizándose en la actualidad.

Ya en este siglo, las tejedoras nuu-chah-nulth han empezado a realizar réplicas de los antiguos sombreros de jefes. Aunque aparentemente su forma y decoración son semejantes, difieren en la técnica y los materiales empleados, urdimbre de corteza de cedro y trama de hierbas naturales y teñidas (Holm 1990: 625), pero pueden siempre reconocerse por su distintiva textura diagonal (Holm 1983: 49). En la bibliografía podemos encontrar la mención de artistas como Jessie Webster o Ellen Curley (Kirk 1986: 43; MacNair 1984: 109), pero desde aquí no podemos olvidar el nombre de Cecelia Savey, de la banda mowachaht.

La temática representada en estos sombreros actuales es la tradicional de la caza de la ballena, aunque aparecen sutiles e interesantes particularidades, como la adición de velas a las canoas balleneras, o un peculiar tratamiento del espacio vacío que convierten a estos ejemplares no en una mera copia del pasado sino en una obra de arte distintiva y original, digna de cotizarse como una verdadera obra de arte. Hay que mencionar sin embargo, que estas artistas tejedoras no son especialistas a tiempo completo como lo son sus congéneres masculinos o incluso las mujeres escultoras. Ellas cumplen mas bien un rol tradicional, el de amas de casa y tejedoras en sus ratos libres, exactamente igual que hace mas de doscientos años.

Es interesante señalar que la peculiar imagen de este sombrero ha sido utilizada también en otras manifestaciones artísticas como el grabado. Mencionemos un ejemplo de Joe David en el que sobre el fondo blanco del papel destaca limpiamente el dibujo, con la exclusiva utilización del color negro, de la peculiar silueta del sombrero y la escena tradicional. La canoa, los cazadores y el arponero, la ballena y encima de todos ellos, el Pájaro del Trueno, constituyen una feliz y fluida composición, llena de limpieza y viveza. Una vez mas nos encontramos, no ante la copia literal de una escena del pasado, sino ante la reinterpretación de un motivo tradicional como un reconocimiento de una identidad recuperada. El "sombrero de jefe" vuelve a tener una vigencia plena en una cultura transformada.

NOTAS

1. Quiero hacer constar mi agradecimiento a Leoncio Carretero Collado por su ayuda para la realización de este trabajo y en la revisión del manuscrito.

2. En la bibliografía tradicional se ha utilizado el nombre de Nootka para designar a los diferentes grupos que habitaban el oeste de la isla de Vancouver. Dicho nombre designó originalmente a los mowachaht, debido a un equívoco del capitán Cook que ya señaló Moziño (1913: 56). Para mayor información véase el artículo de Carretero de este libro.

3. En la concepción del arte tradicional no existe la idea de la perennidad y por lo tanto tampoco la de conservación o restauración. Concretamente los postes se levantaban, legitimados con su correspondiente potlatch, para dejarse posteriormente a las inclemencias del tiempo. El poste, igual que un árbol, debería cumplir su ciclo y morir para convertirse de nuevo en parte del bosque.

4. El poste del Capitán Jack o de Lord Willingdon puede reconocerse en muchas ilustraciones. Ver por ejemplo Barbeau (1950: 729), con una fotografía muy cercana al momento de su erección y otra, ya deteriorado, en los años 40-50. Una fotografía mas reciente puede verse en Kirk (1986: 196). El poste estaba todavía en pie en el otoño de 1993, aunque fue abatido por una tormenta durante el siguiente invierno.

5. Una fotografía de este poste, ya en el suelo, puede verse en Barbeau (1950: 728).

BIBLIOGRAFIA

AMES, Kenneth M.: "The Evolution of Social Ranking on the Northwest Coast of North America". *American Antiquity*, Vol. 46, Nº 4 (789-805). Salt Lake City, UT: Society for American Archaeology, 1981.

ARIMA, Eugene Y.: *The West Coast People*, Victoria: British Columbia Provincial Museum, Special Publication nº 6, 1983.

ARTEAGA y BAZAN e INFANTE, Ignacio Fernando: "Diario de navegación...a exploraciones de las costas septentrionales de la California..." (1779). En *Colección de Diarios y Relaciones para la Historia de los Viajes y Descubrimientos*, Vol. VII (11-162). Madrid: CSIC-Instituto Histórico de la Marina, 1975. (Editado por Agustín Albarracín).

BARBEAU, Charles Marius: "The Bearing of the Heraldry of the Indians of the North-West Coast of America upon their Social Organization". *Man*, Vol. XII, Nº 45 (:83-90). London, UK: The Royal Anthropological Institute of Great Britain and Ireland. 1990 *Totem Poles* (1950). 2 Vols. Hull, QUE: Canadian Museum of Civilization, 1912.

BLACKMAN, Margaret Berlin: "Creativity in Acculturation: Art, Architecture, and Ceremony from the Northwest Coast". *Ethnohistory*, Vol. 23, Nº 4 (:387-413). Tucson, AZ: The American Society for Ethnohistory, 1976.

BOAS, Franz: "The Social Organization of the Tribes of the North Pacific Coast". *American Anthropologist*, Vol. 26, Nº 3 (:323-332). Washington DC: The American Anthropological Association. 1955 *Primitive Art* (1927). New York, NY: Dover Publications, Inc, 1924.

BODEGA Y QUADRA, Juan Francisco de la: "Viaje a la costa NO de la América Septentrional por D. ... Año de 1792". En *El descubrimiento del fin del mundo (1775-1792)*, J.F. de la BODEGA Y QUADRA, pp. 159-237. Madrid: Alianza Editorial-Sociedad Quinto Centenario, Libro de Bolsillo: 1.489, 1990. (Editado por Salvador Bernabeu Albert).

CABELLO CARRO, Paz: *Coleccionismo americano indígena en la España del siglo XVIII*. Madrid: Ediciones de Cultura Hispánica, 1989.

CARRRETERO COLLADO, Leoncio: "Rethinking North West Coast Ethnography: The Nootka and Kwakiutl Are Gone". *European Review of Native American Studies*, Vol. 6, Nº 2, pp. 39-42. Wien, Österreich: Museum für Völkerkunde, 1992.
"Environment, Food Availability, and Nutrition in the Northwest Coast: Hazards in Native Traditional Subsistence". *Revista Española de Antropología Americana*, Vol. 25 (:119-134). Madrid: Universidad Complutense, 1995.

COOK, James: *Voyages of Discovery*, compiled by John Barrow, Chicago, IL: Academy Chicago Publishers, 1993.

CRESPI, Fray Juan: "Diario que yo... formo del viaje...(a) las Costas del Norte de Monte-Rey...". Sevilla: Archivo General de Indias, Estado 43, Doc. 10a, 1774.

DONALD, Leland H.: "On the Possibility of Social Class in Societies Based on Extractive Subsistence". In *Status, Structure, and Stratification: Current Archaeological Reconstructions*, Marc Thompson, Maria Teresa García & François J. Kense, eds., pp. 237-243. Calgary, AB: University of Calgary Archaeological Association, 1985.

DRUCKER, Philip: *The Northern and Central Nootkan Tribes*. Bureau of American Ethnology, Bulletin 144. Washington DC: Smithsonian Institution, 1951.

GARFIELD, Viola Edmundson: "The Tsimshian and Their Neighbors". In *The Tsimshian: Their Arts and Music*, V.E. Garfield, Paul S. Wingert & Charles M. Barbeau, pp. 1-70. American Ethnological Society Publication 18. New York, NY: J.J. Augustin. (Reprinted in *The Tsimshian Indians and Their Arts*, V.E. Garfield & P.S. Wingert, pp. 1-70. Seattle & London: University of Washington Press, 3rd Printing, 1979), 1951.

GRUMET, Robert Steven: "Changes in Coast Tsimshian Redistributive Activities in the Fort Simpson Region of British Columbia, 1788-1862". *Ethnohistory*, Vol. 22, Nº 4 (:294-318). Tucson, AZ: The American Society for Ethnohistory, 1975.

HAWTHORN, Audrey E. (1979): *Kwakiutl Art*. Seattle & London: University of Washington Press, 1967.

HOLM, Bill: *Northwest Coast Indian Art: An Analysis of Form*. Vancouver, BC: Douglas & McIntyre Ltd, 1965.
"Art". In *Handbook of North American Indians*, Vol. 7, *Northwest Coast*, W. Suttles & W.C. Sturtevant, eds., pp. 602-632. Washington DC: Smithsonian Institution, 1990.
(Ed.): *The Box of Daylight: Northwest Coast Indian Art*. Seattle & London: University of Washington Press-Seattle Art Museum, 1983.

JEWITT, John Rodgers: *Diario y aventuras en Nootka* (1807-15). Madrid: Historia 16, Crónicas de América: 60. Edición y Traducción de Leoncio Carretero Collado, 1990.

JONES, Laurie: *Nootka Sound Explored: A Westcoast History*. Campbell River, BC: Ptarmigan Press, 1991.

KING, Jonathan C. H.: *Artificial Curiosities from the Northwest Coast of America: Native American Artifacts in the British Museum Collected on the Third Voyage of Captain James Cook and Acquired Through Sir Joseph Banks*. London, UK: British Museum Publications, 1981.

KIRK, Ruth: *Tradition and Change on the Northwest Coast: The Makah, Nuu-chah-nulth, Southern Kwakiutl and Nuxalk*. Seattle, WA: University of Washington Press, 1986.

LAGUNA, Frederica Annis de: *Under Mount Saint Elias: The History and Culture of the Yakutat Tlingit*. 3 Vols. Washington DC: Smithsonian Contributions to Anthropology Volume 7, 1972.

MACNAIR, Peter L.; HOOVER, Alan L. & NEARY, Kevin: *The Legacy: Tradition and Innovation in Northwest Coast Indian Art* (1980). Victoria, BC: The Royal British Columbia Museum / Vancouver & Toronto: Douglas & McIntyre, 1984.

MALASPINA, Alejandro: *Diario de viaje. Viaje científico y político a la América Meridional, a las Costas del Mar Pacífico y a las Islas Marianas y Filipinas verificado en los años 1789, 90, 91, 92, 93 y 94 a bordo de las corbetas Descubierta y Atrevida de la Marina Real, mandadas por los capitanes de navío D. Alejandro Malaspina y D. José F. Bustamante*. Madrid: El Museo Universal, 1984. (Editado por Mercedes Palau, Aránzazu Zabala y Blanca Sáez).

MARTÍNEZ FERNÁNDEZ, Esteban José: "Diario de la navegación que...boy a executar al Pto. de Sn. Lorenzo de Nuca...en el año 1789". En *Colección de Diarios y Relaciones para la Historia de los Viajes y Descubrimientos*, Vol. VI. Madrid: CSIC-Instituto Histórico de la Marina, 1964. (Editado por Roberto Barreiro Meiro).

Moziño Suárez de Figueroa, José Mariano: *Noticias de Nootka. Diccionario de la lengua de los nutkenses y descripción del Volcán de Tuxtla* (1792). México DF: Sociedad Mexicana de Geografía y Estadística-Secretaría de Fomento, 1913. (Editado por Alberto M. Carreño).

Peña Saravia, Fray Tomás de la: "Diario del viaje... comenzado día 6 de Junio de 1774..." (1774). In *The California Coast: A Bilingual Edition of Documents from the Sutro Collection*, Donald C. Cutter, ed., pp. 135-201. Norman, OK: University of Oklahoma Press, 1969. (Translated and Edited in 1891 by George Butler Griffin).

Ruyle, Eugene E.: "Slavery, Surplus, and Stratification on the Northwest Coast: The Ethnoenergetics of an Incipient Stratification System". *Current Anthropology*, Vol. 14, Nº 5 (:603-631). Chicago, IL: The Wenner-Gren Foundation for Anthropological Research, 1973. (The University of Chicago Press).

Sánchez Montañés, Emma: "Arte indígena de la Costa Noroeste (British Columbia) en el Museo de América de Madrid". *Revista Española de Estudios Canadienses*, Vol. 1 Nº 2 (:230-250). Madrid: Asociación Española de Estudios Canadienses, 1991.

Stewart, Hilary: *Looking at Indian Art of the Northwest Coast*, Seattle: University of Washington Press, 1979.
Cedar: Tree of Life to the Northwest Coast Indians. Vancouver & Toronto: Douglas & McIntyre, 1984.
Looking at totem poles. Vancouver & Toronto: Douglas & McIntyre, 1993.

Waterman, Thomas Talbot: "Some Conundrums in Northwest Coast Art". *American Anthropologist*, Vol. 25, Nº 4 (:435-451). Washington DC: The American Anthropological Association, 1923.

YUQUOT, AHAMINAQUUS, TSAXANA.
EL LARGO CAMINO DE LOS MOWACHAHT
HACIA EL FUTURO

Leoncio Carretero Collado

¿Mowachaht, Nuu-chah-nulth? ¿Quiénes son los Mowachaht? ¿Qué es eso de Nuu-chah-nulth? A miles de kilómetros de la Columbia Británica, y salvo contadas excepciones, esta es la respuesta que uno recibe de colegas y estudiosos cuando menciona esos y otros nombres gentilicios. Sin embargo, cuando surge la palabra "Nootka" parecen recobrar la confianza de quien se siente en familia. Para las tertulias de salón de académicos que viven lejos de la bahía de Nootka eso no suele preocupar más allá de la pura anécdota que dé un toque de erudición. En tales círculos, lo que afirmen personajes forasteros, como el capitán Cook, o los añejos manuales escolares, es más importante que lo que digan los propios nativos afectados. Por ello es demasiado corriente aún que nombres gentilicios de pueblos nativos, hoy día de uso general en la "Costa Noroeste", tanto entre nativos como no-nativos, continúan siendo ignorados por la mayoría de los académicos de lugares distantes. El hecho de que el último y más prestigioso manual etnográfico de Norteamérica haya mantenido el término "Nootka" no ha ayudado a aclarar esta terminología entre los estudiosos de lugares distantes (Arima & Dewhirst 1990).

Afortunadamente, los Mowachaht y sus vecinos no han tenido tan mala suerte como otros nativos norteamericanos, que son conocidos generalmente en antropología con nombres que corresponden a apelaciones despectivas con que les calificaban otros pueblos vecinos y no pocas veces rivales. En realidad, el nombre de "nootka" corresponde a uno de tantos ingenuos malentendidos que acontecen cuando no se conoce suficientemente la lengua del otro (Moziño 1913:56). Según la versión más aceptada entre los Mowachaht hoy día, cuando el capitán Cook les preguntó que cómo se llamaba su pueblo, haciendo señas circulares para dar a entender la idea del conjunto de gente, ellos entendieron que preguntaba por algo de esa tierra y le respondieron "nut-cha" o "noot-ka", es decir, que sí, que esa tierra era una isla (la isla de Nootka) y era circumnavegable, o bien haciendo referencia a la forma semicircular de la ensenada donde estaba el poblado de Yuquot (Jones & Trepanier 1978; Jones 1991:12; Sam Johnson 1993). Esa palabra fué incorporada a las cartas de navegación de todos los países como nombre del lugar, e inmediatamente adoptada también como gentilicio de los habitantes.

Y así han pasado a ser conocidos también en la antropología clásica. Pero el asunto de la nomenclatura no termina ahí. Los antropólogos, aficionados a los estudios comparativos, y obligados a hacer generalizaciones científicas, ampliaron el térnimo "Nootka" a todos los pueblos nativos que hablan la misma lengua y dialectos próximos a los habitantes nativos de la bahía de Nootka. Se incluye así a los habitantes nativos de la costa occidental de la isla de Vancouver, desde la península de Brooks hasta el río Jordan, con el añadido de un triángulo de unos 50 kilómetros de lado en torno al cabo Flattery, hoy en el estado norteamericano de Washington. De este modo, cuando se menciona en general el término "nootka", normalmente se refiere de una forma muy vaga a todos los grupos nativos incluídos en esta última categoría.

Finalmente, los estudios comparativos y los manuales antropológicos, unidos a la tendencia humana a generalizar y simplificar, especialmente lo que se conoce poco, demandaban mayores generalizaciones. De este modo, los "nootka" han sido englobados dentro de otro conjunto mayor de pueblos que comparten un tronco lingüístico común, con lenguas distintas, pero que debieron tener alguna conexión hace muchos cientos de años. A este conjunto se le llamó "Wakashano", también gracias a una observación de la expedición de Cook, haciendo referencia a la costumbre de saludarse alegremente entre los nativos de la bahía de Nootka diciendo "wa-kash" (Arima & Dewhirst 1990:410), que viene a significar a la vez "¡bravo!", "hola" y "bienvenido".

De este modo, quien sólo tenga referencias de los manuales antropológicos, encontrará grandes dificultades para entender quiénes son los Mowachaht, y su grado de autonomía social, cultural, política e identificativa como grupo étnico individual.

La cultura tradicional de los habitantes nativos de la bahía de Nootka ha sido descrita bastante bien por Drucker (1951) y Arima (1983). Pero en ambos casos se trata a los Mowachaht (con su nombre correcto) como parte de un conjunto mayor o una entidad superior que les engloba, dando la impresión al lector poco atento de que están subordinados a ese conjunto superior, sin tener autonomía étnica, cultural y política propia. Es decir, sin ser un pueblo nativo en sí mismo, independiente y autónomo.

Sorprendentemente, existen numerosos estudios etnohistóricos y antropológicos de los Mowachaht en particular y sus vecinos en general, algunos de gran calidad, pero sólo una pequeña parte han sido publicados o circulan con alguna fluidez entre los medios académicos. Ello viene a complicar aún más el problema.

En todo caso, y a pesar de ese desinterés académico, también es cierto que aún existiendo un verdadero interés por conocer el nombre de los habitantes de la bahía de Nootka, la tarea no es sencilla. En primer lugar, porque debido a su tradicional residencia itinerante y estacional, no era fácil para los forasteros de hace dos siglos determinar a qué indivíduos o grupos se debería incluir bajo el mismo gentilicio, y los nativos podían incluir bajo la misma denominación a distintos grupos en función de la época o el lugar de residencia de la temporada. Y en segundo lugar, porque en contra de la idea que transmite el falso -pero generalizado- presente etnográfico, los pobladores de la bahía de Nootka no han tenido siempre la misma composición político-social. Es decir, el conjunto de los grupos que han vivido en la bahía de Nootka no ha sido siempre invariable, ni los grupos se han organizado entre sí de la misma manera. Así, la evolución del nombre está íntimamente ligada a una serie de cambios sociales, políticos, económicos, religiosos y culturales, que determinan diversos cambios en el nombre que se han ido dando a sí mismos esos grupos nativos. Y esto es lo que se tratará en estas páginas.

YUQUOT, YUQUOTAHT

Dentro de una realidad social, política y cultural tan variable, hay en cambio una constante: los nativos actuales son los descendientes de los habitantes primigenios del área, independientemente del nombre que se dieran a sí mismos en otras épocas. Los trabajos arqueológicos realizados en la zona ponen de relieve que la bahía de Nootka ha estado poblada de forma continuada durante los últimos 4.300 años, seguramente por los mismos pobladores (Dewhirst 1978: 20; Folan & Dewhirst 1980). Aunque han existido diversos cambios demográficos, derivados de grupos que emigraron, se extinguieron, o se fusionaron, éstos cambios nunca se produjeron de forma traumática ni han supuesto rupturas significativas. Tales cambios son propios de la evolución sociocultural intrínseca y autónoma de toda sociedad humana, sin que haya existido una ruptura cultural y demográfica significativa hasta finales del siglo XVIII, con la llegada de los euroamericanos.

Otra constante es que todos los grupos nativos que han vivido en la bahía de Nootka han compartido siempre el mismo patrón cultural. Todos los grupos tenían un patrón de residencia estacional, trasladándose en dos o tres ocasiones a lo largo del año a diversos lugares en función de donde se encontraban los recursos de la temporada. Pero, ¿qué grupos nativos vivían en la bahía de Nootka antes de la llegada de los forasteros euroamericanos?

A diferencia de otros pueblos nativos vecinos, que tienen una tradición oral que cuenta el origen de ese pueblo, los Mowachaht no tienen una historia consensuada, sino que cada grupo de la bahía de Nootka cuenta con su propia versión de la historia fundacional de los Mowachaht (Drucker 1951:223; Marshall 1993:191-2), y también de otros hechos históricos. Esto complica el estudio de la composición de los grupos que habitaban la bahía de Nootka justo antes de la llegada de los euroamericanos, si bien las fuentes históricas del siglo XVIII pueden ayudar a completar las versiones.

Lo que dejan claro tanto los trabajos arqueológicos, como las tradiciones orales nativas, y las fuentes históricas euroamericanas del siglo XVIII, es que la bahía de Nootka estaba poblada por una serie de grupos locales totalmente independientes. Estos grupos pueden agruparse en cinco áreas de alianza política o influencia: la costa exterior de la isla de Nootka (ver figura 1), la sección superior del fiordo de Tahsis, la sección superior del fiordo Tlupana, el fiordo Muchalat, y un área que incluye el centro de la bahía y parte de la península Hesquiat (Marshall 1993:192). En cada una de estas áreas había varios grupos locales, todos ellos independientes de los demás, con sus propios territorios de caza y pesca, sus privilegios, y sus jefes que actuaban independientemente.

Por tanto, la unidad socio-política y económica básica e independiente eran los grupos locales. Un "grupo local" se componía de uno o varios "ushtakamlh", que puede ser traducido como "grupo de gente" de manera genérica (Drucker 1951:222; Curtis 1916:180), o más específicamente como línea familiar, o linaje. En realidad, cada "ushtakamlh" se componía de una a varias familias, a las que solían unirse algunos otros residentes emparentados de alguna manera. Y dado que cada "ushtakamlh" poseía su propia gran casa multifamiliar, a veces se les nombra como "casas" (Drucker 1951:223).

Cada "ushtakamlh" tomaba su nombre de un jefe fundador o de su lugar de orígen. Cuando se tomaba el nombre de un jefe fundador, se solía añadir el sufijo "-takamlh7ah". De esta manera, "Umiiktakamlh7ath" significa "el grupo o el linaje de Umiik", siendo "Umiik" el nombre del jefe, "-takamlh" el grupo o linaje, y "-ath" la terminación que hace referencia a "personas, pueblo, o residentes" (Drucker 1951:222-3).

Cuando un grupo local lo formaba más de un "ushtakamlh", éstos se jerarquizaban entre sí sobre la base de la proximidad al antepasado fundador, y el grupo local solía tomar el nombre del "ushtakamlh" originario. La composición del grupo local solía variar con el tiempo, ya que unos "ushtakamlh" crecían y se dividían, mientras otros desaparecían, y un grupo local fuerte podía absorber "ushtakamlh" de otros grupos débiles o muy reducidos (Dewhirst 1990:19,35-38).

Cada "ushtakamlh" y cada grupo local estaban jerarquizados tanto internamente como en relación a los demás grupos siguiendo criterios de primogenitura y proximidad al jefe fundador, y cada jerarquía llevaba implícito un cargo o posición social, con sus respectivos privilegios sociales, políticos, religiosos y ceremoniales. El jefe del "ushtakamlh" más antiguo era a su vez el jefe del grupo local, y era también el propietario titular de todas las tierras y recursos terrestres y marinos del grupo local, además de muchos otros privilegios (Drucker 1951: 247-57). Los jefes subordinados, representantes de "ushtakamlh" más jóvenes, poseían otros privilegios menores, como el derecho a pescar en un lugar determinado, pero no los recursos propiamente (Dewhirst 1990:19).

Los grupos locales, mediante matrimonios, alianzas o conquistas, formaban unidades socio-políticas mayores o tribus. Una tribu era la unión formal de varios grupos locales, con una serie de posiciones jerarquizadas de sus jefes, y que compartían un mismo poblado de invierno, en el que cada grupo local estaba representado al menos por una casa permanente (Drucker 1951:220-1). La tribu solía tomar el nombre del grupo local dominante, y la jerarquía

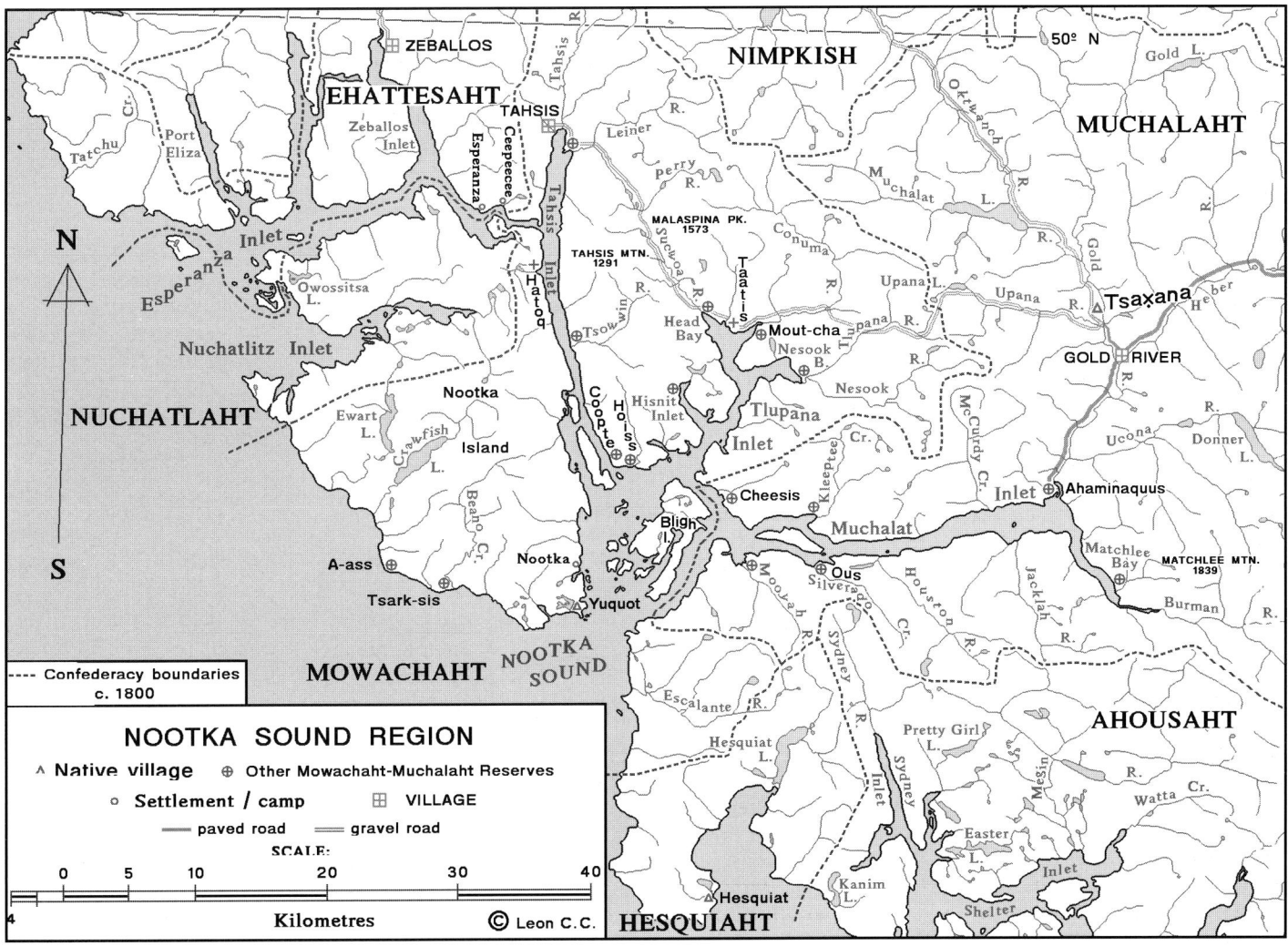

Figura 1. Mapa de la Región de Nootka.

dentro de ella ya estaba determinada por otros factores que dependían de sucesos históricos, lazos ancestrales, matrimonios, o compromisos de dote (Dewhisrt 1990:19).

La enumeración y el orígen de todos los grupos locales de los que se tiene alguna referencia es bastante prolija y ha sido ya tratada en diversos trabajos (Curtis 1916:181-2; Drucker 1951:231, 263; Folan 1972:41 y ss, citado en Marshall 1993:191-203; Dewhirst 1990:36-42). Abreviando, puede decirse que la bahía de Nootka, hacia el siglo XVII contaba con un número de grupos locales que variaba entre trece y dieciocho. Estos grupos locales tendían a nuclearse en las cinco áreas antes mencionadas. De ellos, el "ushtakamlth" más poderoso parece haber sido tradicionalmente el de los "Yalhuu7ashtakamlhath", que procedía de la actual reserva de A-ass (E-ass), en Bajo Point, en la costa suroccidental de la isla de Nootka. Su poder se había ido consolidando hasta formar una alianza entre los grupos de la costa exterior. Como consecuencia de diversos avatares políticos, éstos conformaron una alianza con otros nueve grupos locales, en su mayoría de la cabecera del fiordo de Tahsis, y esta alianza acaba por expulsar de Yuquot a sus anteriores ocupantes, los "Umiiktakamlhath" (aliados de los grupos del área del fiordo Muchalat), quienes se desplazan a Hisnit (Drucker 1951:228; Dewhirst 1990:38-9; Marshall 1993:188-197).

Yuquot pasa a sí a convertirse en residencia de primavera-verano de una alianza Yuquot-Tahsis que se consolida como tribu durante el siglo XVII o comienzos del XVIII, y que cuenta también con Tahsis y Coopte como poblados de otoño-invierno. Esta "tribu" se estructuraba con los mismos nexos y criterios de jerarquía que los grupos locales, cada uno de los cuales cuenta ahora con al menos una casa de linaje en Yuquot de forma permanente (Drucker 1951:220-1). El primer grupo local en la jerarquía de la tribu era el "Yalhuu7ashtakamlhath", y el primer jefe de éste tenía por título hereditario "Maquinna", siendo a su vez el jefe de la tribu. Más allá de los nombres de los grupos locales no se han registrado nombres de esta tribu, pero siguiendo el patrón propio de los nativos de la bahía de Nootka para denominar a los pueblos y grupos humanos, parece lo más acertado aceptar el nombre de "Yuquotaht" propuesto por Dewhirst (1990:38-9).

A pesar de la existencia de tal tribu, ésta no era más que la suma de un conjunto de grupos locales independientes, que en cualquier momento podían entrar a formar parte de otra alianza, y que en todo momento trataban de ejercer su autoridad independiente (Marshall 1993:200). Pero la organización tribal se consolidó y se extendió a otros grupos vecinos, de manera que a la llegada de los europeos, y durante el último cuarto del siglo XVIII, podemos considerar la existencia de tres tribus habitando el área de la bahía de

Nootka: los Yuquotaht, los Tlupananuulhaht, y los Muchalaht de los fiordos homónimos.

Hasta este momento, todos los grupos locales independientes, del pasado y presente, junto a las recientemente formadas tribus, han venido desarrollando una dinámica interna y autónoma, dentro de una independencia política, pero compartiendo un mismo ámbito cultural con sus vecinos. A partir de la llegada de los europeos se produce un cambio muy drástico que en adelante afectará notablemente la vida de estas tribus nativas de la bahía de Nootka. Ahora hay nuevos agentes completamente extraños en lo tecnológico, cultural y biológico, que van a marcar decisivamente el desarrollo posterior.

Hacia 1780 las fuentes históricas de la época ofrecen cálculos de unos 4.000 nativos en la bahía de Nootka. Sin embargo, su falta de exhaustividad para reconocer detenidamente todos los rincones de la bahía de Nootka, y su desconocimiento de los poblados del interior, separados de la línea de costa, hace considerar que una estimación de alrededor de 7.000 indivíduos para el conjunto de estas tres tribus no está descaminada. Pero estas cifras debieron comenzar a disminuir inmediatamente debido a las enfermedades extrañas traídas por los forasteros.

El contacto con los euroamericanos fué siempre deseado por los nativos para obtener las ventajas de la tecnología y artículos suntuarios de los forasteros. Pero ello a su vez provocó cambios que en principio eran controlados por los nativos de la bahía de Nootka. Al convertirse la ensenada de Yuquot (Friendly Cove) en el puerto de recalada obligado de todos los barcos de exploradores, comerciantes y militares, los Yuquotaht se convirtieron en intermediarios del comercio entre los forasteros y otras tribus sin acceso directo a sus productos, potenciándose el poder de los Yuquotaht y de su jefe Maquinna, así como de los demás jefes donde recalaban regularmente los barcos, como el jefe Wickaninish de los Tla-o-qui-aht, causando también un aumento de la belicosidad (Fisher 1978).

Yuquot, Mowachaht

Fruto de esa potenciación, aunque probablemente también se hubiese llegado a ello por desarrollo interno, las tribus Yuquotaht y Tlupananuulhaht se fusionan a comienzos del siglo XIX, en algún momento posterior a 1804, formando lo que propiamente se denomina "confederación" Mowachaht (Dewhirst 1990:40-1). No se sabe porqué la confederación adoptó el nombre de "Mowachaht", pero lo cierto es que ese es el nombre del grupo local de la tribu Tlupananuulhaht originario de Mowach'a (Mout-cha), y que el nombre significa "pueblo del ciervo". Este grupo local había sido por entonces englobado por los "Hiyanuwashtakamlhath" de la confederación Tlupananuulhaht, quienes tras la fusión con los Yuquotaht reciben el derecho a tener casas en Yuquot, aunque durante la temporada invernal no se trasladaban a Tahsis y Coopte, sino que continuaron estableciéndose aparte en su tradicional poblado de Uuwis (Hoiss). A mediados del siglo XIX ya estaban tan integrados que la confederderación era invitada como un solo grupo a los potlatches (Drucker 1951:230-1).

Pero la vida de los Mowachaht para entonces ya parecía estar marcada por los grandes contrastes. De ser el punto de reunión de todos los barcos euroamericanos en la costa del Pacífico, e incluso haber hospedado en sus tierras el primer asentamiento de forasteros euroamericanos en la costa noroccidental del Pacífico, de repente pasó a ser uno de los puntos más esquivos. Tras una serie de intentos por hacerse con un barco euroamericano por parte de los jefes más poderosos de la costa occidental de la isla de Vancouver, y tras algunas afrentas, los Mowachaht del jefe Maquinna capturaron el buque "Boston" en 1803, dejando únicamente dos supervivientes que vivirían como esclavos hasta su liberación casi tres años después (Jewitt 1990). A partir de ese momento casi desaparecen de los círculos comerciales e informativos internacionales, y durante el siglo XIX apenas existen unas pocas informaciones escritas de los Mowachaht, el pueblo de la Costa Noroeste del Pacífico del que más se habló y escribió en Europa, Norteamérica y el Sureste Asiático durante el último cuarto del siglo anterior.

Un cambio tan brusco debió alterar la vida cotidiana y las estructuras de poder de la confederación Mowachaht, aunque no disponemos apenas de registros escritos al respecto. Ello tenía la ventaja de que les permitía continuar con su propio desarrollo cultural autónomo, aunque se adoptasen para sí algunos pocos elementos aislados traídos por los forasteros. Lo que sí sabemos es que los desajustes provocados por los agentes externos derivaron en contínuas luchas y conflictos bélicos entre los Mowachaht y los Muchalaht, que no terminaron hasta la década de 1879 (Moser 1926:183; Marshall 1993:258-262).

No obstante, para su desgracia, no estaban tan aislados del mundo exterior como la escasez de registros históricos haría suponer. Recibieron alguna corta visita aislada, como la de La Roquefeuil en 1817 o Edward Belcher en 1937 (Akrigg & Akrigg 1975:299-300). Y a partir de la década de 1820 comienzan a recibir también visitas esporádicas de los traficantes de aceite de lija, necesario para los aserraderos que comenzaban a surgir como setas en los estados del noroeste estadounidense (Drucker, 1951:12).

El año de 1852 marcaría también un hito en la historia Mowachaht. Y no precisamente por la visita de Hamilton Moffatt, de la Hudson's Bay Co., que había llegado a Yuquot desde Port McNeil siguiendo la ruta Nimpkish (Jones 1991:58), sino sobre todo porque, en ese año se produce también una terrible epidemia de viruela que diezma a los Mowachaht y sus vecinos, sin que su brote llegara nunca a desaparecer, reproduciéndose de tiempo en tiempo (Drucker 1951:12).

Poco después, en 1858, William Spring y Hugh McKay establecen un pequeño puesto comercial (almacén fundamentalmente) en Yuquot. Se dedicaban a la caza de focas en el norte, y solían contratar nativos en puertos más al sur, incluyendo Yuquot. Los cazadores nativos debían llevar su propio aparejo y canoas, pagándoseles a $2 la piel (a los blancos $3), pero debían pagar por su alojamiento y la comida mientras estuvieran a bordo. La caza de focas termina en 1912, al año siguiente de prohibirse por ley su caza para impedir su total extinción (Jones, 1991:57-8).

Dos años después, en 1860, reciben también la visita de Malcolm G. Sproat, quien informa de que la población nativa total de la bahía de Nootka (Mowachaht + Muchalaht) no llega a los 600 indivíduos, de los que 150 son varones adultos Mowachaht y 36 Muchalaht (Sproat 1987:185, 207).

El Comisario de Asuntos Indios I.W. Powell recorre la bahía de Nootka en 1874, llevando consigo al fotógrafo Richard Maynard, al que pertenecen la mayoría de las fotografías más

Figura 2. Casas de Yuqout hacia 1780 (J. Webber).

antiguas de este área (Jones, 1991:34). Y ese mismo año los Mowachaht reciben la visita del padre Brabant, que al año siguiente establecería una iglesia en Hesquiat como base del inicio de su apostolado católico romano por el oeste de la isla de Vancouver (Brabant, 1977:13-37). Pero el año de 1875 va a quedar marcado en la historia Mowachaht por otro suceso más trágico: a su regreso de Victoria, Imhaap, segundo jefe de los Mowachaht, trae consigo ropas contaminadas de viruela que provocarían su muerte y la de otros más de doscientos nativos de la bahía de Nootka (Dewhirst 1990:45). A partir de este momento los Mowachaht son conscientes de que sus posibilidades de supervivencia como grupo están en serio peligro.

Pero estos sucesos no eran aislados. Venían unidos a un proceso colonizador que se estaba iniciando en la Columbia Británica y que desarrollaría un etnocidio planificado de terribles consecuencias para los Mowachaht y todos los nativos. Si hasta ahora los Mowachaht venían controlando sus tierras, sus recursos, su cultura, y la evolución de su dinámica de desarrollo de forma autónoma, en adelante acabarán siendo despojados de todo ello y perseguidos por intentar desarrollar su cultura. Además, los cambios ahora se van a producir a velocidad de vértigo.

Los Mowachaht son censados por primera vez oficialmente en 1881, fecha en la que quedan vivos 254 Mowachahts que viven en 10 casas, y 92 Muchalahts que viven en 7 casas (Marshall 1993:282-7). Pero estos supervivientes no sólo fueron censados, sino que recibieron nombres anglosajones, y además fueron perseguidos dentro de un proceso que afectó a todos los nativos y que comenzó con la prohibición legal del potlatch y el ceremonial de invierno en 1884 (Fisher 1978:207; Tennant 1990:51-2). En 1886 la Ley de Indios define arbitrariamente quiénes son y no son "indios" (Tennant 1982:15); da el nombre oficial de "Nootka" a la tribu (oficialmente "banda") que se llama a sí misma Mowachaht; y a la vez da más apoyatura legal (que no legítima) a los forasteros para hacerse con las tierras y los recursos de los Mowachaht, autoconcedidos en 1871 al constituirse como "provincia" canadiense la Columbia Británica. La apoyatura legal de estos atropellos tuvo continuación con la prohibición de asistencia legal a los nativos para que no pudieran hacer reclamaciones en los juzgados (Tennant 1982:16; 1990:112-3; Kew 1990:166), y sólo comenzaría a aliviarse la situación tras la participación de los nativos en la II Guerra Mundia, gracias a lo cual, a partir de 1951 se levantan muchas prohibiciones.

Aunque no se les concede la ciudadanía canadiense a todos los nativos hasta 1960 (Kew 1990:162).

De esta manera, en 1888 el entonces gobernador de la provincia James Dunsmuir compra tierras para la minería en Head Bay (Tlupana Inlet), y el empresario maderero William Parsons Sayward compra los derechos para explotar la madera del bosque de Muchalat Inlet, desarrollando sus actividades a pequeña escala durante las dos décadas siguientes (Jones, 1991: 59). Se hacía así efectivo por primera vez el despojo de las tierras de los Mowachaht y los Muchalaht, sin que ellos, al igual que la mayoría de los nativos de la Columbia Británica, hubieran cedido nunca la soberanía ni la titularidad de sus tierras y recursos mediante tratado o guerra (caso singular entre los nativos norteamericanos).

Al año siguiente el padre Brabant construye una capilla en Yuquot (Brabant, 1977:109). Pero su sueño sólo se realiza en octubre de 1890, cuando inaugura en Kakawis, isla de Meares, bahía de Clayoquot, la escuela "Christie Indian Residential School", con el fin de adoctrinar en régimen de internado a los niños de las bahías Kyuquot y Nootka, que estaría operando hasta 1974 (Jones, 1991:33). Todos los niños nativos fueron desde entonces internados allí durante casi todo el año con estrictas prohibiciones de hablar su lengua nativa, sin permiso de recibir visitas, con reglamentos muy duros, y donde los abusos de todo tipo no eran extraños (Thompson 1995).

En estos momentos el censo del gobierno canadiense de 1891 consta el descenso demográfico al registrar 214 Mowachahts viviendo en Yuquot en 17 casas, y 67 Muchalahts viviendo en 7 casas en el fiordo Muchalaht (Marshall 1993: 282-7). Para entonces las casas nativas de Yuquot ya han adoptado las técnicas de contrucción occidentales, aunque los Mowachaht siguen viviendo en casas multifamiliares y continúan desarrollando un modo de vida tradicional y autónomo. Pero ya han perdido el control sobre las tierras y los recursos de la bahía de Nootka, así como la posibilidad de desarrollar su cultura de manera autónoma; la cual parecía abocada a la extinción junto con ellos mismos. Por ello es importante dejar constancia de cómo era la distribución de las casas de Yuquot en esta fecha, que ha sido registrada por Folan (1972, citado en Marshall 1993) y Marshall (1993: 289-98), y que reproducimos aquí en la figuras 3 y 4, y la tabla 1.

Los Mowachaht en estas fechas, a pesar de tantos cambios, aún mantienen un modo de vida tradicional, viviendo fundamentalmente de la pesca, con el único factor económico externo de los que se emplean como arponeros en la caza de focas en el mar Ártico, lo cual no supone de por sí un trabajo alejado de sus actividades tradicionales. Continúan hablando su lengua nativa, viviendo en casas de linaje, multifamiliares, y desarrollando sus ceremoniales, si bien una parte de ellos han comenzado a perderse debido a tanta mortandad y la propiedad privada de cada rito, canción o privilegio ceremonial.

Yuquot, Mowachaht-Muchalaht

A partir de la última década del siglo XIX comienzan a producirse en la sociedad Mowachaht cambios estructurales mucho más traumáticos. Con tales cifras de supervivientes y la clara tendencia descendente, las dos tribus vecinas de la bahía de Nootka cambian definitivamente sus relaciones anteriores, y ahora se desarrolla entre los

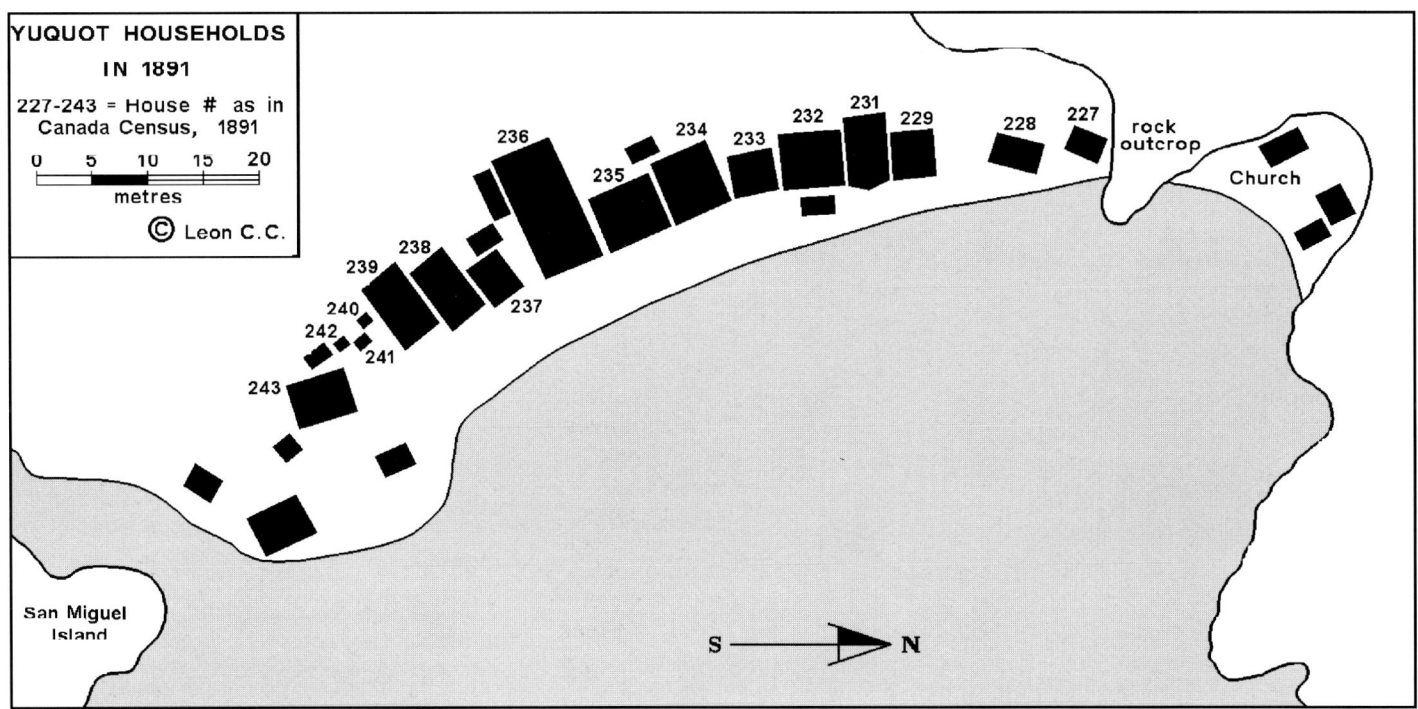

Figura 3. Casas de Yuqout en 1891.

Mowachaht y los Muchalaht unas muy estrechas relaciones consolidadas con un alto porcentaje de matrimonios entre ambos grupos (Dewhirst 1990:41). Por otro lado, las casas de linaje, afeadas por misioneros y agentes del gobierno, comienzan a ser relegadas a lugares de celebración de reuniones y ceremoniales, pues la vida comienza a desarrollarse poco a poco en viviendas unifamiliares (Marshall 1993:293-8).

Pero el suceso más traumático del comienzo de esta nueva etapa sería la pérdida oficial de sus territorios y recursos tradicionales, sin que los Mowachaht hubieran nunca cedido su soberanía ni titularidad. En 1895 quedan oficialmente despojados de sus tierras al asignárseles únicamente unas pocas reservas, en un proceso legislativo que concluiría provisionalmente en 1914 y continúa hasta hoy. El territorio Mowachaht queda reducido a once pequeños y dispersos lotes de tierra, llamados "Reservas Indias", y el Muchalaht a otras seis (ver figura 1 y tabla 2).

La actividad comercial de los forasteros euroamericanos trae a Yuquot nuevas posibilidades, como la apertura en

Tabla 1: Casas de Yuquot, según el censo de 1891

Nombre del Linaje	Lugar de origen	Rango del linaje	Area (m²)	Nº del Censo	habitantes
			900	227	7
Malhtsas7ath	A'ass	13	2100	288	9
Umiiktakamlh7ath	Yuquot-Hisnit	12	2900	229	21
-	-	-	-	230	4
Tukwiittakamlh7ath II	Hatoq	6	4300	231	15
T'ashiis7ath	Tahsis	2	5000	232	13
Tlasmaas7ath	Ta'atis	10	3100	233	15
Nissak7ath	Nisaq	11	6000	234	6
Hiyanuwashtakamlh7ath	Mowatcha	9	5700	235	14
Yalhuu7ashtakamlh7ath	A'as	1	11400	236	23
Na7iitsa7aptkamlh7ath	Tsark-sis	8	2700	237	11
Tukwiittakamlh7ath I	Hatoq	5	4100	238	9
Ts'awin7ath	Tsowwin	4	5100	239	29
Shaxmashtakamlh7ath	Coopte	7	300	240	4
-	-	-	300	241	4
-	-	-	400	242	10
Sayaach'a7ath	Tsark-sis	3	3900	243	20
TOTAL				17	214

Tabla 2: Reservas de los Mowachaht-Muchalth

NOMBRE	I.R. #	LUGAR	ACRES	HECTAREAS
Yuquot	# 1	Friendly Cove	206	83.36
Tsark-sis	# 2	Beano Creek	81	32.77
A-ass	# 3	Bajo Point	14	5.66
Ne-suk	# 4	Nesook River	5	2.02
Mout-cha	# 5	Moutcha Bay	15	6.07
Suc-wao	# 6	Head Bay	36	14.56
Hisnit	# 7	Hisnit Inlet	11	4.45
Ho-iss	# 8	Hoiss Creek	44	17.80
Coop-te	# 9	S. Tahsis Inlet	35	14.16
Tsow-win	# 10	Tsowwin River	34	13.75
Tahsis	# 11	Leiner River	42	16.99
Ahaminaquus	# 12	Gold River	39	15.78
Match-lee	# 13	Burman River	12.5	5.05
Hleep-te	# 14	Kleeptee Creek	14	5.66
Cheesish	# 15	Hanna Creek	29	11.73
Moo-yatl	# 16	Mooyah River	13	5.26
Ous	# 17	Silverado Creek	24	9.71
SUBTOTAL[1]			654.5	264.867
Tamaño medio			38.5	15.58
Tsaxana[2] (desde 1994)	# 18	Gold River	308.8	125.00
TOTAL	18		933.3	377.69
Tamaño medio			51.85	20.98

1 Hasta el 15 de marzo de 1994.
2 Obtenido en el Acuerdo de Recolocación del 15 de marzo de 1994. A cambio, la Banda Mowachaht-Muchalaht cede a la compañía propietaria de la fábrica 30 acres la reserva de Ahaminaquus.

Figura 4. Casas de Yuqout en 1891.

1897 en Nootka (a unos dos kilómetros al norte de Yuquot) de la primera planta procesadora de pescado de la bahía de Nootka, y el establecimiento de una tienda supermercado en Yuquot, a lo que hay que sumar el almacén de pieles de Spring y McKay, un embarcadero para grandes barcos de vapor, y una oficina de correos (Jones 1991:60-3). La primera década del siglo XX trae, además, el comienzo de la tala de árboles en la bahía de Nootka, si bien inicialmente de forma artesanal y a pequeña escala, y la minería del mármol en el fiordo Hisnit (Jones 1991:62, 113-4).

Pero la vuelta del siglo va a traer también cambios significativos en la organización social Mowachaht. Dos sucesos decisivos marcarán el futuro de las dos tribus vecinas de la bahía de Nootka. En primer lugar, en 1901 muere Hai'yah, primer jefe (Maquinna) de los Mowachaht, sin dejar herederos en primera línea. Se encuentra entonces que el descendiente más próximo es un sobrino suyo Muchalaht, de nombre Napoleon, nacido en la bahía Mooyah, e hijo de Muchalat Bob y So-ei-akothla (Mowachaht). Napoleón tomó como apellido Maquinna y se trasladó a Yuquot con gran parte de los Muchalaht, especialmente de su poblado (Brabant 1997:117; Drucker 1951:231). Por otro lado, muy poco después el Capitán Jack, segundo jefe de los Mowachaht, se casa con Mabel Peter, hija de Muchalat Peter (jefe del linaje Ts'aax7aa-na7ath de los Muchalaht, originario de Tsaxana) y de Uukwumhiyakshiilh. El matrimonio daría derechos de residencia en Yuquot a otros muchos Muchalaht, quienes efectivamente se trasladan allí.

Quedan así residiendo en Yuquot la totalidad de los Mowachaht y la mayor parte de los Muchalaht. Algunas familias Muchalaht, permanecen en Ahaminaquus, que continúa siendo campamento de pesca para toda la tribu y asentamiento permanente para algunas familias, al menos hasta fines de la década de 1930 (Jones, 1991:22). De esta manera, se entremezclan aún más con lazos matrimoniales, mediante los cuales los indivíduos de cada tribu adquieren sitios del potlatch y otros privilegios de la tribu vecina, aunque ambas mantienen su identidad separada (Dewhirst 1990:42, 61-3). Sin embargo, su futuro había quedado unido definitivamente.

La segunda década del siglo XX supone, desde la perspectiva Mowachaht, la constatación más obvia de que ya no son dueños de sus tierras y sus recursos tradicionales. Así, en 1912 se instala una pequeña comunidad de inmigrantes letones cerca de Beano Creek, donde talaron el bosque original, plantaron árboles frutales e iniciaron actividades agrícolas y ganaderas con vacuno y aves de corral. Otro emigrante, Karl Leiner, se instala junto a la desembocadura de su río homónimo en el fiordo de Tahsis. Otra familia de ingleses se instala en la boca oriental del fiordo Esperanza... (Jones, 1991:61).

Al año siguiente el vapor "S.S. Princess Maquinna", entra en servicio como carguero, correo y transporte, recorriendo la costa entre Victoria y Port Alice cada 10 días. Comienzan así los contactos regulares de los Mowachaht con el resto de la sociedad canadiense (Jones, 1991:3).

En 1917 comienza a operar una planta conservera de pescado en Nootka, para trabajar el salmón, la sardina (pilchard) y su aceite enlatados. Esta compañía fué la primera empresa canadiense que produjo sardinas enlatadas, y estaría en funcionamiento hasta 1948. Muchos de los habitantes de Yuquot fueron empleados en la factoría y se trasladaban a vivir allí durante la temporada de pesca, regresando a Yuquot en invierno. Viven en lo que se llamaba "Campamento Indio (Indian Camp)", una sección de la factoría compuesta de varios barracones comunales para varias familias y varias casetas unifamiliares de dos o tres habitaciones (Jones, 1991:18, 63, 65, 70).

Se llega así a 1920, cuando se registran 108 Mowachahts y 38 Muchalahts supervivientes. Son tiempos de grandes cambios y muy duros para ellos. Las nuevas oportunidades de empleo han introducido en gran medida a los Mowachaht dentro del sistema comercial euroamericano, cambiando su régimen alimenticio, y dependiendo ya para su subsistencia en gran medida de la economía de mercado. Ello, unido a las presiones de los misioneros y agentes del gobierno, terminaría por minar definitivamente también el sistema de creencias y la estructura social del linaje, ahora sin tierras, sin recursos, sin apenas indivíduos, y fragmentado por la independencia que proporcionan los salarios individuales (Marshall 1993: 287, 299).

En 1923 Friendly Cove (Yuquot) es designado por el gobierno canadiense como "Lugar de Importancia Histórica Nacional" (National Historic Site), sin que para los Mowachaht esto se haya traducido en nada positivo hasta el momento. En realidad, desde ese momento ya sólo tienen una idea fija en la cabeza: sobrevivir como sea. Sin embargo, el número de supervivientes continuaría decreciendo hasta mediados de la década de 1930, cuando se registran unos 97 Mowachaht, y unos 35 Muchalaht (Maquinna, 1993).

Los factores externos a la cultura y la sociedad Mowachaht son cada vez más numerosos e intensos, de manera que buena parte de su lengua y su cultura tradicional han desaparecido junto con la pérdida de control sobre sus tierras y recursos. Los escasos supervivientes de las dos tribus ya viven de hecho en una amalgama. Y así, reunidos en Nootka los jefes Mowachaht y Muchalaht, el 15 de mayo de 1950 firman un documento por el que declaran oficialmente amalgamadas ambas tribus, si bien cada una retiene sus posiciones en el potlatch. Esta unión adquiriría reconocimiento oficial al año siguiente, dando oficialidad a una situación que ya venía produciéndose desde medio siglo antes. La unión resultante se realiza bajo la denominación oficial de "Banda India de Nootka" (Nootka Indian Band). "Nootka" en realidad venía siendo el nombre oficial bajo el que los Mowachaht tenían entidad jurídica ante las instituciones canadienses, y ello a su vez facilitaba el acuerdo para que los Muchalaht no se sintieran alienados bajo el nombre de Mowachaht.

Por primera vez en los últimos 4.300 años todos los habitantes nativos de la bahía de Nootka tenían un nombre común consensuado, pero en realidad ni era propiamente un nombre nativo, ni tampoco se producía en una situación de independencia socio-cultural controlada por ellos mismos.

Mowachaht-Muchalaht: Ahaminaquus, Tsaxana

Gracias al levantamiento de muchas de las prohibiciones contra los nativos de la nueva constitución canadiense de 1951, comienzan a fraguar una serie de movimientos pantribales de carácter reivindicativo territorial, nacionalista indígena, o sindicalista, que habían ido languideciendo desde comienzo de siglo. Los más activos en este sentido han sido siempre y siguen siéndolo los Nishg'a. La segunda organización intertribal que se consolida en este sentido se llamaría "Alianza de Tribus de la Costa Oeste" (Allied Tribes of the West Coast), fundada en 1958, con sede en Port Alberni, en la que se integran los Mowachaht y sus vecinos de la misma lengua (Tennant 1990:124). Ésta organización se transformaría en 1964 en el Consejo de Distrito de la Costa Oeste (West Coast District Council), que no cuenta con apoyo político ni financiero del gobierno, que por otro lado tiene prohibido por ley cualquier tipo de financiación a organizaciones nativas. Los Mowachaht (la Nootka Indian Band) se integran en ella, y Maurus McLean se destacó como activista (Peter 1994:5).

La ambigüedad de sus funciones y la falta de voluntad del gobierno para tratar las reivindicaciones nativas hacía poco eficientes estas organizaciones pantribales, con más voluntad que resultados. Por supuesto, las distintas "bandas" permanecen independientes y autónomas en toda su gestión y como instituciones legales reconocidas.

Pero otros cambios importantes afectarían a los Mowachaht. En 1965 se instala en territorio de la reserva de Ahaminaquus una fábrica de pulpa de papel, y se construye a doce kilómetros un pueblo llamado Gold River para albergar a sus trabajadores (Jones 1991:167). Las negociaciones, que habían comenzado el año anterior, no dejaron bien claros los términos del acuerdo, aunque los Mowachaht-Muchalaht siempre mantuvieron que el acuerdo afectaba únicamente a una pequeña parte de las tierras de la reserva. A pesar de ello, la compañía propietaria de la fábrica haría sucesivas ampliaciones hasta dejar reducida a 9 acres (3'64 hectáreas) la superficie de la reserva libre para los nativos.

El gobierno y la empresa de la fábrica animarían a los Mowachaht-Muchalaht, que en su inmensa mayoría seguían viviendo en Yuquot, a que se trasladaran a vivir a los nueve acres que les quedaban de su reserva de Ahaminaqauus, bajo promesa de puestos de trabajo y escolarización de los niños fuera de internados, pudiendo así

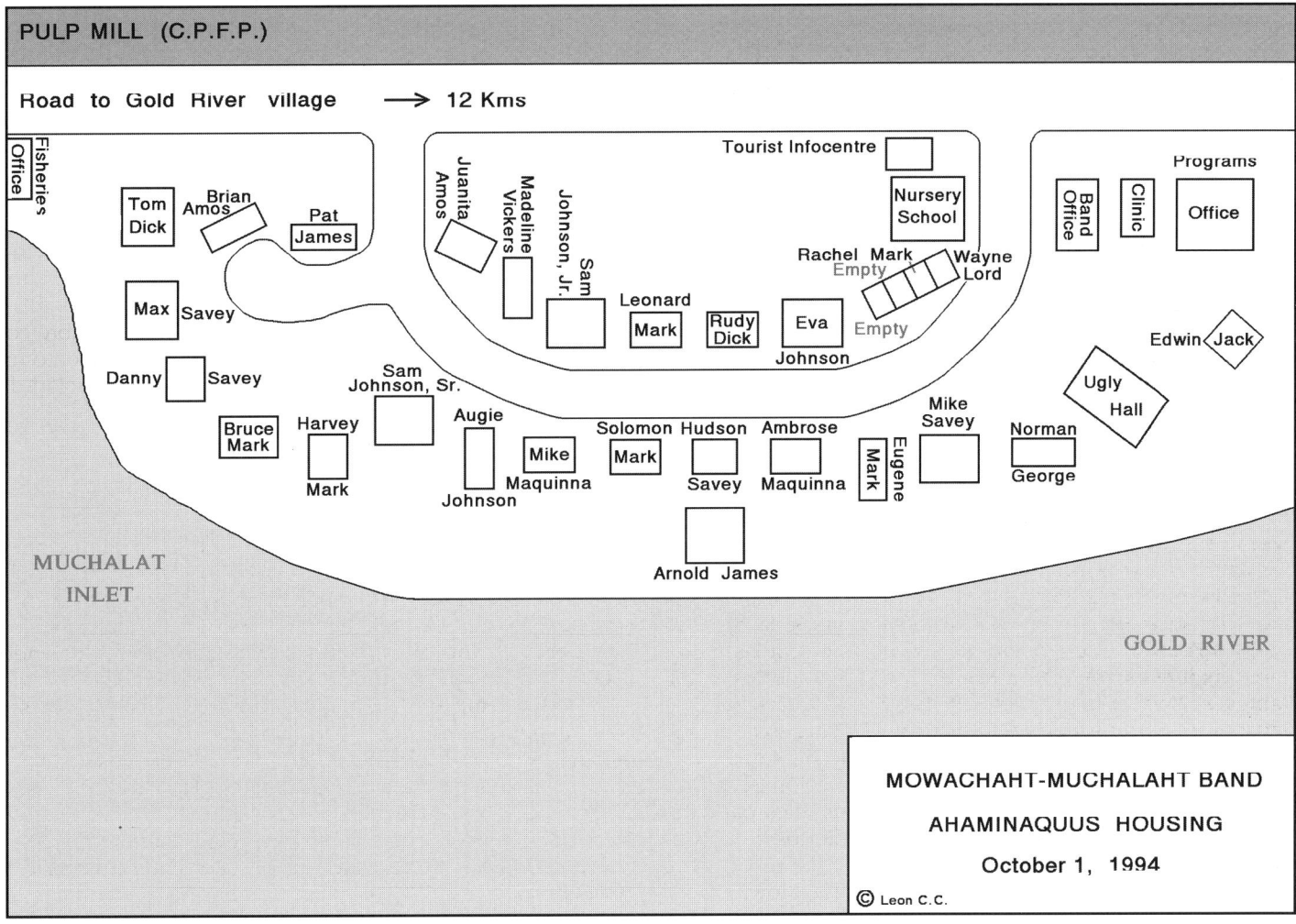

Figura 5. Casas de Ahaminaquus en 1994.

tener a sus hijos cerca. De este modo, en 1968 la mayoría de los nativos se han trasladado ya a Ahaminaquus, a buena distancia de la costa exterior de Yuquot, su lugar sagrado. Aunque ello supuso un trauma para los mayores, también prometía esperanzas de un futuro mejor.

Los nativos siempre han cuestionado el grado de cumplimiento de las ofertas de empleo iniciales. Pero, sobre todo, la contaminación acústica, del aire y de las aguas resultó ser tan tremendamente insana, que las condiciones de vida y de salud se deterioraron terriblemente para los nativos. Además, la superficie habitable restante de la reserva no permitía la instalación de nuevas casas. Con muy escasas posibilidades de supervivencia económica en Yuquot, se consolidó una masiva emigración de los Mowachaht-Muchalaht fuera de sus reservas, hacia las grandes ciudades, en busca de algún modo de vida. Ello venía a asestar otro duro golpe a la estructura social tradicional y, ahora también, a la propia identidad del grupo, pues más de la mitad de los Mowachaht-Muchalaht pasan a vivir en adelante dispersos por ciudades del suroeste de la Columbia Británica, principalmente en el área próxima a Victoria, y en menor grado en Vancouver.

Quizá fuese el peligro de la pérdida de identidad tribal lo que motivó que, en 1975, decidieran cambiar su anterior nombre oficial de "Nootka Indian Band" por el de "Mowachaht-Muchalaht Indian Band" (Dewhirst 1990:42), haciendo definitivamente justicia a su propio nombre nativo y a su propia realidad étnica.

Poco después, en la Asamblea Anual del "West Coast District Council", Abel John, un anciano Mowachaht, propuso que se cambiase ese nombre por el de "Nuu-chah-nulth Tribal Council"[1]. El nombre fué oficialmente aceptado en una reunión del Consejo celebrada en el mes de octubre en Ahousaht (Ha-shilth-sa 1978:4; 1981:3). El 2 de abril del año siguiente se constituye oficialmente el "Consejo Tribal Nuu-chah-nulth" (Nuu-chah-nulth Tribal Council), al que se sumarán los Mowachaht-Muchalaht y otros trece grupos de los antes llamados "Nootka". Este consejo intertribal tiene funciones sobre todo administrativas, para agilizar los trámites de estos grupos con el gobierno canadiense, y para redistribuir recursos, de común acuerdo, entre los integrantes. Pero no tiene más funciones ejecutivas ni otras iniciativas que las que proponen todos sus miembros integrantes, en nombre de los cuales actúa. Todos y cada uno de sus miembros tiene además, la facultad de no acatar o participar en los acuerdos o programas con los que no esté de acuerdo, y en ese caso gestiona sus propios recursos sin pasar el filtro del consejo intertribal. En definitiva, la unidad jurídica básica e independiente dentro del Consejo Tribal Nuu-chah-nulth continúa siendo cada una de las "bandas" integrantes.

Todo este proceso histórico de cambios tan profundos ha afectado al modo de vida de los Mowachaht-Muchalaht hasta el extremo de amenazar también su identidad étnica como grupo. Pues, si bien han ido recuperando sus tasas

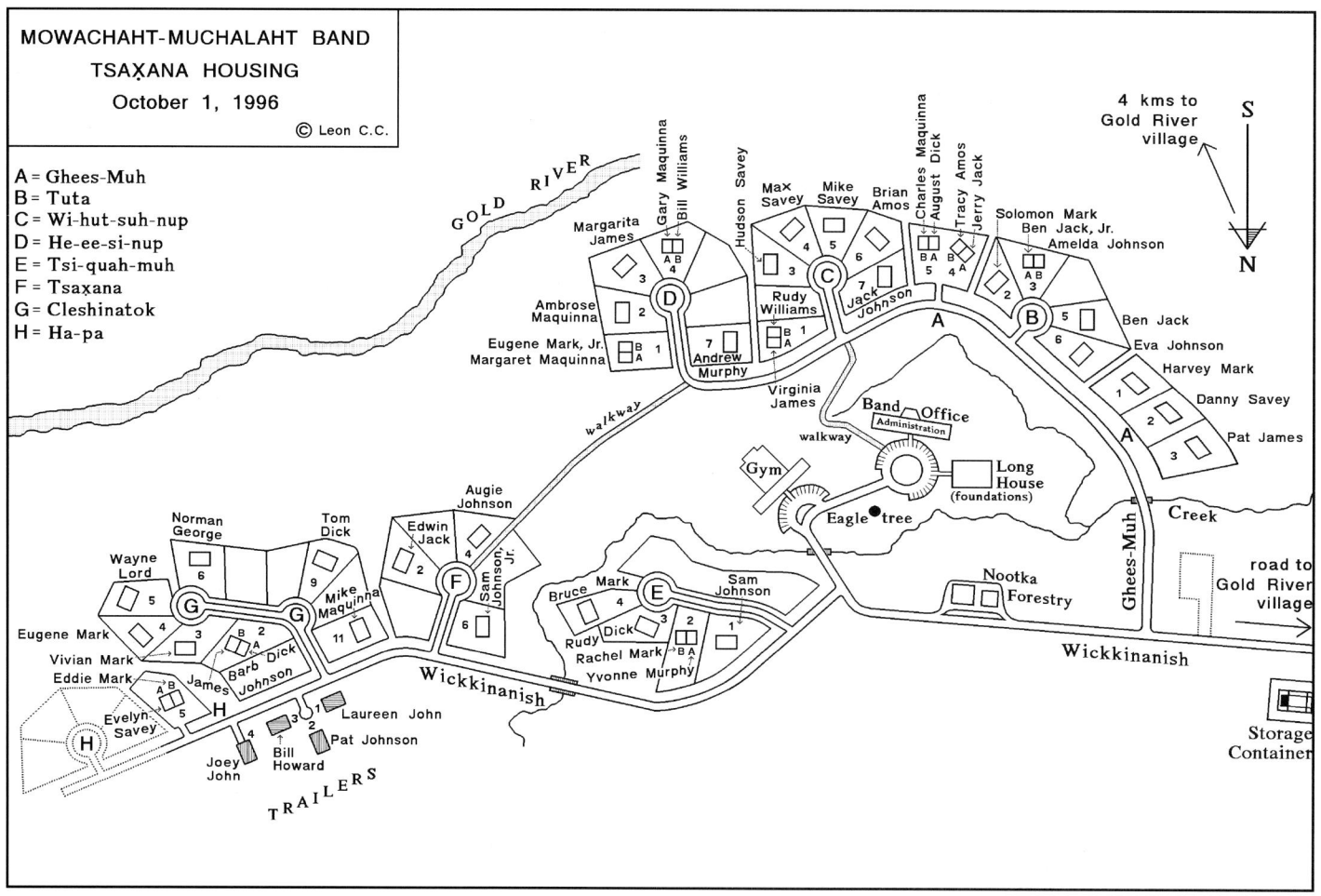

Figura 6. Casas de Tsaxana en 1996.

demográficas, también han ido perdiendo participantes de la vida social con los emigrantes. A la firma del Acuerdo de Recolocación de 1994 los Mowachaht-Muchalaht eran un total de 435 indivíduos registrados, de los cuales vivían en sus reservas 142². Sólo dos reservas de la tribu estaban habitadas: Yuquot, donde únicamente reside la familia de Ray y Terry Williams, y Ahaminaquus, con el resto de los residentes en reservas distribuídos en casas, como las de la figura en pág. 155, ya que el invierno anterior Jerry Jack y su familia habían dejado su residencia en la reserva de Tahsis, donde había estado viviendo desde 1979. El hecho de que estuvieran pobladas otras reservas, además de la mayoritaria de Ahaminaquus, se debe no sólo a razones de romanticismo heroico, sino también para evitar que el gobierno canadiense se incaute de unas reservas nativas de gran valor histórico. La vida Mowachaht-Muchalaht durante este período está perfectamente recogida en el documental de H. Brody (1994).

En estas condiciones de vida, los Mowachaht-Muchalaht comenzaron a poner en question la legalidad de las nuevas ampliaciones de la fábrica de pulpa de papel y los plazos temporales por los que se concedía permiso de establecimiento a la empresa propietaria. Estas reclamaciones llevaron a plantear demanda judicial contra la empresa propietaria de la fábrica de pulpa de papel en 1988. Gracias a ello se inició un proceso negociador cuatripartito entre el gobierno canadiense, el gobierno provincial, la empresa propietaria de la fábrica, y los Mowachaht-Muchalaht, que concluyó con el Acuerdo de Recolocación firmado el 15 de marzo de 1994. De este modo, un nuevo lote de tierra de 125 hectáreas, a unos 20 kilómetros de la factoría, y dentro de los límites de los territorios tradicionales de este pueblo se le concedía en propiedad a la Banda Mowachaht-Muchalaht, con estatus legal de reserva, denominada "Indian Reserve Land Nº 18", y cuyo nombre nativo es Tsaxana. Se concedían igualmente 9 millones de dólares canadienses para construir las viviendas y edificios públicos de la comunidad que allí se había de trasladar.

El traslado a Tsaxana se realizó en el mes de mayo de 1996, inaugurándose oficialmente el 15 de junio. Al contrario que otros traslados de nativos en Canadá, en este caso los Mowachaht-Muchalaht controlaron en parte el proyecto. Sin embargo, en muchos casos ha resultado igualmente traumático. Los más ancianos se resistieron con todas sus fuerzas a un segundo traslado a un nuevo poblado en su vida, esta vez en el interior, más frío, con cambios más bruscos de temperatura, y sobre todo, alejado de la visión y el susurro constante del mar a un paso de la puerta de la casa. Además, ninguna familia que estuviera en 1994 viviendo fuera de las reservas de Ahaminaquus y el pueblo de Gold River (aunque fuese por imposibilidad material de subsistencia) recibiría casa en Tsaxana, si bien tampoco había muchos candidatos a volver mientras las expectativas de empleo no mejorasen.

En total, 178 indivíduos vivían en Tsaxana en octubre del '96. No obstante, Tsaxana ofrece nuevas posibilidades de vida no soñadas hace unos años, incluyendo la posibilidad de construcción de nuevas viviendas. En comparación con la vida en Ahaminaquus, la nueva reserva representa una gran fuente de ilusiones y esperanzas que en buena medida se van a realizar El plano del nuevo asentamiento se muestra en la fig. 6.

Por otro lado, los cambios van a una velocidad de vértigo para los Mowachaht-Muchalaht, ya que en la actualidad de encuentran inmersos, junto a la mayoría de los nativos de la Columbia Británica, en un proceso negociador con el gobierno, para establecer los tratados de cesión de tierras que nunca se firmaron, de manera que se regulen una serie de servicios o condiciones que en su mayor parte ya han logrado los nativos por otras vías. Es de esperar, y sobre todo de desear, que este proceso concluya de manera ventajosa para este pueblo que ha tenido que soportar tan duras condiciones de supervivencia.

Desde luego, los Mowachaht-Muchalaht tienen muy claras las cuestiones relativas a su identidad. Es cierto que la cultura y la sociedad dirigida por el famoso jefe Maquinna de fines del siglo XVIII ya ha desaparecido, al igual que figuras emblemáticas de este siglo, como Napoleón Maquinna, el Capitán Jack, Abel John, Maurus McLean, o más recientemente August Dick. Pero también Picasso y otras grandes figuras europeas han desaparecido, y la Europa de hace doscientos años se ha transformado en muchos casos para mejor.

Los descendientes de estos personajes son gente liderada por personas como el respetado jefe Ambrose Maquinna (primer jefe Mowachaht), y están dirigidas por el impulso combativo del jefe Jerry Jack (que ya traspasó su posición de segundo jefe Mowachaht a su hijo Jerry, Jr.), la laboriosidad y el empeño en llenar de críos Tsaxana de Max Savey (tercer jefe Mowachaht) y su familia, la alegría de vivir y el empeño por recuperar la lengua nativa y las danzas tradicionales de Violet Johnson (cuarta jefa Mowachaht), junto a la espiritualidad tradicional de su esposo Sam Johnson, Sr., la serena actitud de Tom Dick, Solomon Mark, Norman George y Ben Jack, Sr. (primer y segundo jefes Muchalaht los dos últimos), la recta orientación ecudaciva y la paciencia de Shirley Andrews, la capacidad de organización y trabajo de Margarita James, el heroico tesón por mantener vivo Yuquot y sus tradiciones de Ray y Terry Williams. En definitiva, la voluntad de sobreponerse a las adversidades de todos y cada uno de ellos, junto con la mejor preparación educativa, y el orgullo por compaginar sus tradiciones con la integración en el mundo actual de los jóvenes, todo ello constituye una segura garantía de un futuro mejor para los Mowachaht-Muchalaht de hoy y sus descendientes. Además, lo merecen.

NOTAS

1 El nombre de "nuu-chah-nulth" hace referencia a la cadena montañosa de la isla de Vancouver, que comparten todas las tribus y confederaciones integradas en la organización.

2 Los datos que se ofrecen en adelante fueron obtenidos por el autor en trabajos de campo desarrollados entre 1991 y 1996.

BIBLIOGRAFIA

AKRIGG, George Philip Vernon & AKRIGG, Helen B.: *British Columbia Chronicle, 1778-1846.* Vancouver, BC: Discovery Press, 1975.

ARIMA, Eugene Yuji: *The West Coast (Nootka) People: The Nootka of Vancouver Island and Cape Flattery.* Victoria, BC: British Columbia Provincial Museum, Special Publication Nº 6, 1983.

ARIMA, Eugene Yuji & DEWHIRST, John: "Nootkans of Vancouver Island". In *Handbook of North American Indians*, Vol. 7, *Northwest Coast*, W. Suttles & W.C. Sturtevant, eds., pp. 391-411. Washington DC: Smithsonian Institution, 1990.

BRABANT, Augustin Joseph: *Mission to Nootka, 1874-1900. Reminiscences of the West Coast of Vancouver Island.* Sidney, BC: Gray's Publishing Ltd, 1977. (Edited by Charles Lillard).

BRODY, Hugh: *The Washing of Tears.* [Video VHS; 1 tape; Sound; Color; 55 minutes]. Vancouver, BC: Nootka Sound & Picture Co. Inc, 1994.

CURTIS, Edward S.: "The Nootka; The Haida". In *The North American Indian*, Vol. 11, F.W. Hodge, ed. Norwood, Mass.: Plimpton Press, 1916.

DEWHIRST, John: "Nootka Sound: A 4,000 Year Perspective". In *Nu_tka_: The History and Survival of Nootkan Culture*, Barbara S. Efrat & W.J. Langlois, eds., pp. 1-29. *Sound Heritage*, Vol. 7, Nº 2. Victoria, BC: Provincial Archives of British Columbia, 1978.
"Mowachaht Ownership and Use of Salmon Resources of the Leiner River and Upper Tahsis Inlet, Nootka Sound, B.C." Report prepared for Hugh M. Braker, Barrister and Solicitor, Port Alberni, BC, 1990.

DRUCKER, Philip: *The Northern and Central Nootkan Tribes.* Bureau of American Ethnology, Bulletin 144. Washington DC: Smithsonian Institution, 1951.

FISHER, Robin A.: *Contact and Conflic: Indian-European Relations in British Columbia, 1774-1890* (1977). Vancouver, BC: University of British Columbia Press, 1978.

FOLAN, William J. & DEWHIRST, John (Eds): *The Yuquot Proyect* 2 Vols. Hull, QUE: National Historic Parks and Sites Branch, Environment Canada, Parks Canada, 1980.

HA-SHILTH-SA: "Nuu-Chah-Nulth-Aht not Nootka".*Ha-shiltb-sa*, 10 Nov. 1978, p. 4. Port Alberni, BC: Nuu-chah-nulth Tribal Council, 1978.
"Abel John $200 richer for name suggestion". *Ha-shiltb-sa*, Vol. 8, Nº 7:3. Port Alberni, B.C.: Nuu-chah-nulth Tribal Council, 1981.

JEWITT, John Rodgers: *Diario y aventuras en Nootka* (1807-15). Madrid: Historia 16, Crónicas de América: 60. Edición de Leoncio Carretero Collado, 1990.

JONES, Laurie: *Nootka Sound Explored: A Westcoast History.* Campbell River, BC: Ptarmigan Press, 1991.

JONES, Laurie & TREPANIER, Ron: *Nootka Sound Explored.* [Video VHS; 1 tape; sound; Color; 90 minutes]. Campbell River, BC: Whalebone Productions Ltd. & West Coast Committee, 1978.

JOHNSON, Sam R.,: Entrevista personal, 5 de octubre de 1993, 1993.

KEW, John Edward Michael: "History of Coastal British Columbia Since 1846". In *Handbook of North American Indians*, Vol. 7, *Northwest Coast*, W. Suttles & W.C. Sturtevant, eds., pp. 159-168. Washington DC: Smithsonian Institution, 1990.

MAQQUINA, Michael: Comunicación personal, 29 de septiembre de 1993.

MARSHALL, Yvonne May : "A Political History of the Nuu-chah-nulth People: A Case Study of the Mowachaht and Muchalaht Tribes". Unpublished Ph. D. Thesis. Burnaby, BC: Simon Fraser University, Department of Archaeology, 1993.

MOSER, Rev. Charles: *Reminiscences of the West Coast of Vancouver Island.* Victoria, BC: The Acme Press, 1926.

MOZIÑO SUÁREZ DE FIGUEROA, José Mariano: *Noticias de Nootka. Diccionario de la lengua de los nutkenses y descripción del Volcán de Tuxtla* (1792). México DF: Sociedad Mexicana de Geografía y Estadística-Secretaría de Fomento, 1913. (Editado por Alberto M. Carreño).

PETER, Chief Jack: "A Look Back in the Political History of the Nuu-chah-nulth". *Ha-Shilth-Sa*, Vol. 21, Nº4:5). Port Alberni, B.C.. Nuu-chah-nulth Tribal Council, 1994.

TENNANT, Paul: "Native Indian Political Organization in British Columbia, 1900-1969: A Response to Internal Colonialism". *BC Studies*, Vol. 55 (Autumn) (:3-49). Vancouver, BC: University of British Columbia, 1928.
Aboriginal Peoples and Politics: The Indian Land Question in British Columbia, 1849-1989. Vancouver, BC: University of British Columbia Press, 1990.

THOMPSON, Art): "Horrors of Residential School Recalled in Statement to Court". *Ha-Shilth-Sa*, Vol. 22, Nº 2 (:5-9). Port Alberni, BC: Nuu-chah-nulth Tribal Council, 1995.

FONDOS CARTOGRÁFICOS ESPAÑOLES DE LA COSTA NOROESTE DE AMERICA EN EL MUSEO NAVAL DE MADRID

Luisa Martín-Merás

Este trabajo pretende dar información bibliográfica sobre los fondos cartográfios manuscritos, agrupados bajo la denominación de Costa NO. de América, que se custodian en la Departamento de Cartografía de Museo Naval para darlos a conocer de una manera bastante detallada, a falta del catálogo especializado en el que estamos trabajando.[1]

El conjunto de cartas náuticas y planos de puertos fueron levantados por los oficiales y pilotos que participaron en diversas expediciones desde el Dpto de San Blas de Nayarit en Méjico para explorar la costa O. de Norteamérica hasta Alaska, fundamentalmente durante el último tercio del siglo XVIII. La zona geográfica que abarca esta cartografía se extiende desde el puerto de San Blas de Nayarit en Méjico hasta Alaska, es decir desde los 21º 50' de lat. N. hasta los 61.

Esta comunicación complementa otros trabajos de la autora ya publicados sobre aspectos técnicos de los levantamientos cartográficos españoles en esa zona[2].

En la primera época de estas expediciones la cartografía estaba encomendada a los pilotos del apostadero de San Blas,[3] procedentes en su mayoría del Colegio de Pilotos de San Telmo que no tenían una formación científica cualificada ya que entonces las cartas no se levantaban por métodos astronómicos ni por el sistema de Mercator. Estos pilotos la mayoría de las veces no firmaban las cartas y es necesario consultar los diarios de las expediciones para ver a quienes son debidas. Algunas cartas son resúmenes de descubrimientos geográficos de anteriores expediciones, hechos por algún piloto del apostadero para ayuda de la siguiente expedición como es el caso de la carta resumen de los descubrimientos que hizo en 1791 Bodega y Cuadra para la expedición Malaspina, o como recordatorio de los méritos de algún participante en ellas, ejemplo que ilustra el atlas facticio de Maurelle. Sin ninguna duda son los pilotos la base sobre la que se apoyó la actividad cartográfica en la zona hasta la llegada de la expedición Malaspina, sobre todo en el levantamiento de los puertos. Como señalaba Tofiño, consultado en 1773 con motivo de la organización de la expedición de Bodega y Cuadra:

Para levantar planos de las costas de puertos, etc. se necesita un semicírculo graduado de un pie de radio y una plancheta, cuyos instrumentos serán solo bastantes para el reconocimiento y diseño de una costa de corta extensión. Pero si la comisión fuese el descubrimiento de costas dilatadas de quienes se haya de formar carta para el gobierno en lo sucesivo, deberán hacer observaciones exactas de longitud y latitud de sus principales puntos y para esto se necesitabn instrumentos de astronomía, como un péndulo astronómico, un cuadrante de dos y medio pies de radio y dos telescopios de 24 pulgadas de focus; y en este caso fuera muy conveniente que los oficiales nombrados concurrieran por tiempo de tres o cuatro meses a nuestra Academia y Observatorio, donde se ejercitarían en los puntos correspondientes de Astronomía y en el uso de los instrumentos.[4]

Las cartas, construídas sin observaciones astronómicas sistemáticas de lat. y long, son denominadas "cartas reducidas" y se realizaban promediando las distintas mediciones que habían hechos los integrantes de la expedición.[5] Sólo la expedición Malaspina construyó cartas por el sistema de Mercator y apoyadas en observaciones astronómicas que fueron llamadas "cartas esféricas".

Las primeras cartas están construídas con referencia al meridiano de Tenerife o de Cádiz, simultáneamente al de París; más adelante están referidas al meridiano del cabo de San Lucas, para terminar relacionadas al meridiano de San Blas y más raramente al de Nutka, donde los oficiales de Malaspina habían establecido un observatorio.

Hay que resaltar que desde la primera expedición de Juan Perez en 1774 que no produjo cartografía directa,[6] hasta 1793, fecha de la expedición de Eliza y Martinez Zayas, pasaron 19 años en los que se exploraron y cartografiaron toda la costa noroeste de América desde San Blas hasta los 61 grados de lat N.[7] Durante esos años las cartas levantadas evolucionaron en cantidad y calidad como resultado de la especialización de los cartógrafos y mejora de medios materiales hasta llegar a resultados altamente satisfactorios en las expediciones más científicas de este período cuyas cartas fueron rápidamente publicadas: las de la Sutil y Mexicana en 1792 fueron dadas a conocer de forma completa; las de la expedición Malaspina de forma fragmentaria.[8]

El catálogo se ha organizado por orden cronológico y, cuando ha sido posible, por expediciones; dentro de ellas se han anotado en primer lugar los planos de los puertos y a continuación las cartas generales. La ficha cartográfica, necesariamente concisa por razones de espacio, está encabezada por el año de ejecución y en su defecto por el año en que tuvo lugar la expedición que originó la carta; solamente cuando no conocemos esos datos, hemos optado por encerrar la fecha entre corchetes. En los planos de puertos le sigue el país actual al que pertenecen mientras que este dato se ha omitido en las cartas generales, que, muy a menudo cubren una amplia zona geográfica correspondiente a Méjico, EE. UU. y Canadá. La tercera parte del encabezamiento la constituye el nombre del autor que se encierra entre corchetes cuando no aparece en la carta pero se conoce su autoría por el correspondiente diario de la expedición o cualquier otra fuente; cuando es atribuído va entre signos de interrogación.

El cuerpo de la ficha está formado por el título que va entre corchetes cuando es un título facticio o cuando se ha sacado del verso de la carta; le sigue la descripción física y las medidas de alto por ancho, expresadas en cm., además de un comentario sobre el mapa y por ultimo la signatura.

Para la identificación de las cartas que presentan problemas de clasificación, hemos seguido cuidadosamente el trabajo de Henry Wagner[9] que nos parece fundamental, descubriendo que algunas de las que posee el Museo Naval no están referenciadas en él, por lo que las hemos señalado. En el último lugar van agrupadas las cartas que son copias españolas de cartas extranjeras, fundamentalmente inglesas, que sirvieron de referencia a los cartógrafos españoles.

No hemos incluído en el presente catálogo las vistas de costas producidas por la expedición Malaspina, que dudamos en considerarlas cartografía propiamente dicha y que ya están catalogadas y dadas a conocer en el magnífico catálogo crítico de los materiales de esta expedición.[10]

CATÁLOGO

1- *[1535].*
[Mapa de la nueva tierra de Santa Cruz en el extremo meridional de la California descubierta por Hernán Cortés el 3 de mayo de 1535]. Ms. 20 x 30 cm. Es una copia del original que se encuentra el el Archivo de Indias. Es el mapa más antiguo de California. Graduado de 18º a 35º lat. N. Ms. 30 x 20 cm. *7-C-13*

2- *[1545]*
Primera demostración hecha en el año de 1545 de las dos costas que ciñen el seno de California con la costa occidental de esta península, desde el brazo de la guerra hasta la punta de santiago, como consta del mapa inserto en los autos de esta materia que siguió Hernando Cortés. Ms. 44 x 30 cm. Es copia de Bruno Ezeta en 1794. *8-A-5*

3- *[1750] Badaraco, José Francisco*
Plano de la navegación que ejecuta la nao de China desde Acapulco a las islas Filipinas, con expresion de la derrota que debe ejecutar al puerto de Lampon, segun lo proyectado y relacionado por el Fiscal de la Real Audiencia de Manila y asimismo su vuelta / José Francisco Badaraco. Ms. Col. 36 x 103 cm. No en Wagner. *58-15*

4- *[1767] Faveau y Quesada, Antonio*
Carta hidrografica del Seno de Californias, con todos lor puertos, ensenadas, rios, y surgideros de la costa occidental de Sinaloa y Sonora desde el cabo Corrientes hasta la entrada del rio Colorado.... Dedicada a D. José de Galvez.... Ms. 52 x 123 cm. No en Wagner. *7-B-6*

5- *1767. Alzate y Ramirez, José Antonio*
Nuevo mapa geográfico de la América septentrional española, dividida en Obispados y Provincias. Dedicado a D. Francisco Antonio Lorenzana, arzobispo de México. / José Antonio Alzate, 1767. Aguada. 189 x 155 cm. 7-A-8 . *Sala de Cartografía.*

6- *1769. Mejico. Surville, Luis*
Plano de la bahía de la Paz y puerto de Cortés. / Es copia del original. Mad. y septiembre a 8 de 1769. Surville. Ms. 40 x 49 cm. *7-C-7.*

7- *[1769]. Méjico. [Surville, Luis]*
Plano de la bahía de San Bernabé en el cabo de San Lucas. Ms 29 x 32 cm. *7-C-8*

8- *1772. Alzate y Ramirez, Antonio*
Plano geográfico de la mayor parte de la América Septentrional Española. / Juan Antonio Alzate. México y octubre 23/72. Firmado y rubricado. Ms. Col. 107 x 88 cm. *7-A-9*

9- *1773. Vazquez, José*
Carta reducida que comprehende el resto de la derrota executada con la fragata Buen Fin desde los Vajos de San Bartolomé hasta el puerto de Acapulco, comprehendiendo parte de la costa de Nueva España y California con los bajos e Islas adjacentes / delineada por D. José Basques, piloto 1º de la Armada que executó este viaje. Año de 1773. Lorenzo Martinez del. en 1776. Ms. Col. Es el tercero de los planos que conforman la derrota de la fragata desde Manila hasta Acapulco. 13 x 58 cm. *7-B-3 y 7-B-13*

1775. EXPEDICION MANDADA POR BRUNO EZETA Y JUAN FRANCISCO DE LA BODEGA Y CUADRA . PILOTOS: CRISTOBAL REVILLA Y FRANCISCO ANTONIO MOURELLE[11]

10- *1775. EE.UU. Bodega y Cuadra, Juan Francisco y Mourelle, Francisco Antonio*
Plano del puerto de los Remedios, situado bajo la latitud norte 57º 18' y en la longd occidental de S. Blas 34º 12' / Descubierto y levantado por el teniente de fragata de la Rl Armada Dn Juan Franco de la Bodega y Quadra y el piloto Dn Franco Maurelle en el viaje que hicieron en descubrimiento de las costas septentrionales de la California de orden del Exmo Sor Bo Fr Dn Antonio Bucareli y Ursúa... el año de 1775. Ms. 30 x 41 cm. *2-B-1.*

11- *1775. EE.UU. Bodega y Cuadra, Juan Francisco y Mourelle, Francisco Antonio*
Plano de la ensenada de los Remedios sobre los 57º 17' de latitud N. y en 0º al oeste del cabo de San Lucas / Descubierto el año de 1775 por Dn Juan Franco de la Bodega y Quadra y Dn Franco Maurelle. Ms. 24 x 38 cm. Este plano, junto con otros 17, pertenece a un atlas facticio recopilado por Mourelle, creemos que en 1791 para presentar los descubrimientos en los que participó al virrey Revillagigedo en Méjico. Todos menos uno son de Maurelle y todos menos uno representan la costa Noroeste. Wagner no lo incluye en su trabajo. *A-10096-6.*

12- *1775. EE.UU. Bodega y Cuadra, Juan Francisco y Mourelle, Francisco Antonio*
Plano del puerto del capitan Bodega: situado bajo la lat. N. 38º 18' y en long occidental de S. Blas de 18º 4' / Descubierto y levantado por... Dn Juan Francisco de la Bodega y Quadra y el piloto Dn Francisco Mourelle...el año de 1775. Ms. col. 30 x 41 cm. *3-B-2*

13- *1775. EE.UU. Bodega y Cuadra, Juan Francisco y Mourelle, Francisco Antonio*
Plano del pto de la Bodega.../ Descubierto el año de 1775 por

D. Juan Francº de la Bodega y Dn Francº Mourelle. Ms. 24 x 28 cm. Este plano, junto con otros 17, pertenece a un atlas facticio recopilado por Mourelle, creemos que en 1791 para presentar los descubrimientos en los que participó al virrey Revillagigedo en Méjico. Todos menos uno son de Maurelle y todos menos uno representan la costa Noroeste. Wagner no lo incluye en su trabajo. *A-10096-7.*

14- *1775. EE.UU. [Ezeta, Bruno]*
Plano del puerto de la Trinidad descuvierto el año de 1775 con la fragata Princesa y goleta Felicidad que de orden del Rey hizieron los descubrimientos de la costa septentrional de Californias, mandadas por Dn Bruno Heceta, Dn Juan de la Quadra y Dn ? Mourelle. Ms 24 x 38 cm. Este plano, junto con otros 17, pertenece a un atlas facticio recopilado por Mourelle, creemos que en 1791 para presentar los descubrimientos en los que participó al virrey Revillagigedo en Méjico. Todos menos unos son de Maurelle y todos menos uno representan la costa Noroeste. Wagner no lo incluye en su trabajo. *A-10096-5*

15- *1775. Bodega y Cuadra, Juan Francisco y Mourelle, Francisco Antonio*
Carta reducida de las costas y mares septentrionales de California / Construída vajo las observaciones y demarcaciones hechas por el tte. de fragata Dn Juan Francisco de la Vodega y Quadra... y por el piloto Dn Francisco Antonio Maurelle...el año de 1775. Ms. 47 x 32 cm. Wagner reseña con el n 644 otro mapa igual hecho por Ezeta y este no aparece. *3-B-4.*

1775. EXPLORACIÓN DE LA BAHÍA DE SAN FRANCISCO. EXPEDICION MANDADA POR JUAN MANUEL DE AYALA. PILOTO: JOSE CAÑIZARES

16- *1775. EE.UU. Panes, Diego*
Plano del puerto de San Francisco / registrado por el paquebot de S.M. San Carlos al mando del ... Juan Manuel de Ayala en este año de 1775; dibujado por Diego Panes.. Ms. 75 x 72 cm. *3-D-7*

17- *1775. EE.UU. [Cañizares, José]*
Plano del Puerto de San Francisco, situado en 37º 54, lat. N. y en 12º 10' de log. Occidental del Cº de San Lucas o en 105º 24' al oeste del de Tenerife y en 17º 10' O del meridiano de San Blas. Ms. 43 x 31 cm. Con una derrota del brazo norte del puerto. En el verso "es copia del que posee el Cap. de navío D. Fernando Quirós" *4-B-13.*

18- *1777. Méjico. Mourelle, Francisco Antonio*
Plano del Puerto y Dptº de San Blas en la Mar del Sur: situado vaxo la lat. de 21º 30' N, del occidente de Tenerife 88º 15' / Levantado en el año de 1777 por el mes de noviembre de orden ... del cmt de dicho Dpto Dn Bruno Heceta / por el alférez de fragata y primer piloto Dn Francº Mourelle. Ms 34 x 38 cm. Este plano, junto con otros 17, pertenece a un atlas facticio recopilado por Mourelle, creemos que en 1791 para presentar los descubrimientos en los que participó al virrey Revillagigedo en Méjico. Todos menos uno son de Maurelle y todos menos uno representan la costa Noroeste. Wagner no lo incluye en su trabajo. *A-10096-1.*

19- *[1777]. Méjico. Mourelle, Francisco Antonio?*
Plano del puerto de San Blas. Ms. 43 x 30 cm. *4-A-4*

20- *[1777]. Méjico. [Mourelle, Francisco Antonio]*
Plano de la encenada y fondeadero de Monterey. Ms 24 x 38 cm. Este plano, junto con otros 17, pertenece a un atlas facticio recopilado por Mourelle, creemos que en 1791, para presentar los descubrimientos en los que participó al virrey Revillagigedo en Méjico. Todos menos uno representan la costa Noroeste. Wagner no lo incluye en su trabajo. *A-10096-8.*

21- *[1777]. EE.UU. [Mourelle, Francisco Antonio]*
Plano del Puerto de San Francisco situado en la costa de la California septentrional en la lat. N. de 37º 53' y long de 0º según el meridiano del cavo de San Lucas, sondeado y demarcado con la mayor exactitud por los oficiales y pilotos del Dpto de San Blas. Ms. 76 x 56 cm. Este plano, junto con otros 17, pertenece a un atlas facticio recopilado por Mourelle, creemos que en 1791, para presentar los descubrimientos en los que participó al virrey Revillagigedo en Méjico. Todos menos uno representan la costa Noroeste. Wagner no lo incluye en su trabajo. *A-10096-12*

22- *1777. Mourelle, Francisco Antonio*
Carta reducida que comprehende las costas y mares de la antigua y nueva California, contenidas entre el grado 18º y el 40º de lat. septentrional en que se yncluie el golfo del expresado nombre o de Mar de Cortés / Construida por los antiguos y nuevos descubrimientos de varias expediciones...y ultimamente corregida en varias partes por ...Dn Francº Antonio Mourelle. Año de 1777. Ms 55 x 73 cm. Este plano, junto con otros 17, pertenece a un atlas facticio recopilado por Mourelle, creemos que en 1791, para presentar los descubrimientos en los que participó al virrey Revillagigedo en Méjico. Todos menos uno representan la costa Noroeste. Wagner no lo incluye en su trabajo. *A-10096-2.*

23- *1779 [Lopez de Haro, Gonzalo]*
Mapa geografico de una gran parte de la América septentrional, comprendido entre los 19º y 41º de lat. N.. en el que se contienen las provincias de la Antigua y Nueva California...erigidas en Capitanía General el año de 1779. Ms. col. 116 x 93 cm. *7-A-1*

1779. EXPEDICION DE IGNACIO ARTEAGA Y JUAN FRANCISCO DE LA BODEGA Y CUADRA. PILOTOS: JOSÉ CAMACHO, JUAN PANTOJA, JOSÉ CAÑIZARES Y JUAN BAUTISTA AGUIRRE

24- *1779. EE.UU. [Camacho, José]*
Puerto de Santiago, situado en la latd N. de 60º 14' y en longd de 45º 20' al oeste del puerto de S.Blas, el qual se halla a la parte del oeste de la isla Magdalena y en el que tomaron primera possesion las fragatas de S.M.C. por julio de 1779. Ms. 38 x 49 cm. *2-C-3, 3-E-3 y A-10096-10.*

25- *1779. EE.UU. [Mourelle, Francisco Antonio]*
Plano de la entrada de Bucarely situada vaxo los 55º 14' de latitud N, y al occidente del cavo Sn Lucas, 27º 9' o la que es longitud al occidente de París 140º 15'. Descubierta el año de 1775 con la goleta Sonora por Dn Juan Francº de la Quadra y Dn. Francº Antonio Maurelle y reconocida prolixamente en la exploración de 1779 por dichos y otros oficiales. Ms. 56 x 51 cm. Este plano, junto con otros 17, pertenece a un atlas facticio recopilado por Mourelle, creemos que en 1791, para presentar los descubrimientos en los que participó al virrey Revillagigedo en Méjico. Todos menos uno representan la costa Noroeste. Wagner no lo incluye en su trabajo. *A-10096-9.*

26 - *1779. EE.UU. [Cañizares, José]*
Plano de la ynsigne entrada y puerto de Bucareli en la costa septentrional de California...en cuio seno se hallan singulares puertos con todas la proporciones para invernar, carenar, lastrar y proveher la aguada de los bajeles, el qual fue descubierto en el año de 1775 con la goleta Sonora, mandada por el tte de fragata D. Juan Francisco de la Bodega y Quadra y explorado en el año de 1779...Ms. 97 x 83 cm. *2-B-2. 2-B-13 y 3-E-2*

27- *1779. EE.UU. [Pantoja, Juan]*
Plano de la ensenada de Ntra. Señora de Regla ... / levantada por el mes de agosto de 1779 por los pilotos de las fragatas de S.M.C. en la expedición que hizieron a las costas de la California en el referido año haviendose tomado segunda possesion en la isla de S. Aniceto. Ms. 42 x 5 cm. *3-E-7*

28- *1779. [Camacho, José]*
Esta carta reducida contiene la costa septentrional de la California desde los 59º 30' de latitud N. hasta los 61º de la misma especie. Descubierta en el año de 1779 por las fragatas de S.M.C. nombradas Princesa y Faborita, mandadas por los tts de navío Dn Ignacio Arteaga y Dn Juan Francisco de la Bodega y Quadra, en cuia expedición tomaron la primera posesion en el puerto de Santiago y la segunda en la ensenada de Ntra Sra de la Regla, y dicha costa con sus islas inmediatas fueron / lebantadas con la mayor exactitud por los oficiales y pilotos de ambos buques. Ms. 59 x 92 cm. *2-B-4 y 2-E-9.*

29- *1779. [Pantoja, Juan]*
Carta reducida que comprehende las costas septentrionales de la California contenidas entre el grado 36 y el 61 lat. N. Descubiertas en el año de 1775 y el de 1779... Ms. 73 x 60 cm. *2-B-5, 3-D-2 y 3-B-13*

30 - *1779. [Mourelle, Francisco Antonio]*
Carta reducida de las costas y mares septentrionales de California nuevamente descubiertas en la exploraciones... desde el Pto de Sn Blas la primera en el año de 1775...en cuio viaje se situó la costa hasta los 58º de altura ...la segunda en el año de 1779... en la qual extendieron los descubrimientos hasta los 61º de lat. y tomaron posesiones en ellas. Ms. 62 x 55 cm. Este plano, junto con otros 17, pertenece a un atlas facticio recopilado por Mourelle, creemos que en 1791, para presentar los descubrimientos en los que participó al virrey Revillagigedo en Méjico. Todos menos uno representan la costa Noroeste. Wagner no lo incluye en su trabajo. *A-10096-3*

31- *1780. Mourelle, Francisco Antonio*
Carta reducida que comprende los nuevos descubrimientos de las costa septentrionales de las Californias hechas el año 1775 con la goleta Sonora y el año 1779 con las fragatas del Rey nombradas la Princesa y la Favorita.../ Construida con la precision posible...que hizo el alferez de fragata Dn Frac° Antonio Mourelle, comisionado en ambas. 1780. Ms 38 x 58 cm Este plano, junto con otros 17, pertenece a un atlas facticio recopilado por Mourelle, creemos que en 1791, para presentar los descubrimientos en los que participó al virrey Revillagigedo en Méjico. Todos menos uno representan la costa Noroeste. Wagner no lo incluye en su trabajo. *A-10096-4*

32- *1781. Martinez, Lorenzo*
Carta plana que contiene la navegación para el reino de la Nueva España desde el desembocadero de San Bernardino en Yslas Philipinas hasta el puerto de San Diego de Acapulco para uso de D. Juan Bautista Aguirre / Lorenzo Martinez. 1781. Ms. 53 x 74 cm. Esta carta no pertenece a ninguna expedición pero presenta la derrota de la nao de Acapulco, una parte de la cual se hacía descendiendo por la costa de California hasta llegar a Acapulco. *7-B-4*

1782 EXPLORACION DEL CANAL DE STA BARBARA. EXPEDICION DE ESTEBAN MARTINEZ Y JUAN AGUSTIN DE ECHEVERRIA. PILOTOS: JUAN PANTOJA Y JOSE DE TOBAR.

33- *1782. EE.UU. Pantoja, Juan*
Plano del puerto de San Diego situado en la costa septentrional de California / Juan Pantoja. [1782]. Ms. 44 x 35 cm. *4-B-4*

34- *[1782]. EE.UU. Pantoja, Juan*
Plano del puerto de San Francisco, situado en la lat. N. 37º 93' long 17 15' O. de San Blas. MS. 44 X 38 cm. Ms. Con plantas de un fuerte, un presidio y una misión. 44 x 38 cm. Consideramos que es el original de Pantoja pues es igual al siguiente anónimo pero copiado del de Pantoja. No en Wagner. *4-B-11.*

35- *1782. EE.UU. Pantoja, Juan*
Plano del puerto de San Francisco ... / Copiado del de D. Juan Pantoja piloto de San Blas, año de 1782. Ms. 43 x 56 cm. No en Wagner. *4-B-14.*

36- *[1782].*
Carta esférica que contiene el trozo de costa de los esenciales puntos de recalada de los tres presidios mas septentrionales de la Nueva California. Ms. 49 x 34 cm. No en Wagner. *4-B-3.*

37-*[1782]. [Pantoja, Juan]*
Carta esférica trabajada por los pilotos de San Blas. Ms. 39 x 50 cm. Comprende el canal de Sta Bárbara y desde el puerto de San Diego hasta la punta de Sta Marta. No en Wagner. *4-B-7*

38- *[1786] Méjico. Pantoja, Juan*
Plano del Puerto Escondido situado en el golfo de California en la lat. N. de 25º 54' y en la long. de 6º 20' del O. de San Blas / levantado y delineado por el 2º piloto D. Juan Pantoja. Ms. 30 x 44 cm. *7-C-5*

40- *1786. Pantoja, Juan*
Pequeña carta que comprehende desde la latitud 25º 5' hasta la de 26º 25' ambas del Norte, dentro del golfo de Californias. En ella se encuentran los puertos de Agua Verde, Valandra y Escondido / por el 2º piloto D. Juan Pantoja, septiembre de 1786. Ms. 33 x 44 cm. *7-C-6*

41- *[1782]. Pantoja, Juan*
Carta esferica que comprende el golfo de California y navegación desde el puerto de San Blas y real de Loreto / es delineada y corregida algunos puntos por el piloto de dicho departamento D. Juan Pantoja y Arriaga y copiada por Andrés Baleato en 1795. Ms. 73 x 54 cm. No en Wagner. *8-A-6 y 8-A-3* Otra copia de Baleato en mejor estado y del año 1793 en *8-A-3.*

42- *[1788]*
Carta hidrográfica del estrecho del Norte o de Anian que separa el Asia de la América, dedicada al Exmo Sr Baylio Frey D. Antonio Valdés... A. de A. Ms. 66 x 100 cm. No en Wagner. Esta carta no procede de ninguna expedición pero debió servir de documento de trabajo en el Dpto de San Blas. *2-C-7.*

1788 y 1789. EXPEDICIONES DE ESTEBAN JOSE MARTINEZ Y GONZALO LOPEZ DE HARO. PILOTOS: ANTONIO SERANTES, ANTONIO PALACIOS, ESTEBAN MONDOFIA, JUAN MARTINEZ Y ZAYAS Y JOSE MARIA NARVAEZ.

43- *1790. [López de Haro, Gonzalo]*
Carta reducida de la costa septentrional de California... Que se reconoció en los años de 1788, 1789 y 1790. Arregladas a la long. del meridiano de S. Blas, notando que estas longitudes son reducidas de las que observó en distintos lugares el capitán Jacobo Cook... Ms. 76 x 54 cm. No en Wagner. *2-B-9*

44- *1790. Lopez de Haro, Gonzalo*
Carta reducida que contiene parte de la costa septentrional de California desde los 40º de latid. hasta los 64º / Construída por el primer piloto de la Real Armada Dn Gonzalo López de Haro; arreglada a las mejores noticias que adquirió en las expediciones que executó en los años de 1788 y 1789 y a las que se emprendieron en los de 1775 y 1779; delineado por el referido piloto en el puerto de San Blas. Enero de 1790. Ms. 56 x 76 cm. Este es la única carta del atlas facticio de Maurelle perteneciente a una expedición en la que Maurelle no parti-

cipó. No recogida en Wagner. *A-10096-11*

1790. EXPEDICION DE SALVADOR FIDALGO. PILOTO: ESTEBAN MONDOFIA[12]

45- *1790. EE.UU.*
Plano de la ensenada del Buen Abrigo en el golfo del Principe William. Ms. 32 x 23 cm. *2-D-4 y 2-E-6*

46- *1790. EE.UU. Fidalgo, Salvador*
Carta reducida que contiene la parte mas septentrional de la California / Correxida y enmendada por el theniente de navio de la Real Armada Dn. Salvador Fidalgo, cmte del paquebot nombrado el San Carlos en la expedición que hizo el año de 1790. Ms. 51 x 72 cm. No en Wagner. *2-C-8 , 2-C-10 y 2-C-11*

47- *1790. EE.UU. Menéndez, Salvador.*
Carta reducida que contiene la parte mas septentrional de la California corregida y enmendada en la expedición que se hizo en el paquebot de S.M. nombrado San Carlos al mando del Tte de navío de la Rl Armada Dn Salbador Fidalgo / Construída por el primer piloto de la Armada Dn Salbador Menendez en el año de 1790. Ms. 52 x 73 cm. No en Wagner. *2-C-9.*

48- *1790. EE.UU. [Fidalgo, Salvador]*
[Costa de Alaska desde Nutka hasta el golfo del Principe Guillermo. 1790]. 34 x 32 cm Ms. No en Wagner. *2-C-1*

1790. EXPEDICION DE MANUEL QUIMPER. PILOTOS: GONZALO LOPEZ DE HARO Y JUAN CARRASCO

49- *1790. EE.UU. [Carrasco, Juan]*
Plano de la Bodega y Quadra: nº 37. [1790]. Ms. 24 x 39 cm. No en Wagner. *3-C-7*

50- *1790. Canadá. [Carrasco, Juan]*
Plano del puerto de Córdova : nº 41. [1790]. Ms. 24 x 39 cm. No en Wagner. *3-C-8*

51- *1790.EE.UU. Canadá. [López de Haro, Gonzalo]*
Plano del puerto de Córdova, situado en la costa del norte del estrecho de Juan de Fuca. [1790]. Ms. 38 x 49 cm. *3-C-11.*

52- *1790. EE.UU. [Carrasco, Juan]*
Plano del puerto de Quimper : nº 38. [1790]. Ms. 28 x 38 cm. No en Wagner. *3-C-9*

53- *1790. EE.UU. [López de Haro, Gonzalo]*
Plano del puerto de Quimper, situado en la costa sur del estrecho de Fuca. [1790]. Ms. 41 x 48 cm. *3-C-15*

54- *1790. EE.UU. [López de Haro, Gonzalo]*
Plano de la bahía de Nuñez Gaona, situada en la costa sur del estrecho de Juan de Fuca. [1790]. Ms. 30 x 47 cm. *3-C-13*

55- *1790. EE.UU. [Carrasco, Juan]*
Plano de la bahía de Nuñez Gaona. N 43. [1790] Ms. 24 x 39 cm. No en Wagner.*3-C-6*

56- *1790. Canadá. [López de Haro, Gonzalo]*
Plano del puerto de Cayuela o de Haro : situado en la lat N. de 49 10' y en la log de 20 50' al O. del puerto de S. Blas. Ms. 38 x 48 cm. *2-D-6.*

57-*1790. Canadá. [Carrasco, Juan]*
Plano del puerto de Cayuela o de Haro. N. 45 [1790]. Ms. 24 x 39 cm. No en Wagner. *3-C-5*

58- *1790. Canadá. [López de Haro, Gonzalo]*
Plano del primero y segundo fondeadero del puerto de Revilla Gigedo: situado en la costa del N. del estrecho de Fuca por la latitud N. de 48º 24' y la longitud de 18º 21' al oeste del pto de S. Blas. Ms. 47 x 70 cm. *2-C-12*

59- *1790. Canadá. [Carrasco, Juan]*
Plano del 1º y 2º fondeadero del puerto de Revillagigedo. Ms. 24 x 39 cm. No en Wagner *3-C-4*

60- *1790. Canadá. [Carrasco, Juan]*
Plano del puerto de San Juan o de Narvaez. Ms. 25 x 39 cm. No en Wagner. *3-C-3*

61- *1790. Canadá. [López de Haro, Gonzalo]*
Plano del puerto de San Juan o de Narvaez, situado en la costa norte del estrecho de Fuca. Ms. 39 x 49 cm. *3-C-1*

1791. EXPEDICION DE FRANCISCO ELIZA Y JOSE MARIA NARVAEZ. PILOTOS: JUAN PANTOJA, JOSE VERDIA, JUAN CARRASCO

62- *1791. Canadá. [Narváez, José María]*
Plano del archipielago de Nictinac o de Carrasco en la isla de Quadra y Vancouver en la costa NO de América. Ms. 31 x 43 cm. *3-B-3.*

63- *1791. [Pantoja, Juan]*
Pequeña carta que comprende los interiores y veril de la costa desde los 48º de lat. N. hasta los 50º, examinados los expresados interiores con la prolixidad posible / por los pilotos del paquebot S. Carlos y goleta Sta Saturnina, mandados ambos buques por el Tte. de navío D. Francisco Eliza. Ms. 29 x 42 cm. *Ms 331. p. 250*

64- *1791. [Eliza, Francisco]*
Carta que comprehende los interiores y veril de la costa desde los 48° de latitud N. hasta los 50° N. examinados escrupulosamente por el teniente de navío de la Real Armada D. Francisco Eliza, comandante del paquebot de S.M. San Carlos, del porte de 16 cañones, y goleta Santa Saturnina (alias la Orcasitas) y descubierto nuevamente el gran canal de Nuestra Señora del Rosario, arregladas sus longitudes al meridiano de San Blas y a la última observación astronómica hecha en este puerto de Santa Cruz de Nuca en este año de 1791 por el capitán de navío de la Real Armada D. Alejandro Malaspina, comandante de las corbetas de S. M. la Descubierta y Atrevida. 1791. Inserta: Pto de Ntra Sra de los Angeles. Pto Clayocuat. Bahía de Buena Esperanza. Puerto de Nuca. San Rafael. Ms. 65 x 104 cm. *3-E-1, 3-E-11*

65- *1791. [Eliza, Francisco]*
[Carta de la costa NO de América desde los 17º hasta los 38º de lat. N. Con derrotas] Inserta planos particulares del Pto de la Bodega, San Francisco, Pto de Monterrey, Pto de Santiago, Pto de San Blas, según observaciones de la Fragata Atrevida, Pto de Acapulco, según observaciones de los oficiales de las fragatas Descubierta y Atrevida. Expresion de todas las derrotas anteriores a 1791. Ms. 52 x 125 cm. No parece de la expedición Malaspina pues el autor incurre en la confusión de llamar fragatas a las corbetas. Dos ejemplares, el segundo sin derrotas. *3-E-8 y 2-B-2.*

66- *1792. López de Haro, Gonzalo*
Plano reducido que comprende parte de la costa septentrional de California desde los 47º de lat. N. hasta los 50º : Corregido y enmendado hasta la boca del estrecho de Fuca y levantado el plano de él en las expediciones que se executaron los años de 1790 y 91 desde el puerto de S. Blas / Construído y delineado por el primer piloto de la Real Armada D. Gonzalo Lopez de Haro, en el dicho puerto en enero de 1792. Ms. 36 x 45 cm. Esta es una carta que resume las anteriores expediciones, hecha a la vuelta, en el puerto de San Blas l *3-E-4*

1791. EXPEDICION DE ALEJANDRO MALASPINA Y JOSE BUSTAMANTE. CARTOGRAFO: FELIPE BAUZA

67- *1791. EE.UU. Alaska. [Bauzá, Felipe]*

Plano del puerto de Mulgrave / Travajado abordo de las corvetas Descubierta y Atrevida de la Marina Real. Año de 1791. Ms. 36 x 54 cm. *2-B-6 y 2-B-10*

68- *1791. Méjico. [Bauzá, Felipe]*
Plano de la bahía y puerto de Monterrey situado en la costa de California / trabajado a bordo de las corbetas Descubierta y Atrevida. Año 1791. Ms. 25 x 20 cm. No en Wagner. *4-B-1.* Borradores sin título en. *4-B-5 y 6*

69- *1791. Canadá. [Bauzá, Felipe]*
Plano del puerto de Sta Cruz de Nutka [o de Yucuat], por los naturales de Yucuat, levantado por orden del rey en 1791. El texto entre corchetes está tachado. Ms. 23 x 30 cm. *2-D-1.*

70- *1791. Canadá. [Bauzá, Felipe]*
Plano del puerto de Yucuat, situado en la parte occidental de la entrada de Nutka / Travajado a bordo de las corvetas de la Marina Real Descuvierta y Atrevida. 1791. Ms. 44 x 26 cm. *2-D-5*

71- *1791. Canadá. [Bauzá, Felipe]*
Plano del puerto de Yucuat en la entrada de Nutka. / Levantado por las corbetas de la Marina Rl Descubierta y Atrevida. Año de 1791.Ms. 49 x 30 cm. *2-D-19.*

72- *1791. Canadá. [Bauzá, Felipe]*
Plano de la cala de los Amigos, situada en la parte occidental de la entrada de Nutka. Año 1791. En el título está tachado "Yocuat" y "Travajada a bordo de las corvetas Descubierta y Atrevida". Ms. 36 x 24 cm. *2-D-17*

73- *1791. Canadá. [Bauzá, Felipe]*
Plano de la bahía de Buena Esperanza: situado el punto A...en la lat. N. de 49º 48' 50" y en long 00º 33' 00" al O. del observatorio del puerto de Nutka. Ms. 37 x 54 cm. No en Wagner. *2-D-9, 2-E-1, 3-B-1*

74- *1791. EE.UU. [Bauzá, Felipe]*
Plano del puerto del Desengaño. / Trabajado a bordo de las corvetas de la Marina Real Descubierta y Atrevida. 1791. Ms. 38 x 54 cm. *2-B-3.*

75- *1791. Canadá. [Bauzá, Felipe]*
[Plano del archipielago de Nutka.]. Ms. 49 x 42 cm. No en Wagner. *2-D-7*

76- *1791. Canadá. [Bauzá, Felipe]*
[Plano de la isla de Nutka, al norte de la California]. Ms. 38 x 54 cm. No en Wagner. *2-D-11*

77- *1791. Canadá. [Bauzá, Felipe]*
Plano de los canales ynmediatos a Nutka y de la navegación hecha para su reconocimiento por las lanchas de las corbetas Descubierta y Atrevida. Año de 1791. Ms. 54 x. 76 cm. No en Wagner. *2-D-20 , 2-D-15*

78- *1791. Canadá. [Bauzá, Felipe]*
[Plano de la isla de Nootka y los canales que la rodean. 1791]. Ms. 36 x 53 cm. No en Wagner. *3-E-5*

79- *1791. [Bauzá, Felipe]*
Carta esférica de los reconocimientos hechos en la costa NO. de América entre los paralelos 57º y 60º 30' de latitud N. / Por las corbetas Descubierta y Atrevida. Año de 1791. Ms. 61 x 93 cm. *2-B-7.*

80- *1791. [Bauzá, Felipe]. Baleato, Andrés*
[Costa de Alaska desde los 57º hasta los 61º de latitud N. Trabajada a bordo de las corbetas Descubierta y Atrevida]. Copia de Andrés Baleato de la carta 2-B-7. [1791]. Ms. 67 x 99 cm. No en Wagner. *2-B-8.*

81- *1791. [Bauzá, Felipe]*
[Carta desde la punta de San Diego hasta la de los Reyes, 33º a 38º lat. N. / Levantada por los oficiales de las corbetas Descubierta y Atrevida. 1791]. Ms. 54 x 76 cm. No en Wagner. *4-B-9.*

82- *1791. [Bauzá, Felipe]*
[Carta desde el puerto de Monterrey hasta las islas de Malaspina y Bustamante, 35 hasta 53 de lat. N.] Ms. Con un texto explicando los descubrimientos españoles. *3-D-5*

83- *1791. [Bauzá, Felipe].*
[Carta desde el puerto de Monterrey hasta las islas de Malaspina y Bustamante] Ms. 68 x 50 cm. Con una explicación de los descubrimientos. *3-D-6*

84-*1791. [Bauzá, Felipe]*
Carta de una parte de la costa NO. desde el cabo de San Lucas hasta el estrecho de Fuca]. Ms. 54 x 102 cm y 54 x 67 cm. No en Wagner. *2-B-12, 7-B-9*

85- *1791. [Bauzá, Felipe].*
[Carta de una parte de la costa NO desde cabo Engaño hasta la isla de Montagú, 57º a 61º N. Expedición Malaspina] Ms. 60 x 92 cm. No en Wagner. *2-B-14*

86- *1791. [Bauzá, Felipe]*
[Carta de la costa entre el rio de San Pedro hasta punta de San Blas con el golfo de California, desde los 20º a los 49º] Copiada por Andrés Baleato. 1794. Ms. 59 x 92 cm. No en Wagner. *7-C-11*

87- *1791.[Bauzá, Felipe].*
[Costa NO. de América. Desde cabo San Bartolome hasta la isla Kodiak.]. Ms. 61 x 92 cm. No en Wagner. *2-C-6*

88- *1791. [Bauzá, Felipe].*
Carta esférica que comprende las costas del NO. de América desde los 55_ de latitud hasta los 38. / Descubierta y Atrevida, 1791. Ms. 92 x 61 cm. No en Wagner. *4-A-5* Borradores sin título en *4-A-1 y 4-A-2*

89- *1791. [Bauzá, Felipe]*
Carta esférica que comprende las costas occidentales de la California y el mar de Cortés, deducida de las mejores noticias nacionales y de la navegación de las corvetas Descubierta y Atrevida en 1791. Ms. 91 x 60 cm. No en Wagner. *7-C-1.* Otro original sin título en *7-B-8*

90- *1791. [Bauzá, Felipe].*
[Costa de California desde S. Blas hasta Nutka, 20º hasta 48º 50l] Ms. 118 x 66 cm. No en Wagner. *7-C-3*

91- *1791. [Bauzá, Felipe].*
Carta esférica de la costa occidental de California comprendida entre los paralelos 23 y 42 N. / Trabajado su original a bordo de las corbetas de S.M. Descubierta y Atrevida. 1791. Ms. 76 x 55 cm. No en Wagner. *4-B-12*

92- *1791. [Bauzá, Felipe].*
Carta esférica de las costas del NO de la América que corren desde el puerto y archipielago de Bucarely hasta el estrecho de Fuca, según los últimos reconocimientos hasta el año de 1791. Ms. 58 x 88 cm. Inserta: carta del capitán Hanna y en nota se indica que la longitud se ha determinado por los relojes de las corbetas. No en Wagner. *3-E-6*

93-. *1791. [Bauzá, Felipe]*
Costa del golfo de California desde el cabo de San Lucas hasta San Diego] Ms. 76 x 55 cm. *7-C-9.*

94- *1792. [Bauzá, Felipe]*
Carta de una parte de la costa NO de América según los reconocimientos hechos en 1791 y 92 por las corbetas de S.M. Descubierta y Atrevida. [Desde Acapulco a cabo Frondoso] Ms. 76 x 55 cm. No en Wagner. *7-B-1*

95- *1791. Bodega y Cuadra, Juan Francisco*
Carta reducida que contiene lo mas septentrional de la costa de California arreglada al meridiano de S. Blas que dista de Tenerife 88 15' al oeste. / Por D. Juan Franco. de la Bodega y Quadra... cmte del Departamento. [1791]. Ms. 71 x 94 cm. No en Wagner. *2-C-5*

96- *1791. Bodega y Cuadra, Juan Francisco*

Carta general de quanto hasta hoy se ha descubierto y examinado por los españoles en la costa septentrional de California... / por D. Juan Francisco de la Bodega y Quadra...cmte del Departamento. Año 1791. Ms. 64 x 94 cm. Esta carta fue hecha para la expedición Malaspina y contiene un resumen escrito de los anteriores descubrimientos hechos por los españoles. También se la envió Bodega a Francisco Eliza junto con las instrucciones para la expedición. *3-B-6 y 3-E-9.*

1792. EXPEDICION DE LIMITES.

97- [1792]. Méjico. Bodega y Cuadra, Juan Francisco
Carta reducida que contiene desde el puerto de Acapulco hasta el de Monterrey.../ Construída de orden del señor D. Juan Francisco de la Bodega y Quadra .[1791] Ms. 66 x 94 cm. *7-C-12*

98- 1792. [/Bodega y Cuadra, Juan Francisco]
Carta de las costas reconosidas al norueste de la California. Lleva dibujada una "linea de demarcación divisoria para precaver las ynternaciones" Ms. 62 x 47 cm. Creemos que esta carta, con varias copias fue hecha con motivo del conflicto de Nutka, según las ordenes del virrey.[13]. *2-E-4 2-C-2, 3-D-4, 3-D-10.*

99- 1792. Bacaro, Lorenzo.
Carta esférica que contiene un pedazo de costa de la septentrional de California comprehendida desde los 32º 20' N, hasta los 35º 25' / corregida por los pilotos del Dpo. de San Blas; y copiada por el alférez de fragata y primer piloto de la Rl Armada D. Lorenzo Bacaro. 1792. Ms. 38 x 47 cm. No en Wagner. *4-B-2*

1792. EXPEDICION DE DIONISIO ALCALA GALIANO Y CAYETANO VALDES.[14]

100- 1792. [Alcalá Galiano, Dionisio]
Carta esférica de la parte de la costa NO. de América comprehendida entre la entrada de Juan de Fuca y la salida de las goletas con algunos canales interiores / hecha por los Cmtes y Oficiales de las goletas Sutil y Mexicana desde el 5 de junio al 31 de agosto de 1792. Ms. 51 x 61 cm. No en Wagner. *2-D-14*

101- 1792. [Alcalá Galiano, Dionisio]
Carta esférica de la parte de la costa NO de América comprehendida entre la entrada de Juan de Fuca y la salida de las goletas / arreglada según los resultados de las operaciones hechas por los comandantes y oficiales de las goletas Sutil y Mexicana desde el 5 de junio al 31 de agosto de 1792. Ms. 80 x 105 cm. No en Wagner. *3-D-3.*

102- 1792. [Alcalá Galiano, Dionisio]
[Carta de la costa NO de América entre los 44º y los 51º de latitud N. 1792]. Ms. Sutil y Mexicana. Carta nº 2 del atlas que se publicó en 1802 Ms. 50 x 39 cm. No en Wagner. *3-B-10.*

103- 1792. [Alcalá Galiano, Dionisio]?
[Carta esferica de los reconocimientos hechos en la costa NO de América en 1791 y 1792 por las goletas Sutil y Mexicana y otros buques de S.M.] Ms. 54 x 38 cm. No en Wagner. Es el original de la lam. 1 del "Atlas para el viaje de las goletas Sutil y Mexicana al reconocimiento del estrecho de Juan de Fuca en 1792"[15]. *7-B-5*

104- 1792. [Alcalá Galiano, Dionisio]
[Carta esférica de los reconocimientos hechos en la costa NO. de América desde la parte en que empiezan a angostar los canales de la entrada de Juan de Fuca hasta la salida de las goletas Sutil y Mexicana] Ms. 78 x 133 cm. No en Wagner. *3-E-10.*

105- 1793. Alcalá Galiano, Dionisio
Carta reducida de una parte del estrecho de Juan de Fuca y canales descubiertos en él por los oficiales de la Marina y pilotos españoles e ingleses que han navegado sobre las costas al NO. de esta América desde el año pasado de 1791 hasta el presente de 1793. Ms "Es copia de la que entregó al conde de Revilla Gigedo D. Dionisio Galiano". 1790-1793. Ms. 53 x 89 cm. *3-D-1, 3-D-11*

106- 1793. Alcalá Galiano, Dionisio
Carta reducida la antigua y nueva California con parte de las costas de la Nueva Galicia y y las de la gobernación de Sonora sobre el mar de Cortés o Seno Californiano, hasta donde termina este en el rio Colorado / copiado del que trajo de San Blas D. Dionisio Alcalá Galiano, capitán de fragata de la Rl Armada, formado sobre los diarios y noticias de los oficiales y pilotos del Dpto de S. Blas, adquiridas de 24 años a esta parte y comprehende desde los 20º hasta los 48º 30' de lat. boreal y desde 5º a 28º de long. occ de Acapulco. Ms. 86 x 58 cm. No en Wagner. Esta carta probablemente también fue entregada a Revillagigedo como la anterior. *3-B-11.*

1792. EXPEDICION DE JACINTO CAAMAÑO. PILOTOS: JUAN PANTOJA Y JUAN MARTINEZ Y ZAYAS

107- 1792. Canadá. [Caamaño, Jacinto]
Puerto de San Jayme, situado en la caveza sur de la ysla del Ynfante, por lat. de 52º 10' y en long de 26º 45' al O. del meridiano de S. Blas. Ms. 24 x 40 cm. *2-D-3, 2-E-5 108- 1792. Caamaño, Jacinto*

108 Plano de los reconocimientos hechos por / el teniente de navio Don Jacinto Caamaño el año de 1792. Ms. 48 x 58 cm. No en Wagner. *2-D-13*

109- 1792. Caamaño, Jacinto
[Carta de la ysla Reyna Carlota, con una derrota]. [1792]. Ms. 53 x 41 cm. No en Wagner. *2-D-10, 2-D-18 y 2-D-18 bis*

1793. EXPEDICION DE FRANCISCO ELIZA Y JUAN MARTINEZ Y ZAYAS.

110- 1793. EE.UU. Martinez y Zayas, Juan
Plano del puerto de Gray... / descubierto este año por el mismo y reconocido por el comandante Vancouver. Ms. / Martinez y Zayas. 26 x 35 cm. No en Wagner. *3-C-2, 3-C-18*

111- 1793. EE.UU. Martinez y Zayas, Juan
Plano del puerto de Grek... / Descubierto por el capitán americano de su nombre / reconocido y situado por el comandante Dn. Jorge Vancouver y confrontado por el 2º piloto Dn. Juan Martinez y Zayas. 1793. Ms. 37 x 44 cm. *3-C-10, 4-A-11 y 4-A-12*

112- 1793. EE.UU. Martinez y Zayas, Juan
Plano del puerto de la Bodega... / Reconocidos sus interiores por el segundo piloto D. Juan Martinez Zayas este año de 1793. Ms. 47 x 37 cm. *3-C-14, 3-C-17 y 3-C-19*

113- 1793. EE.UU. [Martinez y Zayas, Juan]
Puerto de la Bodega y Quadra, situado en la costa sur del estrecho de Fuca. [1790]. Ms. 38 x 55 cm. *3-C-12*

114- 1793. EE.UU. Martinez y Zayas, Juan
Plano de la entrada de Ezeta o rio de la Columbia descubierto por un oficial de la Armada de aquel nombre.. . / reconocido y situado por el cmte D. Jorge Vancouver; Inspeccionado por el 2º piloto D. Juan Martinez y Zayas. [1793]. Ms. 35 x 51 cm. *3-C-16, 3-D-9 y 3-D-12*

115- 1793. EE.UU. [Martínez y Zayas. Juan]
Plano de la entrada de Ezeta y rio de la Columbia...descu-

bierto por D. Bruno Hezeta el año de 1775 y / reconocida el año de 1792 por el capn Gray y el cmte Vancouver. [1793 Martinez y Zayas]. Ms. 51 x 86 cm. *3-D-8.*

116- 1793. Eliza, Francisco
Costa septentrional de California reconocida por el theniente de navio D. Francisco de Eliza. Año de 1793. Ms. Contiene: pto de la Trinidad. 52 x 41 cm. No en Wagner. *3-B-7, 4-A-8 y 4-A-9.*

117- 1793. Eliza, Francisco
Costa septentrional de California reconocida por el the. de navio Dn. Franco. de Eliza. Año de 1793. Ms. Contiene: Pto de la Bodega / levantado por el Tte. de fragata Dn Juan Bapta Matute. Año de 1793. Ms. 46 x 59 cm. No en Wagner. *3-B-8 y 4-A-7, 4-A-10*

118- 1793. Martinez y Zayas, Juan
Carta esférica que representa la costa comprendida entre la pta. del Tutusi meridional de la boca sur de Fuca y el pto. de Sn. Franco / reconocido por el piloto Dn. Juan Martinez y Zayas sobre la goleta Mexicana este año de 1793. Ms. 65 x 45 cm. *3-B-9.3-B-12, 3-B-13*

119- [1793] [Martinez y Zayas, Juan]
[Carta de la costa occidental de Estados Unidos, entre punta Pedernales y la del Tutusi, que comprende desde los 35° hasta los 49° de latitud norte. 1793]. Ms. 88 x 58 cm. No en Wagner. *3-D-5*

COPIAS DE CARTAS INGLESAS

120- Plano de una bahia en la costa del noroeste de América, en lat 50 38' N. long 231 25' est. / M. d G. [17—]. Ms. 28 x 37 cm. *2-D-2, 2-D-21 y 2-E-3*

121- [1791]. Canadá.
Plano de la bahia de los Amigos en el golfo de Nootka. Orientado según el meridiano de Greenwich. Ms. 32 x 23 cm. *2-D-8, 2-D-8 bis, 2-E-2*

122- [1791]
[Carta de la costa occidental de Canadá desde la isla de Brown hasta la de Cox]. Ms. Copia de una carta inglesa de la epoca. Ms. 56 x 46 cm. *2-D-12.*

123- [1791]
[Carta naútica desde los 50 lat. hasta los 63]. Con la derrota del pailebote Experiment. Ms. 35 x 32 cm. *2-E-7 y 2-E-8*

124-1791. Colnett, James
Carta reducida que contiene parte de la costa septentrional de Californias desde los 49° hasta los 58° de lat. N., reconocidas y descubiertos sus puertos, bocas e yslas por el capitán del paquebot Argonauta y balandra Princesa Real, arregladas sus latitudes y longitudes y nombres de sus puertos al original que dicho capitán D. Jayme Collnet le presentó al cmte de este establecimiento D. Francisco Eliza en febrero del año de 1791. Contiene plano del puerto Brooks Ms. 62 x 82 cm. *2-B-11 , 2-D-16, y 2-C-13*

CONCLUSIÓN

Las 124 cartas que componen este catálogo, de muchas de las cuales poseemos más de un original, no habían sido dadas a conocer hasta ahora, si exceptuamos el repertorio de Guillén ya citado, y nunca como un conjunto homogéneo y adscribiéndolas a la expedición que las generó. Hacer la valoración cartográfica de cada expedición no sería posible en este trabajo pues deberían intervenir en ella una serie de parámetros de los que no disponemos en este momento. A la espera de poder abordar esa valoracion pormenorizada, producto de un estudio profundo queremos dar aquí unos ligeros apuntes sobre las expediciones españolas valoradas en conjunto.

La expedición que más cartas produjo, fue como es obvio, la de Malaspina que se benefició además de todos los resultados obtenidos por las anteriores.

La más pobre en resultados teniendo en cuenta los medios de que dispuso fue la expedición de la Sutil y Mexicana, de la que se conservan varios borradores y sólo dos cartas que por otra parte terminó más tarde Felipe Bauzá en la Dirección de Hidrografía mientras que las observaciones astronómicas las calculó Espinosa para publicarlas en la edición del viaje de las goletas.[16]

Las primeras expediciones españolas en la costa NO estuvieron motivadas por la presencia de los rusos en Alaska. Esta etapa termina con la expedición de Esteban Martinez en 1789 y el inicio del conflicto de Nutka con los ingleses, está dominada en el aspecto cartográfico por las figuras de Juan Francisco de la Bodega y Cuadra y Francisco Antonio Mourelle que generaron en sus dos expediciones conjuntas, 1775 y 1779, una amplia documentación cartográfica y una metodología para los levantamientos que sirvieron de base a las posteriores. Las juntas de pilotos y oficiales servían para establecer "a estima" la latitud de los lugares visitados. En 1789 es nombrado Bodega comandante del departamento de San Blas y en 1792 fue enviado como comisario español para el conflicto de Nutka hasta 1993 en que, enfermo, se retiró a Méjico donde murió. Desde su puesto en San Blas organizó y trazó los objetivos de las siguientes expediciones, además de recibir los diarios de navegación y la cartografía de todas ellas. En este sentido hay que hacer notar las veces en que es consultado por los virreyes y las cartas que suministró a la expedición de Eliza en 1790 y a la expedición Malaspina.

Por su parte Maurelle, después de la guerra con los ingleses fue enviado a Méjico a la secretaría del virrey Revillagigedo, segundo de este nombre, donde tuvo ocasion de organizar y sistematizar todas las expediciones al Noroeste y de donde procede el atlas facticio con 17 cartas que aparece en este catálogo.

La segunda época de la cartografía de la costa Noroeste está marcada por los levantamientos astronómicos y las cartas esféricas de la expedición Malaspina y la de la Sutil y Mexicana, a partir de los que realizaron sus cartas el resto de las expediciones españolas de la zona. Felipe Bauzá y José Espinosa y Tello son los máximos cartógrafos de ambas expediciones que no sólo levantaron cartas durante la expedición sino que las terminaron y completaron en su puesto de la Dirección de Hidrografío, no sólo las correspondientes a la expedición Malaspina sino también las de la expedición de la Sutil y Mexicana.

Por último las expediciones que supusieron un verdadero descubrimiento geográfico fueron las relativas a la exploracion del estrecho de Juan de Fuca,[17] es decir las de Quimper, Eliza y Fidalgo, las carta de esta última expedición, que se creían perdidas se encuentran en el Museo Naval y están reseñadas en este católogo.

NOTAS

1. Estos fondos fueron dados a conocer de una manera somera por Julio Guillén en 1932 cuando llegaron al Museo Naval procedentes de la extinta Dirección de Hidrografía en *Repertorio de los Mss, cartas, planos y dibujos relativos a las Californias, existentes en este Museo.* (Madrid : Museo Naval, 1932)

2. "La cartografía en la Expedición Malaspina", En *La Expedición Malaspina 1794- 1789.* (Madrid: Ministerio de Cultura, 1984), pp. LIII-LX.
   Con Dolores Higueras: "Spanish Cartographic Surveys of the Northwest Coast en the XVIIIth Century; The Corps of Naval Steersmen", En *To the Totem Shore: The Spanish Presence on the Northwest Coast* (World Exposition, Vancouver 1986) (Madrid: Ediciones El Viso, 1986), pp. 90-119.
   "The Evolution of Spanish Cartography on the Nortwest Coast of America". En: *Spanish and the North Pacific Coast: Essays in recognition of the Bicentenial of the Malaspina Expedition, 1791-1792.* Edited by Robin Inglish. (Vancouver: Vancouver Maritime Museum, 1992), pp. 18-28.
   Cartografía Novohispana Introducción y catálogo. (México: San Angel Ediciones S.A, 1980).

3. Creado en 1768 a instancias de José de Gálvez, ante la necesidad de contar con un puerto para abastecer los presidios de San Diego y Monterrey y para apoyar las expediciones a Sonora, Sinaloa y Nuevo Méjico. El apostadero mantuvo siempre su carácter de plaza fuerte y base naval; dependía directamente del virrey de Nueva España que delegaba en un comandante que era el jefe de él. A pesar de su valor estratégico, los medios humanos y materiales de que dispuso fueron muy escasos.

4. Carta de Tofiño a Andrés Reggio, capitán general de la Armada, Isla de león, 24 de septiembre de 1773, citada por Salvador Bernabeu en *Juan Francisco de la Bodega y Cuadra El descubrimiento del fin del mundo (1775-1792)* (Madrid: Alianza Editorial, 1990) p. 29.

5. Ver cita de Bodega y Cuadra en Luisa Martin-Merás "The Evolution of Spanish Cartography..." p. 22. ya citado en nota 2 de este trabajo.

6. Aunque llevaba instrucciones del virrey Bucarely de hacer un mapa de la costa, Pérez se justificó ante él prometiendo "enviar un borrador de toda ella aunque no con el primor que acostumbran los profesores de dibujo". Ver Mercedes Palau "Presencia española en la Costa del Noroeste. 1774-1796 *El ojo del Totem: Arte y cultura de los indios del Noroeste de América* (Madrid: Biblioteca V Centenario, 1988), p. 94. Sobre la expedición en concreto y los cinco puntos geográficos descubiertos, Beals, H. *Juan Pérez on the Northwest Coast,* (Portland, 1989)

7. Para una relación general de estas expediciones y sus objetivos geográficos pueden consultarse el imprescindible trabajo de Henry Wagner *The Cartography of the Northwest Coast of America to the year 1800.* (Amsterdam: Nico Israel, 1968), 2 vl. el de M. Palau ya citado así como Pilar San Pio, *Expediciones españolas del siglo XVIII. El paso del Noroeste* (Madrid: Ed. Mapfre, 1992).

8. *Relación del viaje hecho por las goletas Sutil y Mexicana en el año 1792 para reconocer el estrecho de Juan de Fuca* (Madrid: Imprenta Real, 1802).
   Espinosa y Tello, J. *Memoria sobre las observaciones astronómicas que han servido de fundamento a las cartas de la costa NO de América, publicadas por la dirección de trabajos hidrográficos, a continuación del viaje de las goletas Sutil y Mexicana al estrecho de Juan de Fuca.*(Madrid, 31 de diciembre de 1805).
   Memorias sobre las observaciones astronómicas hechas por los navegantes españoles en distintos lugares del globo, las quales han servido de fundamento para la formación de las cartas de marear publicadas por la Dirección de Trabajos Hidrográficos de Madrid: Ordenadas por Don Josef Espinosa y Tello, gefe de Esquadra de la real Armada y primer director de dicho Establecimiento. (Madrid: Imprenta Real, 1809), 2 T.

9. Ob. cit en nota 5.

10. Dolores Higueras, *Catálogo crítico de los documentos de la Expedición Malaspina (1789-1794) del Museo Naval.* (Madrid: Museo Naval, 1985-1995), 3 vols.

11. Sobre esta expedición y sus comandantes Ver, Tovell, F. *Bodega y Quadra returns to the Americas* (Burnaby : Simon Fraser University, 1990) y Tovell, F. " The Hezeta-Bodega Voyage of 1775: Its signifiance for Spain's Presence in the pacific Northwest" En: *Terrae Incognitae,* Vol. 27 (1995) pp. 57-65. Salvador Bernabeu en *Juan Francisco de la Bodega y Cuadra El descubrimiento del fin del mundo (1775-1792)* (Madrid: Alianza Editorial, 1990) Herbert K. Beals *For Honor & Country: the Diary of Bruno de Hezeta*. Translation and annotation by ...(Portland: The Press of the Oregon Historical Society, 1985)

12. Es importante señalar que Wagner no reseña nigún mapa de esta expedición y San Pío dice que tampoco los localizó.

13. Ver San Pio. *ob. cit.* pp. 249.

14. Ver Kendrick, J. y Inglis, R. *Voyages des Lumieres : Malaspina & Galiano sur la C[ote Nord Ouest 1791-1792* (Vancouver: Musée maritime de vancouver, 1991)

15. Ver Higueras, D *Catálogo..*T. II. p. 83.

16. Ver Dolores Higueras y Luisa Martín-Merás: Estudio Introductorio de la edición facsímil de la *Relación del Viaje hecho por las goletas Sutil y Mexicana...* (Madrid: Editorial Naval, 1992) y la carta de Alcalá-Galiano a Espinosa de septiembre de 1797 en MN. Ms. 112, doc. 7.

17. Sobre estas expediciones véase Henry Wagner *Spanish Explorations in the Strait of juan de Fuca* (New York: AMS Edition, 1971)

CATÁLOGO DE LA EXPOSICIÓN "NOOTKA. REGRESO A UNA HISTORIA OLVIDADA"

Museu Etnològic. Barcelona
Institut de Cultura. Barcelona
Ajuntament de Barcelona

1
MAQUETA DE CANOA.
Madera.
14'5 x 90 x 14'5 cms.
Nootka. Ultimo tercio del siglo XVIII
N Inv. 13.895 Museo de América.

2
AMULETO EN FORMA DE PÁJARO
Marfil.
4'3 x 6'9 cm.
Nootka. S.XVIII
N Inv. 13.042 Museo de América.

3
ANZUELO.
Madera, fibra vegetal y hueso.
6'1 x 3'1 cm.
Nootka. S.XVIII
N Inv. 13.232 Museo de América.

4
ANZUELO.
Madera, fibra vegetal y hueso.
8'3 x 8'8 cm.
Nootka. S.XVIII
N Inv. 2.883 Museo de América.

5
SOMBRERO.
Fibra vegetal
a: 24 cm.
Nootka. S.XVIII.
N Inv. 13.569 Museo de América.

6
SOMBRERO.
Fibra vegetal
a: 31 cm.
Nootka. S.XVIII.
N Inv. 13.567 Museo de América.

7
SOMBRERO.
Fibra vegetal
a: 30 cm.
Nootka. Ultimo tercio del S.XVIII.
N Inv. 13.570 Museo de América.

8
SOMBRERO.
Fibra vegetal
a: 17 cm.
Nootka. Ultimo tercio del S.XVIII.
N Inv. 13.566 Museo de América.

9
MASCARÓN.
Madera.
a: 70. Ancho máx 50 cm.
Nootka. S.XVIII.
N Inv. 13.919 Museo de América.

10
MÁSCARA
Madera con pintura negra y cuero.
33 x 21'7 cm.
Nootka. Ultimo tercio del siglo XVIII.
No Inv. 13.917. Museo de América.

11
MÁSCARA
Madera con pintura roja.
5'5 x 46 cm.
Nootka. Ultimo tercio del siglo XVIII.
N Inv 13.897. Museo de América.

12
BRAMBILA, FERNANDO
Vista del Establecimiento y Puerto de Nutka.
Tinta y aguada.
470 x 250 mm.
Nº Inv. 2.271 Museo de América.

13
Establecimiento de Nutka, 1º
Aguada.
222 x 414 mm.
Nº Inv. 2.260 Museo de América.

14
CARDERO, JOSÉ
Establecimiento de Nutka, 2º
Aguada (Borrador)
216 x 422 mm.
Nº Inv. 2.261 Museo de América.

15
SURIA, TOMÁS DE
Muger de Nutka
Lápiz.
292 x 215 mm.
Nº Inv. 2.263 Museo de América.

16
SURIA, TOMÁS DE
Muger de Nutka
Tinta y aguada.
165 x 65 mm.
Nº Inv. 2.265 Museo de América.

17
CARDERO, JOSÉ
Yndia e Yndio, Jefes de Nutka (Probablemente
Macuina y su esposa)
Tinta negra.
215 x 135 mm.
Nº Inv. 2.266 Museo de América.

18
BRAMBILA, FERNANDO
Fiesta en honor de la hija de Macuina,
la Princesa Ystocoli-Tlemoc.
Tinta negra.
248 x 423 mm.
Nº Inv. 2.268 Museo de América.

19
CARDERO, José
Vista del Establecimiento Español en el Puerto de Núñez Gaona y gran Canoa de Guerra de Tetaku.
Firmado.
Tinta negra.
275 x 430 mm.
Nº Inv. 2.269 Museo de América.

20
CARDERO, José
Vista del Puerto de Núñez Gaona
Aguada.
248 x 424 mm.
Nº Inv. 2.270 Museo de América.

21
BRAMBILA, Fernando
Vista de la Costa del Estrecho de Mulgrave con una galería natural. Costa NO de América (SIC)
Dibujo definitivo para grabar.
580 x 335 mm.
Nº Inv. 2.273 Museo de América.

22
BAUZA, Felipe
Vista de la Corbeta Atrevida *frente al establecimiento español en Nutka.*
(Bosquejo)
Inscripción al pie; "Corbeta Atrevida".
Dibujo original a lápiz y tinta.
240 x 420 mm.
Nº Inv. 2.274 Museo de América.

23
CARDERO, José
Gefe de la entrada de Juan de Fuca, Tetaku.
Aguada.
262 x 204 mm.
Nº Inv. 2.276 Museo de América.

24
CARDERO, José
Mujer de Tataku, Ankau de Fuca.
Firmado.
Aguada.
260 x 205 mm.
Nº Inv. 2.277   Museo de América.

25
SELMA, Fernando
Segunda Mujer de Tataku.
Aguada.
261 x 230 mm.
Nº Inv. 2.279 Museo de América.

26
CARDERO, José
Vista de la Gran Ranchería de Majoá.
Firmado.
Aguada.
274 x 433 mm.
Nº Inv. 2.280 Museo de América.

27
CARDERO, José
Gefe del Puerto del Descanso.
Aguada.
263 x 207 mm.
Nº Inv. 2.281 Museo de América.

28
CARDERO, José
Yndio de la costa NO en
Nº   del alb., de "Ret." *la salida de las Goletas.*
Aguada.
262 x 206 mm.
Nº Inv. 2.282 Museo de América.

29
BAUZA, Felipe
Playa y establecimiento de Nootka.
Tinta y aguada en colores.
180 x 485 mm.
Museo Naval, ms. 1723 (21)

30
SURIA, Tomás de
Baile en la playa.
Tinta y aguada sepia.
370 x 590 mm.
Museo Naval, ms. 1723 (7)

31
SURIA, Tomás de
Baile en la playa
Lápiz, tinta y aguada sepia.
365 x 580 mm.
Museo Naval, ms. 1723 (8)

32
SURIA, Tomás de
Macuina, cacique principal de Nootka.
Lápiz y carboncillo. Firmado.
475 x 300 mm.
Museo Naval, carp. I. (27)

33
SURIA, Tomás de
Tlupanamabu, cacique de Nootka
Lápiz y carboncillo. Firmado.
480 x 300 mm.
Museo Naval, carp. I. (47)

34
SURIA, Tomás de
Indio.
Tinta y aguada sepia y parda
195 x 75 mm.
Museo Naval, ms. 1725 (1).

35
SURIA, Tomás de
Retrato de mujer.
Tinta y aguada sepia.
267 x 177 mm.
Museo Naval, ms. 1725 (4).

36
CARDERO, José
Las goletas Sutil y Mexicana en Fuca.
Lápiz, tinta y aguada sepia.
260 x 420 mm.
Museo Naval, ms. 1723 (9)

37
CARDERO, José
María, mujer de Tetaku.
Pluma y aguada sepia.
247 x 175 mm
Museo Naval, ms. 1725 (3).

38
CARDERO, José
Tetaku, jefe de la entrada de Fuca.
Tinta y aguada sepia.
230 x 155 mm.
Museo Naval, ms. 1726 (69).

39
CARDERO, José
Jefe de la punta de Lángara.
Tinta y aguada sepia.
235 x 165 mm.
Museo Naval, ms. 1725 (5).

40
CARDERO, José
Jefe de las bocas de Wentuisen.
Pluma y aguada sepia.
195 x 140 mm.
Museo Naval, 1725 (5).

41
CARDERO, José
*Cajón donde se encierra
el jefe de Nootka*
Tinta y aguada sepia.
170 x 120 mm.
Museo Naval, ms. 1725 (1).

42
BAUZA, Felipe
Plano del puerto de Sta. Cruz de Nutka (o de Yucuat), por los naturales de Yucuat, levantado por orden del rey en 1791.
230 x 300 mm.
Museo Naval, ms. 2-D-1.

43
BAUZA, Felipe
Plano del puerto de Yucuat, situado en la parte occidental de la entrada de Nutka. Trabajado a bordo de las corvetas de la Marina Real Descubierta y Atrevida. 1791.
440 x 26 mm.
Museo Naval, ms. 2-D-5.

44
BAUZA, Felipe
Plano de la cala de los Amigos, situada en la parte occidental de la entrada de Nutka. Año 1791.
En el título está tachado "Yocuat" y "Travajada a bordo de las corvetas Descubierta y Atrevida".
360 x 240 mm.
Museo Naval, ms. 2-D-17

45
BAUZA, Felipe
(Plano del archipiélago de Nutka)
490 x 420 mm.
Museo Naval, ms. 2-D-7

46
BAUZA, Felipe
Plano de la isla de Nootka y los canales que la rodean 1791.
360 x 530 mm.
Museo Naval, ms. 3-E-5

47
Plano de la bahía de los Amigos en el golfo de Nootka. Orientado según el meridiano de Greenwich.
320 x 230 mm.
Museo Naval, ms. 2-E-2.

48
LINDO, Francisco
Vista del asentamiento Nootka en el cual las letras A B designan el sitio ocupado por el Capitán Meares.
Tinta.
271 x 334 mm.
Ms.146. Lám. 4. Archivo del Ministerio de Asuntos Exteriores.

49
VASQUES
Vista interior de la casa de Macuina
Tinta.
217 x 334 mm.
Ms.146. Lám. 27. Archivo del Ministerio de Asuntos Exteriores.

50
CARDERO, José
Vista de la bahía de Nutca desde la playa del establecimiento español.
Tinta.
295 x 410 mm.
Ms. 146. Lám. 5. Archivo del Ministerio de Asuntos Exteriores.

51
SURIA, Tomás de
Pesca de la Sardina.
Tinta.
215 x 332 mm.
Ms.146. Lám. 28. Archivo del Ministerio de Asuntos Exteriores.

52
DEL AGUILA, M.
Pleueyo de Nutca.
Tinta.
295 x 205 mm.
Ms. 146. Lám. 31 Archivo del
Ministerio de Asuntos Exteriores.

53
MONCAYO, N.
Tais de Nutca.
Tinta.
295 x 205 mm.
Ms. 146. Lám. 30 Archivo del
Ministerio de Asuntos Exteriores.

54
GUERRERO, José
*Proclamación de la princesa
Ystocoti-Tlemoc.*
Tinta.
214 x 334 mm.
Ms.146. Lám. 29. Archivo del
Ministerio de Asuntos Exteriores.

55
CASTAÑEDA, J.
Pez Cyprinus Americanus.
Tinta.
212 x 140 mm.
Ms.146. Lám. 44. Archivo del
Ministerio de Asuntos Exteriores.

56
LINDO, F.
Fumaria Cuculata.
Tinta.
295 x 205 mm.
Ms.146. Lám. 39. Archivo del
Ministerio de Asuntos Exteriores.

57
CASTAÑEDA, J.
Campanula Linearis.
Tinta.
295 x 205 mm.
Ms. 146. Lám. 37. Archivo del
Ministerio de Asuntos Exteriores.

58
ALBIAN, Miguel.
Lilium Kamschatkense.
Tinta.
295 x 205 mm.
Ms. 146. Lám. 35. Archivo del
Ministerio de Asuntos Exteriores.

59
LOPEZ, M.
Claytonia Virginiana.
Tinta.
295 x 205 mm.
Ms. 146. Lám. 38. Archivo del
Ministerio de Asuntos Exteriores.

60
[ECHEVARRIA, A.]
Loxia Curvirostra
Tinta.
295 x 205 mm.
Ms. 146. Lám. 40. Archivo del
Ministerio de Asuntos Exteriores.

61
CARDERO, José
Larus Melano Cephalos (Gaviota)
235 x 345 mm.
Aguadas sepia y de colores con toques de Albayalde.
Firmado.
Museo Naval, ms 1725 (69).

62
CARDERO, José
Ave
235-345 mm.
Aguada de colores
Firmado.
Museo Naval, ms. 1725 (23)

63
CARDERO, José
Gracula (Turpial)
230 x 285 mm.
Tinta y aguada de colores.
Firmado.
Museo Naval, ms. 1725 (85)

64
CARDERO, José
Ave
235 x 345 mm
Aguada de colores.
Firmado.
Museo Naval, ms. 1725 (80)

65
CARDERO, José
Ave *Tetrao Regio-montanos de Monterrey*
255 x 250 mm
Aguadas sepia y de colores, con toques de albayalde.
Firmado.
Museo Naval, ms.1725 (63)

66
CARDERO, José
Ave *Tetrao Lagopos americano.*
270 x 315 mm.
Aguadas sepia y de colores con toques de albayalde.
Firmado.
Museo Naval, ms. 1725 (74)

67
CARDERO, José
Ave *Golondrina de mar.*
245 x 360 mm.
Pluma y aguadas sepia y parda.
Museo Naval, ms. 1725 (70)

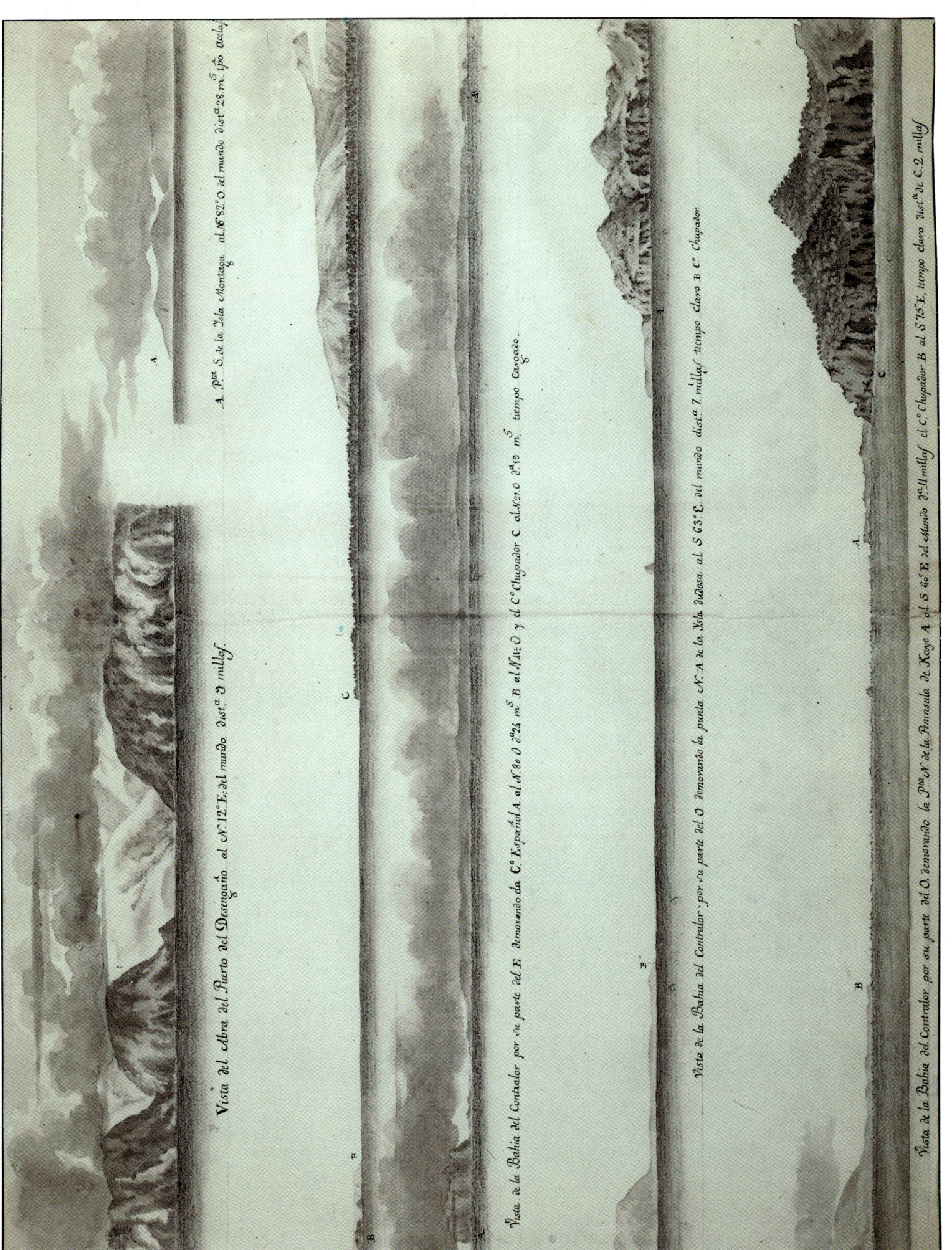

CARDERO, José. India de Mulgrave con su hijo. Museo Naval. Madrid.

Página siguiente: BAUZA, Felipe. La corbetas Descubierta y Atrevida ante el Monte San Elías. Museo Naval. Madrid.

Página anterior: CARDERO, José. Alojamiento de los indios en Puerto Mulgrave. Museo América. Madrid.

CARDERO, José. Sepulcro del anterior Ankau de Mulgrave. Museo Naval. Madrid.

Página anterior: CARDERO, José. Pira y sepulcros de la familia del actual Ankau en Mulgrave. Museo Naval. Madrid.

ANÓNIMO. El cacique de Mulgrave pidiendo la paz. Museo América. Madrid.

Página anterior: RAVENET, Juan.
Vista del Puerto Desengaño. Museo Naval. Madrid.

SURIA, Tomás de. India de Mulgrave.
Museo América. Madrid.

SURIA, Tomás de. Indio de Mulgrave.
Museo América. Madrid.

Página anterior: CARDERO, José. Indio y Jefe del Puerto de Mulgrave. Museo Naval. Madrid.

BAUZA, Felipe. Playa y establecimiento de Nutka. Museo Naval. Madrid.

BRAMBILA, Fernando. Vista del establecimiento y Puerto de Nutka. Museo América. Madrid.

CARDERO, José. Puerto de Nutka. Museo América. Madrid.

Página siguiente: SURIA, Tomás de. Baile en la playa de Nutka. Museo Naval. Madrid.

109

Página anterior: SURIA, Tomás de. Baile en la playa de Nutka. Museo Naval. Madrid.
SURIA, Tomás de. Macuina, cacique principal de Nutka. Museo Naval. Madrid.

SURIA, Tomás de. Tlupanamabu, cacique de Nutka.
Museo Naval. Madrid.

SURIA, Tomás de. Macuina, cacique principal de Nutka. Museo América. Madrid.

SURIA, Tomás de. Mujer de Nutka. Museo América. Madrid.

Sombrero del Jefe Macuina en el que se representa la pesca de la Ballena. Museo América. Madrid.

CARDERO, José. India e Indio de Nutka. Museo América. Madrid.

RAMBILA, Fernando. Vista de la costa en el Estrecho de Mulgrave con una galería natural. Museo América. Madrid.

CARDERO, José. Las goletas Sutil y Mexicana en el Puerto de Núñez Gaona. Museo América. Madrid.

Página siguiente: CARDERO, José. Las goletas Sutil y Mexicana en Fuca. Museo Naval. Madrid.

CARDERO, José. Vista del Canal de Vernacci en Fuca. Museo América. Madrid.

Página siguiente: CARDERO, José. Fortificación de los indios en Fuca. Museo América. Madrid.

Página anterior: CARDERO, José. Vista del remate del Canal de Salamanca en Fuca. Museo Naval. Madrid.

BRAMBILA, Fernando. sospechoso seguimiento de los indios en el Canal de Salamanca. Museo América. Madrid.

CARDERO, José. Vista de la gran ranchería de Majoa. Museo América. Madrid.

CARDERO, José. Fiesta celebrada en Nutka por Macuina. Museo América. Madrid.

CARDERO, José. Segunda mujer de Tetakú. Museo América. Madrid.

CARDERO, José. Mujer de Tetakú. Museo América. Madrid.

CARDERO, José. María, mujer de Tetakú. Museo América. Madrid.

CARDERO, José. María, mujer de Tetakú. Museo Naval. Madrid.

CARDERO, José. Tetakú, Jefe de la entrada de Fuca. Museo América. Madrid.

CARDERO, José. Tetakú, Jefe de la entrada de Fuca. Museo Naval. Madrid.

CARDERO, José. Jefe de las Bocas de Wentuisen. Museo Naval. Madrid.

CARDERO, José. Jefe del Puerto del Descanso. Museo América. Madrid.

CARDERO, José. Jefe de la Punta de Lángara. Museo Naval. Madrid.

CARDERO, José. Indio de la Salida de las goletas. Museo América. Madrid.

CARDERO, José. Tabla de madera encontrada en el Canal de Tabla. Museo América. Madrid.
CARDERO, José. Cajón donde se encierra el Jefe de Nutka. Museo Naval. Madrid.

CORDERO, Jóse. Vista de la bahía de Nutka desde la playa del establecimiento español.
Archivo del ministerio de Asuntos Exteriores. Madrid.

VASQUES. Vista interior de la casa de Macuina, en que se representa este jefe baylando y sus domésticos cantando y baylando. Archivo del Ministerio de Asuntos Exteriores. Madrid.

SURÍA, Tomás. Pesca de la sardina.
Archivo del Ministerio de Asuntos Exteriores. Madrid.

MONCAYO. Tais de Nutka. Archivo del Ministerio de Asuntos Exteriores. Madrid.

MARCHENA. Taisa de Nutka. Archivo del Ministerio de Asuntos Exteriores. Madrid.

AGUILAR, M. del. Pleueyo. Archivo del Ministerio de Asuntos Exteriores. Madrid.

CARDERO, José. Picus (Picida). Museo Naval. Madrid.

CARDERO, José. Ave (Paseriforme). Museo Naval. Madrid.

CARDERO, José. Gracula (Icterida). Museo Naval. Madrid.

CARDERO, José. Tetrao (Lagopus americano).
Museo Naval. Madrid.

CARDERO, José. Tetrao (Regio-montanus). Museo Naval. Madrid.

Poste del Capitán Jack en Yoquot, en 1993.

Parte superior de los postes y monumento conmemorativo del Jefe Ambrose Maquinna.
El complejo escultórico se levantó en la antigua iglesia de Yoquot en agosto de 1994

Ahaminaquus en 1994

Casas de Tsax̱ana, 1996.

Uniformes de la Compañía de Voluntarios de Cataluña. Album de Infantería Española, del Conde de Clonard. Biblioteca Nacional

ENGLISH TRANSLATIONS

SPAIN IN THE NORTHWEST. NAVIGATORS AND DRAFTSMEN IN THE SEVENHUNDREDS

Salvador Bernabeu

An uncomfortable legacy

In the last decade, the books and articles both in Spanish and in English on Spanish presence in the Pacific coast of North America, commonly known as the Northwest, have increased considerably. The "library of the Northwest" has been enriched with numerous titles, which have completed the classical studies by Ybarra and Bergé and Catalina Ramos de Barxí, pioneers in Spain on the studies of this part of the world for the ships which navegated the dangerous and unknown seas of the Sevenhundreds. Nevertheless, there is still a lot to be done, both to understand the process and the consequences of Spanish presence in the Northwest and to make it known for Spanish or English laymen. The recovery of this chapter of history has been carried out in Spain from three different historic specialities: history of the discovery and colonization of America (the Northwest would be the last chapter of an extense list of heroes and heroisms), history of science in the New World (the Northwest was the framework for numerous scientific expeditions, a first rate carthography factory and produced interesting descriptions of an unknown humanity), and from the field of Bourbonic Reform (the Northwest was a genuine product of the reforms favored by the new dynasty from the metropolis and the viceroy in New Spain). The Treaty of El Escorial (1790) and the way in which it was carried out (1792); its English and Spanish counterparts led by George Vancouver and Juan Francisco de la Bodega y Cuadra -our creole hero restored so we could oppose to a powerful Anglosaxon historiography which insists on seeing James Cook and Captain Vancouver on each island and each ship in the Pacific- represented the most outstanding moment of this presence, at the same time traditional and modern, long-lasting and ephemeral; is slowly being incorporated to the general historiography of America and to the regional of the United States and Canada with some difficulty.

I insist on traditional and long-standing, because in the end, no matter how scientific the captains of the ships (the forgotten crews are another story), the knowledge treasured for several hundreds of years on the colonization of the centre and north of Mexico was used to set up a new naval department in San Blas de Nayarit, to organise the expeditions to California and to the Northwest, and to maintain an enormous frontier from Cape San Lucas, on the southern extreme of the longest peninsula on the planet: Lower California, full of misions, prisons and ranches, to conclude north of San Francisco. The immensity of this territory leaves no doubt as to the effort of the Mexican hacienda and of the men of the XVIII century to control -with all the temporariness and weakness one likes, but control in the end- a new world, or better stated, worlds of the Northwest, inhabited by hundreds of ethnic groups and different languages and which contained opposing landscapes, from desert areas in the center of Lower California, to the artic forests and the glacial landscapes in the polar altitudes. That Spain stayed only a few months in Nootka must not diminish the enormous effort and the accomplishments in other more southerly regions, such as High California. On the contrary, it must be used to revalue the "modernizing" impulse that the arrival of the Bourbons gave to a sleeping and dying empire, immerse in the difficulties and contradictions of its enormity and of its obsolete practices. The logs and maps of the Northwest carried out by the Spanish expeditioners and kept in various deposits worldwide (dozens of them will be mentioned throughout the following pages) are at the level of the best of their time, regardless of which, one must still insist on their value and in the "modernization" which made them possible.

There is no doubt, after the publication of the logs by Alejandro Malaspina and Juan Francisco de la Bodega y Cuadra, for instance, that the idea of the Northwest in Spain and in the project of colonization which was elaborated by both the authorities in Spain and those of the viceroy in New Spain -and I am not only referring to the higher authorities of the empire, but also to the ecclesiastic authorities and to the lower levels of the viceroy administration, a subject which is not well known-, changed quickly, impulsed by the local and international events; that several Enlightment politicians -such as Floridablanca from Murcia- knew the weaknesses of the reasons for the Spanish to occupy the Northwest and prevent access to other ships -to mention at the end of the XVIII century the controversial donation by the Pope from the end of the XV century-, and even that it would be very difficult to elaborate a competitive commercial project with other nations; but it is not less true that Spain was able to extend its possessions -later adopted by independent Mexico- in hundreds of kilometers further north and that it stoically maintained a position while it was possible, trying to gain time so that its diplomatic weakness changed and its diplomats were able to force the establishment of a Spanish frontier in Nootka, this is, in the heart of the Northwest. Today there is a -more long-lasting- frontier to understand Spanish presence in Canada and the United States, which is being weakened thanks to the works of numerous historians, the majority of which are English-speaking. The causes are not only historic, but of secular cultural incomprehension (black, white and pink legends) which still activate and cause havoc in the media and in academic offices. The hispanic is still for many a latent danger and an uncomfortable presence. Consequently, is it worth studying and recovering them from the historic memory? If to this we add that one of the main arguments used to recover and study the Spanish testimonies is knowing a world without westerners and without West, that is, an indigenous world, also "dangerous" and "uncomfortable", we shall understand why many histories do without the Spanish expeditions and colonization.

In the end, it is the present day Nootkas and Canadians who are responsible for re-thinking their past: a multicultural past, like the future that awaits them and awaits us. If they now accept the hispanic legacy, full of traditional and modern ideas, full of smells and gestures, food and dreams, Enlightment captains educated at the Spanish academies and of the Mexican and Philippine peasants reconverted to sailors, they will be contributing not only to know another culture -the best way to apreciate it and accept it with all its contradictions, angels and demons-, but also to re-shape their future: more promising, less comfortable.

But let us now state the main objectives and characteristics of Spanish presence. The main purpose of exploring the Pacific coast of North America was to find a passage between the Atlantic and the Pacific in the northern latitudes of the new continent. After some time, the aims where expanded: addition of new territories, finding of mythical islands, establishment of ports which would shelter the galleons from Manila and, in the XVIII century, the defense of Spanish possessions before the advancement of the Russians and English. The Spanish monarchs financed and sent a great number of expeditions to the Northwest. These can be grouped in two stages, the first starts with the voyages organized by Hernán Cortés and ends with the maritime expeditions by Sebastián Vizcaíno (1532-1603).

After a long parenthesis, in which the Spanish activites were concentrated in the Gulf of California or in the Cortés Sea, the arrival of the visitor general of New Spain José de Gálvez re-launched the maritime and colonizing endeavours once again, which would have their *swan song* with the voyage of frigate lieutenant Juan Bautista Matute to the north of San Francisco (1767-1793). Thanks to these expeditions, the inclining profile of the western American coast subtly began to appear in modern carthography, despite the survival of enduring geographic errors on numerous European maps, such as the insularity of the Lower California peninsula or an enormous Sea of the West in what is now the West of Canada. But together with carthographic acknowledgements and prints, there were also interesting projects on behalf of Spanish authorities to commercially exploit the Northwest. As an example, I shall end the paper with one of them, designed by naval officer Esteban José Marínez. Finally, before continuing, I would like to mention that the briefness of this paper has required a fast pace which readers may remedy according to their interests and possibilities with the specialized bibliography found in the notes.

The bear attack: Russian assault and Spanish retrieval

The Nortwest of America was the last temperate zone of the globe incorporated to western expansion and to retain its secrets for the discoverers. This historic event was not casual, for the ships setting off from European ports, Western Pacific was the end of the earth, the point farthest from Europe to be reached by sea. That is why the most encouraging tries to reach it, during the Enlightment decade, were carried out from the continents. The French and English were stopped by the unconquerable Rocky Mountains in their active conscientiousness to reach the South Sea. The ghost of an Oriental Sea, which would communicate the Atlantic with the Pacific, pushed numerous explorers and governments -as well as the Spanish ships- to penetrate through the Canadian Great Lakes District searching for the mythical and strategic passage.

Obstinate and dangerous, too, were the problems to be overcome by Russian ships exploring the coast and the islands of Alaska -from their bases in Kamchatka- as a logical continuation of their expansion on land through the Siberian estepa. The new naval phase which was inaugurated with the century would bring about important novelties in relation to the former. The costs and technological problems needed to organize the above mentioned maritime expeditions required a more active presence of the czarist governments whom soon took a direct part in the expansion through the Pacific North, as is demonstrated by the two expeditions by Danish, Vitus Bering (1728-1729 and 1741-1742). After 1742, official voyages were carried out parallel to private initiative, searching the cold islands for *soft gold*: sea otter, seal and other animal furs, which produced large benefits in the markets of China and southern Asia.

The most important promoters of the fur expeditions were Nikifor Trapeznikov, a merchant from Irkutsk involved in eighteen voyages between 1743 and 1764 -who died in poverty after having earned a fortune-, Pavel S. Lebedev-Lastochkin, merchant from Iakutsk, who organized three permanent settlements in Prince William Sound, and Grigoril I. Shelikov, merchant from Rylsk, named the *Russian Columbus* because of his notable endeavours in the Northwest. Parallelly, the government of St. Petersburg sent various expeditions to the region organized and guided by four institutions with interest in the area: The School of Admiralty, The School of Foreign Affairs, The School of Commerce and The Academy of Science. The high officials in charge of the Siberian affairs also played a notable role in these enterprises, with which they knew the resources of Northeast Asia and Northwest America, the abuses of the Russian hunters, called *promyshlenniks*, against the indians were reduced, Russian sovereignty was consolidated and the scientific exploration of new territories and defense against possible assaults was encouraged.

Between 1753 and 1764 what was known as the "Secret Expedition" or "Tobolsk's Secret Commission" was carried out, promoted by Admiral Vasilii A. Miatlev, Governor General of Siberia, and Fedor I. Soimonov, his successor, which was suspended after Russia's participation in the Seven Years' War (1753-1764). From this last year until 1767 lieutenant Ivan Sindt's expedition took place, he travelled in two small ships through the Pacific North. His cartographic results were full of exagerations and mistakes which would be corrected years later. The Governor General of Siberia, Denis I. Chicherin, and commander Frederik Plenisnisner, from Okhotsk were the organizers of this second official voyage, to be continued by two young marine officers, captain Petr K. Krenitsyn and lieutenant Mikhail D. Levashev. The voyage took place between 1764 and 1769, and its members had to keep the utmost secret. Nevertheless, luck was not with the expeditioners who saw three of the four ships wreck in October 1766 and launched once again two of them, were separated in October 1766 due to the fog having to winter in Unimak and Unalaska islands (the Aleutians). The results of the voyage were very partial, the most outstanding the ethnographic descriptions of the natives of Unalaska by Levashev.

Russian presence in the Pacific North -briefly described above- would cause Spanish expansion in the Northwest as an answer to the assaults on their so-called territories being carried out by the Russians. The first news of the Russian expeditions was known in Spain through the French scientist José Nicolás Delisle, who gave a conference on the subject on 8 April, 1750 in the Science Academy in Paris. The marine scientist Antonio de Ulloa and the secretary of the Spanish embassy, Ignacio Luzán were present and they communicated its important content to the Spanish Jesuit Andrés Marcos Burriel, who was preparing a corrected edition of the works of another Jesuit, the Mexican Miguel Venegas Noticias de la Califorma (Madrid, 1757, 3 vols). Burriel waited for the publishing of the conference given by Delisle and included it in a third volume of *Noticias*, thus informing the authorities in Madrid and Mexico of the importance and speed of Russian expansion. The work of Venegas-Burriel appeared in 1757 accompanied by various maps which registered the new discoveries and the old myths which circulated about the Northwest. A year later, another important work added to the task of spreading news of the Russian voyages: *I Moscoviti nella California, o sia dimostrazione della verit_ del passo all'America Settentrionale*, of the Franciscan José Torrubia, in which he warns that "the Russians have navigated and can navigate from their coasts and ports not only to California but also to Acapulco, Lima, Panama, Chile, etc., and that, by passing through the Strait of Magellan, they can reach the ports of the Mediterranean and consequently our Civitavecchia".

Therefore, it was not a coincidence that the new embassador of king Carlos III before the court at St. Petersburg received the express duty of "skillfully and discreetly finding out the achievements of the Russians in their attempts to navegate to California". Assignment which was issued once again to the following embassadors: viscount de la Herreria and count de Lacy. Through the letters from these three diplomats, the Spanish authorities learned about the repeated attempts of the Russians to reach the Northwest coasts. Comparing their news and the dates of the orders from Carlos III to send expeditions to the Northwest, we may conclude the cause-effect relationship between one and the others. This data is very interesting for Spanish expansion in the Pacific North, because the expeditions carried out during the reign of Carlos III (1767-1788) are differentiated from the subsequent ones (from 1789 to 1793) among other things, for fear of the Russians. Indeed, the first voyages were destined to know the limits of the presence of the Russians on the islands and coasts of the Northwest. On the other hand, the occupation of Nootka and its maintainance, and also the look for an interoceanic passage, would impulse Spanish trips to the Northwest during the reign of Carlos IV.

The unstoppable ascent: San Diego, Monterrey and Nootka (1767-1774)

The expulsion of jesuits in 1767 from the misions in Lower California would mark the beginning of a new phase in explorations as a complement to a global plan of reform of the northern frontier defense on behalf of the viceroy in New Spain. José de Galvez, responsible for a visit to New Spain initiated in 1764, would be the first impulser of the occupation of Higher California, first chapter of Spanish expansion in the Northwest during the Enlightment. The creation of the maritime department in San Blas in order to lead the troops to Sonora and forward colonization and the royal control of Lower California is owed to him. In a "reformist" voyage to that port, Gálvez received a letter from the metropolis being ordered to take the necessary measures against Russian presence in the North. Consequently, soon after his arrival to San Blas, he arranged a meeting of officers and experts -which took place on 16 May 1768- to prepare maritime and land expeditions, which would be known as the *Santa Expedición*, with the aim of occupying the Monterrey port, extending, thus, the frontier of New Spain several hundred kilometers.

After overcoming numerous hardships, the packet-ships San Carlos and San Antonio were chosen to navigate to the Northwest. The first one set off from San Blas on 27 September and the second, on 26 October, both heading for the south of Lower California where Gálvez was to receive instructions from the visitor for the expedition. Juan Pérez, captain of the San Antonio, set off on 15 February 1768 from Cape San Lucas, -a month after Vicente Vila with the San Carlos, the second pilot was Miguel de Pino. Few days after they set off, the sea raged and the strong rocking, the heavy fog and the low temperatures affected the crew and both pilots who became ill during the voyage. On 15 March they saw an island (San Cristóbal), where they carried out the first contacts with Californian natives: the Gabrielinos. On 17 March several exchanges took place once again with the people from Santa Catalina island. Looking for the San Diego port -first point of meeting of both expeditions-, the San Antonio bordered the Pacific coast up to the Santa Barbara channel, anchoring in the occidental most of its islands, which they baptized -on 30 March- Santa Cruz. Finally, the expeditioners arrived to San Diego on 11 April. Juan Pérez carried out the voyage in 59 days, despite the fact that half of his crew was ill with scurvy and two sailors had died. The San Carlos, on the other hand, arrived towards the end of April, and once both packet-ships had been reunited in San Diego, they searched for refuge in the interior of the port awaiting the section of the expedition which was sent by land. The lack of men to continue the voyage because of scurvy and the lack of food, determined the Governor Gaspar de Portol_ to establish a meeting where it was agreed that Juan Pérez was to return to San Blas to seek help. The San Antonio left San Diego on 9 June with only eight men as a crew and arrived in San Blas on 30 July.

Juan Pérez's second voyage to Higher California, of great importance for the occupation of the region, was extended from 20 December 1769 to 23 March 1770. A healthy crew and abundant supplies on board induced Portolá to try a second land adventure to seek the port of Monterrey, being accompanied by sea by the San Antonio in order to identify said port more easily. The ship set off on 16 April and, after reaching the latitude of the San Francisco port, it descended and anchored in Monterrey on 30 May. On 3 May 1770, after the arrival of the land expedition, Governor Portolá took possesion of the port in the name of Carlos III, with which he fulfilled the main aim of the *Santa Expedición*.

The foundings of the first misions and garrisons in San Diego and Monterrey obliged the authorities of New Spain to send a "barco annuo" for relief to provide weapons, food and men to the new settlements. This constant maritime presence in the northern Pacific waters prepared a reduced group of pilots and sailors to set upon more widespread ventures, besides becoming familiar with the waters and coasts of High California. New letters sent from St. Petersburg in 1773 by count Lacy impulsed the viceroy of New Spain to continue explorations in the Northwest in order to find out about the Russian activites, who seemed unstoppable in there march towards California. But while in Spain a group of officials of the Armada were chosen to lead the new expansion, viceroy Bucareli overran the intentions of the court committing a voyage of discovery to the most outstanding pilot in San Blas: Juan Perez from Mallorca.

The frigate Santiago, also called Nueva Galicia, was the ship chosen by commander Francisco Hijosa from San Blas, and capitain Juan Pérez to lead the first Spanish expedition north of California. The ship set off from San Blas on 24 January 1774 for the Monterrey port where he had orders to hand over the reports on food and other effects destined to the mission and garrison there established. However, several defects in the ship made Juan Pérez anchor in San Diego first -he arrived to the bay on 13 March-, before reaching the Monterrey port on 9 May. This expedition was therefore a combination voyage of supplies and discovery, which seriously impaired the second part of his comission. On 11 June, the frigate set off for the Northwest and after a month of navigation, discovered land on 18 July around 53° 53'N. During the following days the two extremes which guard the Dixon Entrance -between the Queen Charlotte Islands and the Prince of Wales Island- were divised and baptized punta de Santa Margarita and punta de Santa Magdalena, Forrester Island was named Santa Cristina. Violent currents disuaded Captain Pérez from continuing forward, reason for which the Santiago started the voyage back without losing sight of the coast. On 6 August the expeditioners saw the border of Vancouver island and two days later anchored in a bay which they called San Lorenzo, famous years later as Nootka because Captain James Cook's men anchored and traded there. The bad weather and scurvy impeded further investigation of the coast, because the unknown seas and defects in the ships had them in continuous danger of shipwreck. Despite this, the pilots and chaplain of the frigate continued registering geographical features in their logs such as Mount Olympus which they called Cerro Nevado de Santa Rosalía. On 9 October, the Santiago anchored in Monterrey and on 3 November returned to San Blas. The results were praised by viceroy Bucareli in spite of not having fulfilled the instructions they had received completely. Juan Pérez had opened a new route, discovered the presence of numerous natives, informed about them in detail: the Haidas of Cape North and the inhabitants of Nootka, and -what was most important for the New Spain authorities- proved that up to 55 degrees there was no trace of Russian presence.

The extension of the discoveries: the voyages of 1775 and 1779

Seventeen seventy-five was the most important year of Spanish explorations in the north. The arrival -directly from Spain- of six officers of the Armada, to participate in the San Blas (Nayarit) proyects, the experience of the first voyage, particularly its organization and the increase of resources at the disposal of the expeditions by the New Spain Viceroy Bucareli, allowed a better disposition of the ships chosen for the endeavour. On 16 March, the frigate Santiago, the schooner Sonora and the packetship San Carlos left the port of San Blas and after a few days' delay because one of the Spanish officers went insane -the captains of the ships had to be rearranged- they set off for the Nortwest in search of their respective objectives: la frigate and the schooner were to continue the discoveries, and the packetship to take aid to Monterrey and explore the San Francisco port.

Bruno de Hezeta and Juan Francisco de la Bodega y Quadra, commanders of the discovery ships reached land on 9 June around 41° 7'N. in order to obtain fresh water and replace the wood used during the voyage. The Santiago and the Sonora anchored in a port which they named Sant°sima Trinidad, their captains presiding the landing ceremony following the rules included by the viceroy in the instructions for the voyage. The ships stayed there ten days after which they started off again and discovered land on 11 July towards 48° 26'N. Days later, the ships separated, the frigate occupied Bucareli inlet (Grenville Port), 47° 24'N., and the schooner was surprised by a native attack to its boat -six crew died- in a place situated to the north. The meeting of both ships was temporary because the crew and pilots of the Santiago were determined to go back due to the advanced season and the numerous scurvy patients they had on board, they made Hezeta agree with the captain of the shcooner a division of the ship's courses which took place on the night of 30 July.

Hezeta's main geographic contribution during the voyage back was the discovery of the Columbia river estuary -17 August- which he called "Entrada de la Asunción de Nuestra Señora", later known as "Entrada de Ezeta". Frigate Santiago finally anchored in Monterrey on 29 August and awaited the return of the audacious schooner. The discoveries of this latter were outstanding. After 15 August, when they discovered land around 57° N., the crew of the Sonora investigated San Jacinto mountain (Edgecumbe), ensenada del Susto (Sitka Sound), a small bay north of it which they called Guadalupe, Remedios Port (Sea Lion Bay, south of Salisbury Sound) and the coast up to 58° N. Its captain,

Juan Francisco de la Bodega, ordered to set sail for the south, mapping the coast during the voyage back. On 24 August, 55° 17'N., he discovered the famous Bucareli port, a day later he navigated again through the places seen a year earlier by Juan Pérez, rebaptizing Santa Cristina island, San Carlos and the Santa Magdalena cape, San Agustín.

Exploration in the south continued although illness, rain and fog suffered by the expeditioners impeded a complete examination. One of the most important discoveries of the time was the Bodega port 38° 18'N. After a magnificent campaign, the schooner anchored in Monterrey on 7 October. On the other hand, Juan Manuel de Ayala, captain of the San Carlos, took the annual reports to the garrison and mission of Monterrey, after which, he entered the San Francisco port, recognizing it with the help of the pilot José Cañizares, who drew up an interesting map of it. As a result of these voyages, the Northwest coast was mapped up to 58 degrees, several of its landscapes meticulously chartered and the contacts with natives increased: the reports on the Yurok indians at the Trinidad port are also worth mentioning. Only one sector of the coast -between 42° and 41° 50'N.- was not mapped. A good balance, without doubt, for the second campaing of discoveries.

The third expedition to the north of High California was prepared with greater care and detail with the aim of supplying the two chosen ships for the campaign and its crew with ample resources and a great operative power. Juan Francisco de la Bodega bought the frigate Favorita in Peru, which he took to San Blas on 21 February 1778, being this acquisition one of the causes of the delay in the continuation of the exploring voyages. Another cause were the large number of problems which arose in the finishing of the frigate Princesa, which was being built in San Blas also destined to the discoveries of the Northwest coast. Both ships -of approximately 300 tons each- were equipped with 98 and 107 crew respectively, a complete set of officers which counted with the presence of Ignacio Arteaga, Fernando Quirós, Juan Francisco de la Bodega y Quadra, and the pilots José Camacho, Juan Pantoja y Arriaga, José Cañizares, Juan Bautist Aguirre and Antonio Francisco Maurelle.

Both frigates chosen for the voyage left San Blas on 11 February, sailing together until a storm separated them on 20 April. With a difference of seven hours, they reunited on 3 May at Bucareli port, where they stayed until 15 June. Three days later, two cutters commanded by Mourelle started a detailed exploration of the port, which was considered by the Spanish authorities as the most convenient place to found a settlement on the Northwest coast. On 12 June, the ships returned from their journey with the map of the port at a time of great tension between the expeditiners and the indians. The port situated at 55° 18'N., was abandoned on July 1, the frigates headed for the Northwest coast until they sighted mount San El°as. This same day, the sailors also baptized Kayak island with the festivity of the day: Nuestra Señora del Carmen. The frigates travelled its southern coast and reached a port located on the west coast of Hinchinbrook Island, which they called Santiago, today Port Etches. The expeditioners remained there for a week -21 to 28 July-, christianing the island Santa María Magdalena, while the pilots Cañizares and Pantoja recognized the northern part of it. On 1 August, the Favorita and the Princesa anchored near a small island they called San Aniceto, and the next day they took a small bay situated on the extreme of Kenai peninsula baptized Nuestra Señora de Regla. Finally, on 7 August the frigates initiated their return, sighting several islands located between Kennedy and Stevenson Entrances. The frigate Favorita arrived to the San Francisco port on 14 September, while the Princesa did so on the 25. On 20 October the two frigates restarted a voyage toward San Blas where they arrived on 21 November. The mountain barrier surrounding the present Prince William Sound convinced them of the impossibility of reaching 70 degrees altitude, as they had been ordered by the New Spanish viceroy in the instructions. In short, the Spanish frigates recognized the places visited a year before by Captain Cook and explored the numerous ports of the Bucareli Entrance in detail.

The meeting with the Russians and the failing to meet with the English (1789-1793)

The news given by the French explorer Lapérouse to the Spanish authorities of La Concepción (Chile) in February 1786 about the existence of four Russian settlements in the Northwest coast, once again aroused the interest of the ministers of Carlos III in knowing the true Russian expansion and the real menace they were for the Spanish dominions in America. The possibilities of San Blas notably diminished because of the transfer of its main officers, the new expedition was given to the first pilots Esteban JoséMartínez and Gonzalo López de Haro, helped by various second pilots (Antonio Fernández, Esteban Mondonfia, José María Narváez and Juan Zayas) and minor pilots (Antonio Palacios and José Verdía). The chosen ships were the frigate Princesa and the packet-ship San Carlos, also known as El Filipino, which carried 89 and 83 crew, respectively. On 9 March, the ships started navigating, reaching land on 15 May around 58° 32'N. Later they continued the coast towards the west, crossing the mouth of Prince William Sound and sighting two islands, -which they baptized Hijosa-, Montang& island and a small bay which they called Flores to honor the viceroy of New Spain. They stayed at this port from 28 May to 16 June, occupying the inlet and exploring its surroundings. On the 7th day a meeting on the Princesa decided the return of the expedition to the Bodega port although a separation -shortly after the departure- of the two ships and the meeting with López de Haro, captain of the San Carlos with various indians -28 July- which led him to the Russians they were looking for, changed the course of the voyage.

On 30 June, Haro befriended the Russian commander on Kodiak Island, called Evstrat Delarov, who informed him of other settlements in America, gave him a map with their positions and revealed the wish of the czars to occupy Port Nootka the following year, known of in the St. Petersburg court thanks to the publication of James Cook's log, for which he was awaiting troops and supplies. Informed of the existence of another unknown ship on Trinidad Island, López de Haro thought it might be the frigate Princesa and therefore went to encounter it. On 3 July, both ships were brought together again and on the 5th day sailed through the Alaskan islands until, separated again, which proves the difficulty of those seas, were brought together on Unalaska Island 29 July. They then decided to return to New Spain, which they did after 18 August. The ships set out to the Pacific between the

Akutan Islands and Unimak, which Martínez baptized Zapata, and set off on the journey back separately. The San Carlos reached San Blas on 22 October and the Princesa after a stop in Monterrey on 17 September arrived on 5 December.

Aside from various logs and maps where they registered the abundant scattered naming of those islands, the 1788 expedition accumulated outstanding reports regarding the life and activities of the Russians in Unalaska, settlement in which they lived together with hunters and natives. The conflicts between the captains of the two vessels reduced the results of the expedition although the authorities in New Spain were satisfied with the results and were ready to prepare a new expedition to occupy the Nootka port.

On 5 May, the frigate Princesa anchored and on the 12 the packet-ship San Carlos arrived. Although the Spaniards found various foreign vessels in the port -the frigate Columbia, the sloop Washington and the Portuguese Efigenia Nubiana-, Esteban José Martínez proceeded to occupy Nootka and build several buildings, in order to fortify the mouth of the port with a battery. An argument between the English captain, Colnett, of the Efigenia Nubiana which was secretly navigating under Portuguese flag, made Mart°nez confiscate his ships and send them together with the crew to San Blas initiating a diplomatic conflict between Spain and England known as the Nootka Sound Controversy.

The main objective of the Spanish expeditions between 1790 and 1793 was the discovery of the Northwest passage that according to "office geographers" was to be found at one of the following four entries: de Aguilar 43° N; de Fuca, 48° N; de Fonte 53° N; and de Ferrer Maldonando 60° N. In 1790 an abundant expedition made up of the frigate Concepcion, the packet-ship San Carlos, the Filipino and the sloop Princesa Real, led by Lieutenant Francisco Eliza was sent to occupy Nootka a second time and to continue with the discoveries, Lieutenant Salvador Fidalgo was also assigned this mission so he set off for Magdalena Island and its surroundings around 60° N and visited the Russian settlements on Cook river and Dos Cabezas Cape. He was less lucky on the return because of the continuous fog and headwinds. Bad luck which also affected his colleage, second lieutenant Manuel Quimper commisioned to recognize the Juan de Fuca Strait.

In 1791, the corvettes Descubierta and Atrevida belonging to the Alejandro Malaspina expedition explored the Northwest. Following Fidalgo's same route around 60° N, they recognized the coast and islands in detail in search of the Ferrer Maldonado passage. Bering Bay was chosen as the initial point of exploration, guided by the drawings of the famous strait copied by the historian Juan Bautist Muñoz in 1781. In the interior of the Almirantazgo Bay, the expeditioners thought to have discovered the signs they were looking for, reason for which they stopped in Mulgrave to recognize a suspicious inlet, which was baptized as Desengaño Bay after seeing its limits. On 5 July, the corvettes set off and headed for the Prince William entrance to survey several points of the coast not explored by Captain Cook, continuing activites through the north of Montajé and Hinojosa Islands which they mapped until they finally landed in Nootka on 13 August.

Finally, in 1792 several expeditions covered the Northwest. Lieutenants Alcalá Galiano and Cayetano Valdés explored the de Fuca Strait between 47° and 48° N, task at which Manuel Quimper and Francisco de Eliza had failed at the beginning of the same year. The schooners Sutil and Mexicana set off from San Blas on 8 March, easily reaching Fuca and started an examination. During their works they found the English navigator George Vancouver who was carrying out the same campaign of discoveries on board the Discovery. Communication with the Atlantic was not achieved but on the other hand, carthography of the mentioned strait was notably perfected. On 23 November, the schooners anchored in Nootka. During the return voyage to San Blas, the expeditioners mapped the Hezeta Entrance, the coast situated between 46° and 46° 35' N and the islands in the Santa Barbara Channel. Also in 1792, Jacinto Caamaño carried out an outstanding exploration of the coast from Bucareli port to Nootka, mapping the numerous ports and increasing Spanish toponymy of the area.

All these expeditions coincided in Nootka with Juan Francisco Bodega y Quadra, commissioned by the Spanish crown to fix with George Vancouver, English representative, the limits of the sovereignty of each monarchy in Northwest America. The negotiations did not reach an agreement therefore Bodega returned to San Blas without accomplishing his commitment, despite which he was congratulated by the Viceroy for his behaviour with the English. After this intense 1792, the crown tried to colonize the Bodega port, the occupation of which was assigned to lieutenant Juan Bautista Matute, who with the Sutil initiated the last Spanish populating enterprise in the Northwest which would end in failure. Luckier on the other hand, was the survey of great part of the coast south to the Fuca Strait, assigned to the lieutenant Francisco Eliza and the pilot Juan de Zayas, to whom we owe an interesting carthography, *swan song* of the Spanish presence to the north of Cape Mendocino.

A chapter of great interest is Spanish presence in Nootka: the buildings, experiences to climatize plants and get to know the surroundings, the relationships with the natives and with other western sailors and the efforts to evangelize the area, chapters we know little about among other things, because there is still no census of the sources printed or manuscripted with which we can count in our research.

Epilogue: a project by Martinez

Despite the important list of Spanish expeditions that explored the Northwest coast, both historians of the discoveries in general, and the regional specialists have found during a long time interpretive difficulties regarding Spanish presence in those latitudes. Problems are intensified when considering the voyages and the measures taken during the reign of Carlos III, when the most scientific and enlighted expeditions of our enterprises had not reached the Northwest coasts. Contemporary to James Cook's and Lapérouse's explorations and to the numerous fur expeditions that sailed the Pacific North after 1785, the aims and objectives of the Spanish vessels hardly contain interesting elements. They are not commercial voyages, traffickers of soft gold and exploiters of the riches of a new region incorporated to the ambitions of the European powers, nor are they a part of any scientific programme to reveal to the world the unknown Pacific basin. On the contrary, next to them, the expeditions organized in Port San Blas would have to limit actions to other nations and consequently get in the way of free commerce or limit access of the scientists to the Northwest coast. The well-known *Nootka Sound Controversy*, which has notably focused numerous studies of the Northwest, and the English victory over the Spanish thesis would erase the brief Spanish presence which apart from being transitional and very costly, would be heir as I have signalled before to numerous topics regarding the Spanish conquest and colonization existing in Anglosaxon historiography. Nootka would be more or less, the swans song of the Spanish expansion in America during the XVIII century, in consonance with the "indian summer" that the North American historians have estimated was the reign of Carlos III: a stage that achieved a momentary stop in the irreversible decadence of the Spanish empire.

Criticism of Spanish presence in the Northwest was contemporary to the expedition the sailors themselves nutured it. Alejandro Malaspina's contrary position is well-known, he manifested it accusing peninsula as well as New Spain authorities of being stunned and useless: "a few crosses planted sometimes in places which we did not yet know whether they were islands or continents, whether they were inhabited or not, stunned our political views with the charming face of our conquests and believing it would not be necessary to reaffirm with a treaty, ruined even to Europe's view this small usefulness of our voyages and in the end in 1788 we had to start the same explorations we had started in 1774 already verified with greater success by Cook and La Péyrouse". The causes of the expeditions were ridiculous, because they obliged to "spill immense funds to find out things that a single question in the court of St. Petersburg would have immediately cleared".

This politics of silence and secretiveness was, negative for the objectives and results of the Spanish expeditions, but it must not be forgotten that this attitude is framed in a global policy of defense of the American territories, in which the rapid knowledge and occupation of the new territories was fundamental. The Spanish competed with the Russians and adapted their same strategy: keeping the voyages and their achievements a secret. It was necessary to incorporate the new territories before negotiating their reognition with the rest of the European powers. One must not forget the success of the first expedition organized by José de Gálvez, to which we owe the occupation of High California.

English historiography has acknowledged the scientific contributions of the Spanish voyages as a pioneer in the study of commercial projects which they attempted imitating the Russians, English and Americans.

Athough a lot is still to be done, one must not forget in the future that the commercial projects Spain started such as those by Vicente Basadre or the numerous projects that were filed for lack of funding, prove that Spanish authorities were not alien to the new commercial campaigns that the British and American sponsored in the Pacific. On the contrary, economic and maritime history of the XVIII century is full of measures destined to free commerce. One example is the project to commercialize furs from the Northwest signed by second lieutenant Esteban José Martínez, who had great knowledge regarding navigation in the North because he had commanded the 1788 expedition to Alaska -during which he had visited several Russian fur settlements- and was in charge of occupying the Santa Cruz port in Nootka in 1789 where he found vessels busy collecting seaotter furs. The conversation with the Captians of these vessels led him to draw up a series of rules to establish fur trade with China through a company which would be set up in Mexico and would enjoy a fifty year franchise. The project signed on 24 July 1789 was sent to viceroy Manuel Antonio Florez who rejected it. A year later a new viceroy, count Revillagigedo, rescued it from oblivion and granted his consent because of the news from Manila regarding the price of Chinese mercury and the great commercial benefits which could be obtained "although the plan requires a great deal of variation and differences, I shall not deal with the hypothesis now".

Russia was an example to be followed; it founded a trading company exclusively dealing with fur trade. There were several aspects to consider, mainly the supply ports. Revillagigedo did not want to damage the galleon from Manila with a new commercial route so he recommended an alliance of interests on both sides of the great ocean. Esteban José Martínez proposed the viceroy create a company to commercialize furs from the American Northwest in Cantón during fifty years in exchange for the establishment of four garissons of a hundred men and sixteen missions in the most convenient locations in the Northwest which would take the name of Nueva Cantabria. To establish this commerce twelve speedy 60 foot keel sloops would be necessary, six of them to avoid the arrival of other foreign vessels to collect the furs and another six to take the supplies from Northamerica to Cantón. The Company would also have a right to purchase furs from both Californias albeit covering the Franciscan and Dominican missionaries their worth where a representative would be in charge of the different missions receiving the corresponding selling price from the company.

Martinez's proyect was sent to count Floridablanca at the beginning of 1791 but the court awaited new news from the viceroy about the action that it promised to start with the consulate in Mexico and Manila. The diplomatic agreements the Nootka controversy brought about aborted the Spanish occupation projects through a treaty signed on 11 January 1794, in which Spain and England agreed not to settle the Northwest and avoid others doing so.

See Notes pp. 23-25 in the Spanish texte.

CONTRIBUTION OF THE MALASPINA AND BUSTAMENTE EXPEDITION TO KNOWLEDGE OF THE NORTHWEST COAST OF NORTH AMERICA. 1791-1792.

Mª Dolores Higueras

It is my purpose to develop in this brief article, some aspects which will reveal the contribution that at the end of the XVIII century the Malaspina and Bustamante Expedition carries out for a better knowledge of the Northwest coast of North America. It is not my intention to give an account of the documents produced throughout the lengthy campaigns conducted in 1791 by the Descubierta and Atrevida and later on in 1792 by the Sutil and Mexicana, because this has already been published in the catalogue of the list of titles of the Naval Museum, in a vast work that covers three volumes. Rather it is my purpose to analyse the different aspects which the great Enlightment enterprise deals with, in relating to this strategic coast, above all those most signifcant ones either because they are unknown or because they are more relevant from the strategic and political point of view.

It is important to point out here, although we have done so recently in other publications, that the Northwest coast does not appear in Malaspina and Bustamante's initial plan dating September 1788 with excessive protagonism because their initial purpose is only to reach the San Blas latitude and then examine the Sandwich Islands which appear in this first project of the voyage as more interesting from the geographical point of view. Perhaps because both Malaspina and Bustamante had a specific knowledge of the vast and detailed examinations carried out by Spain on the Northwest coast of America precisely from the San Blas supply post, founded by GÁlvez in 1769 as a key piece of his political intelligence of penetration and settlement toward the North.

It is important to mention that for Malaspina the Northwest coast is more interesting mainly from the economical (trade with sea otter furs) or strategic (Russian and English settlements especially) rather than from the geographiccal point of view. Only when Espinosa y Tello locate the list by Ferrer Maldonado in the Archivos de Indias in May 1789 (where he copies useful documents for the expedition) does Malaspina's interest renew in a geographical examination of the coasts of the Northwest considering the possibility of finding the "Passage" as very relevant for Spanish political interests in the Pacific.

Nevertheless, despite this important purpose, again Malaspina, being the works of the expedition at an advanced stage, informs ValdÉs and Revillagigedo of his decision to abandon the survey of the Northwest coast in order to reach the Sandwich Islands, confronted with the choice between the two projects, because of the delay produced by the "calm" in his course along the Central American coasts. It is evident that Malaspina relies on the noteworthy officers that are carrying out the survey of the Northwest from San Blas and choses to entrust them with the search for the "Passage" if it exists.

Only the explicit royal orders that Bustamante receives in San Blas while Malaspina is trapped in Central America by the calm, decide the future of these surveys since as is known by all, scholar Buache's reading of a report regarding "the Passage" in the French Academy in november 1790, announced by Ferrer Maldonado, situates the subject of the existence of an interocean Passage in an outstanding position in the European scientific community, giving way to renewed efforts on behalf of the maritime powers for finding it and controlling it to reinforce their protagonism in the Pacific. All this gives way to new and explicit orders from the King so that the Malaspina and Bustamante expedition take charge of the survey of the Northwest coast. Bustamante writes thus, in his diary of 5 April 1791, after having received the royal documents in San Blas.

> *"Although His Majesty had left the accomplishment of the campaign of the North up to Malaspina, it was now his Royal wish that Malaspina verify it, with that objective (that Ferrer Maldonando check the Passage) and with the presence of this document (the document read by Buache)".*

The Royal decision in this way finally decides the geographic priority of the surveys, but Malaspina will not forget his former economic and strategic interests in the area and will add to it all, intense physical surveys of the territory, the flora and fauna and above all the people who inhabit them, the natives will end up being one of the great protagonists of this campaign to the North, their ethnic characteristics, their customs and rituals, their dances and music, their language and intellectual or spiritual disposition.

But before initiating this global reflection on the results and contributions of the expedition to the campaign of the Northwest, we must remember once again, another of the noteworthy circumstances which gave way to the aspect of "synthesis" of the enterprise. We must remember that precise royal instructions facilitate and foster the access of the expeditions to all types of official documents, even those most reserved, with the objective of using them as basic or complementary information of their own works as well as for the writing of a vast political report, reserved for the government, which was one of the final objectives of the voyage.

These royal instructions issued to all the authorities in America and the Philippines had already delivered throughout the long voyage, in successive commissions "massive copies" of all types of documents, which provided the expedition with enourmous and up-dated information of the political, administrative, scientifc and geographic situation of each place visited. Once again this brilliant instrument of information is used by Bustamante and Malaspina to acquire in a short time extremely efficient and up-dated information regarding Spanish and foreign knowledge of the Northwest coast; of the geographic surveys carried out, of the cartography, of the situation and examinations performed regarding the Russian and English settlements, on the development of seaotter trade and about the native tribes, location of their settlements and friendly relationships established. Also valuable information is collected concerning the settlement at San Blas, maritime routes with the Philippines and important information with reference to the repairs and careening of the ships in the area; building woods; water supplies and places for shelter, climatology, currents and dominating winds, etc.

Thus, although we will not enter in this brief article in the study of these important materials collected by the expedition for use, I would like to leave record of their importance and magnitude and also of the fact that the majority is preserved in the Naval Museum in Madrid, together with the rest of the documents handed in by the individuals of the expedition themselves and which today represent a source of information as valuable as it once was and a tight and truthful summary of the surveys gathered on the Northwest before the arrival of the Malaspina expedition to the area.

Finally, how should the analysis of the results of the campaign in itself be dealt with? On the one hand, it seems logical to analyse the documents in relation to the general series of the voyage. In this sense, the basic series are as follows:

1. Documents related to correspondence, official letters, Royal Orders and varied instructions regarding the organization and development of the works from Bustamante's first stay in Alcapulco (1 Feb. 1791) and San Blas (March and April 1791), till the end of the commissions by the Sutil and Mexicana in 1792 and the return of the fleet to Spain. This series chronologically extends to very late dates, well into the XIX century because they contain the publishing reports of the voyages of the Sutil and Mexicana and the works by Bauzá and Espinosa, with regards to the hydrographic and astronomic results of both campaigns.

2. Hydrographic and astronomic works. The importance given, in the end, to the geographic works according to the location of the "Passage" and exact sketching of the coast with the new chronometers, generates a vast amount of documents which include: travel logs, notebooks of serious experiencias, an enormous amount of latitude and longitude measures, base measures, comparative studies of the needle and functioning of the watches, books containing the guards, sounding lines, studies on currents, winds, salinity and temperature of the water, etc.

3. Land and sea diaries. Aside from the numerous general diaries written by commanders Malaspina and Bustamante, by Tova Arredondo, Viana, Diaz Hurtado and Bauzá, the private ones written during the campaign by almost all the relevant members of the fleet are worth mentioning. Thus, we also conserve important diaries of the NW campaign written by Espinosa y Tello, Juan Vernacci, Juan Gutiérrez de la Concha, Galiano and Valdés (from the 1792 campaign) by Haenke the naturalist and Soria the painter. All these in their general or partial diaries produce extremely important first hand news regarding the navigation itself and the scientific comissions on land, description of the land fauna and flora and detailed ethnological and ethnographic descriptions.

4. News collected. An extensive area as we have mentioned. The copying or collecting of documents related to the NW coast is mainly carried out in Mexico, San Blas and Monterrey.

Apart from the abundant carthography copied or summoned from the authors, it is worth mentioning the relationships between the Spanish and foreigners regarding seaotter trade, news about the occupation and successive reconnaissance of Nootka aw well as the establishment of foreign ships in the area, the survey course of th NW coast by the Spanish from San Blas and the news referring to the maritime presence or settlements in the area of the French, English and Russian.

5. Finished charts, sketches and drafts of the different phases of the hydrographic works, triangulations and drawing up of coasts, coast profile and the first carthographic drafts. This series has an extraordinary interest and allows one to reliably follow the method of the draw ups. Thirty large carthographic drafts collect the triangulations by Bauzá to situate extensions of the coast, essential, for the campaign and forty charts in different phases of conclusion, summarize the carthographic results of the two campaigns, the Descubierta and Atrevida in 1791 and the Sutil and Mexicana on the Fuca in 1792. All this vast carthographic material, together with the almost seventy sightings of the coast drawn up by Bauzá throughout the 91 campaign, provide the valuable material needed to record at the Hydrographic the nine general and private charts of both campaigns which contributed important novelties to the knowledge of the area.

6. Drawings. The scientific and artistic material created by both campaigns, 91 and 92 is well enough known and has been well studied and catalogued by experts. Its diffusion in large format and cared edition by the Naval Museum was, the contribution of this relevant institution to the commemoration of Spanish presence on the NW celebrated in Vancouver in 1991.

All together, the two campaigns provide a rich iconography made up of more than eighty drawings and water paintings which is no doubt one of the most valuable sets of documents of the voyage.

7) Finally, we cannot but refer to the rich set of ethnographic pieces and zoologic and botanic samples which are custodied by different institutions and which are in an advanced state of study which will allow for its final cataloguing. Successive setbacks of the collections at their different institutional lodgings have created difficult irregularities in the original labling giving way to confusion as to the origin which have made their final cataloguing very difficult, today when the task is almost finished due to serious studies and rigurous research in the old inventories. The proximity of the voyages that generate the materials during that time, the confusion in the shipments and the mistakes accumulated by the classical bibliographies have seriously difficulted access to these valuable materials by Malaspina.

To end this reflection and once the character and volume of the Malaspina documental "corpus" has been analysed, I shall try to give an appraisal which will no doubt be subjective, of those documents which to me, personally, seem particularly valuable, I shall intentionally not include the carthography or the drawings, no doubt specially interesting documents but which are going to be analysed in a monographically in this publication, precisely by the most relevant authorities in the subject due to which my commentary shall add little value.

On the other hand, let us linger over other valuable yet less widespread documents which discover the vast and plural interest which impulsed the "enlighted" spirit of the enterprise and the human and scientific quality of the men who knew and wanted to extend their news much further than the limits of their professional dedication, working, for mere pleasure, in other scientific fields carrying out valuable work. This is the case of the astronomy and hydrographic officers of the expedition, no doubt the most relevant group of Enlightment officials and scientists of the time, the elite officials of the Spanish Enlightment navy, trained by Tolfiño in the Astronomy Observatory in Cadiz and instructed to use the new naval chronometers. Their legacy aside from relevant scientific and nautical works, beautiful and simple narrations of the natives and their customs. They passionately busied themselves inquiring into their religious feeling, in their moral characteristics, in their way of government and exploitation of natural resources, and handed their intelligence and perserverance over to a sincere and rigourous desire not only of knowledgebut of knowledge "with certainty", collecting and contrasting the diverse news acquired separately, unifying the criteria for the construction of vocabularies, seeking the friendship of the indians to deepen in their knowledge generally accepting their diversity with a sincere desire of understanding.

In this sense I find the materials and ethnologic and ethnographic news contributed by the expedition specially significant and particularly those from Tova Arredondo, Espinosa and Tello, Cevallos and Gutiérrez de la Concha, who provide very curious descriptions mixed with philosophical-moral reflections sometimes full of a pre-romantic sentiment and other bearers of that rousseaunian sentiment which idealizes and values the native in harmony with their natural media opposite the civilized, subject to false necessities. Thus he says referring to the mulgraves: "On the other hand, the salvage man not knowing of the false needs that luxury and abundance have introduced in civilized societies, limits his cares to the acquisition of that needed to preserve life, looking with indifference and perhaps with disdain at all that which contributes to satisfy those needs which they absolutely know nothing of".

The vast group of news relating to the native peoples due to this group of exceptional "amateur" etnographers abarce the most varied aspects of the life and customs of two large indigenous groups, the Tlingit situated in Mulgrave and the Nootka. In both cases the content of the descriptions is vast and rich: physical aspect, ritual paints, dress, dwellings, family relationships, political and adminstrative organization, food, illness, war and weapons, callendar, character, sexual habits, family organization, songs, dances and funeral rituals, inheritance systems, social punishment, adultery, rituals of initiation, etc.

Of special significance are the diverse native vocabularies collected and the effort to achieve a phonetic key which will would be as close as possible to the sound perceived and which was to be codified in written words, to achieve this they work separately to then meet and contrast results finally including in the "official" vocabulary only those words accepted and contrasted by the different compilers. Likewise interesting, I believe is the effort to achieve a phonetics of Spanish origin facing the indigenous languages collected for instance by the English navigators.

The interest in native music is also relevant, as they perceive it is extremely important in everyday life of the native communities. The work by Haenke no doubt the most relevant naturalist of the expedition and a musician of solid formation, will truly be the protagonist at this point, because Haenke, apart from relaxing the crew with the music from his spinet, as Suria narrates in his expressive diary, he collects on score the songs of peace in Mulgrave and of happines in Nootka and as a legacy has left us aside diverse manuscripts throughout the trip, the popular Creole songs and the melody of the singing trill of various birds. Beautiful materials which I have the purpose of collecting in an up coming publication. Haenke is also credited with another singular document the "Colorum Systema Comparativum ex ipso Regno vegetabile" sensational codified chromatic scale with reference numbers to be used by the botanic painters of the expedition on 12 plates.

I would finally like to add another group of documents which I also think have contributed interesting information for scholars, that constituted by Book II of the Phyisical and Political Report of the voyage corresponding to northern America from the isthmus up to the unfinished limits of the North.

See Notes pp. 23-25 in the Spanish texte.

List by Lorenzo Ferrer Maldonado

Examen of the List by Lorenzo Ferrer Maldonado on the discovery of the Anian Strait and news of the main expeditions carried out in search of the passage written by D. Martín Fernández de Navarrete (Book II, f. 109 to 123).

The original version has not been found but this report was published in the Collection of Unpublished Documents for the History of Spain. Vol. XV, pag. 71-93;

Madrid 1849. This report by Navarrete is made up of the following articles:

- Introduction (article 1)
- Maldonado's character and circumstances (article 2)
- Reasons that led to the apocryphal classification of Maldonado's list (article 3)
- Examination of the original manuscript which is in the house of the Excmo. Sr. Duque del Infantado (article 4)

Espinosa y Tello extracts from the Archivo de Indias this list by Ferrer Maldonado, in May 1789, for the expedition (See Vat. 286) from a copy carried out by Muñoz in the Library of the Excmo. Sr. Duque del Infantado where the original is kept (See Naval Museum, Ms. 1.777, f. 1-14).

The French Academic Buache read a famous report on this voyage in the Academy in Paris on 13 November, 1790 which gave way to new royal instructions for the Malaspina Expedition which from San Blas received orders to survey the NW coast and investigate Buache's report. Of this report there are several copies at the Naval Museum translated into Spanish by D. Martín Fernández de Navarrete (See Ms. 142, f. 78-91; Ms. 146, f. 152-157v.; Ms 146, f. 158-170; Ms. 753, f. 345-269).

Martín Fernández de Navarrete (28 January 1791) says the original of the Ferrer Maldonado voyage, possibly written by himself and with three outlines, dates back to 1688. It was kept at the archive of the Duque del Infantado. Copies were made for both D. Juan Bautista Muñoz and the French Academic Buache.

Important reports were written during the expedition refuting Buache's report:

1. D. Alejandro Malaspina (this manuscript, written by Malaspina, is at the Naval Museum, although without notes and incomplete in Ms. 92 (246-251v); another manuscript final version, together with notes is included in Ms. 753, f. 531-535. This report by Malaspina was edited in the Collection of Unpublished Documents for the History of Spain. Vol XV, pag. 228-250; Madrid 1849.
2. D. José de Bustamante y Guerra (Bustamante's unpublished report is kept in his voyage log. See archive of the Ministry of Foreign Affairs. Ms. 13 f. 111v-129).
3. D. Ciriaco Cevallos (Cevallos's report together with the Buache translation, carried out by D. Martín Fernández de Navarrete, was edited in Cádiz (I. de León) in 1798.

In the political context of the voyage I would also draw attention to a valuable document written by Malaspina on Revillagigedo's request entitled "Reflexiones sobre un puerto en la costa occidental de la Nueva España para reunión de las fuerzas navales en el Pacífico". Malaspina herein analyses in full detaill the administrative, naval and economic problems, of the San Blas Departament and in the end it is suggested that it should be transferred to Acapulco Port. The vast amount of original documents used by Malaspina to write this report gives a great soundness to his arguments and conclusions.

From a global point of view I consider there are several areas in which the documents from the Malaspina Expedition provide interesting knowledge for the whole of the NW coast area:

1. Cartographic Contribution.
2. Collecting of administrative documentation from the Department in San Blas and the Spanish maritime expansion along the NW coast throughout the XVIII century.
3. Physical description of the territory and litologic analysis of Mulgrave and Nootka.
4. Documentation related to native populations.
5. Physical image of the NW: landscapes, types, fauna and flora.
6. Political-strategic analysis of the coasts of the NW.

The tremendously important arrivals of materials sent to the court from Mexico when the campaign returned, bear witness to the importance of the results. The Malaspina Expedition is for the NW coast of America the great final synthesis of the enormous effort carried out by Spain to recover the power of an area of vital strategic importance for the new reordering of maritime power amongst the great European powers. The vast documentation listed in the catalogue mentioned is an evidence that the expedition used the scientific and admnistrative means the Crown had granted it with intelligence and passion: new and more perfect geographic charts of the area; ample descriptions of the natives, studies of the territories and its resources and a serious political valuing of the Spanish maritime expansion in the area. They are the final results if this colosal effort which today represents of an endless bulk of historic news, for scholars, regarding one of the most important territories for the European and American states in the great Enlighted century.

PEDRO ALBERNI AND THE CATALONIAN VOLUNTEERS AT NOOTKA (1790-92)

Eric Beerman

Amongst the figures that played an influential role in the occupation of the vast Spanish colonial empire, one results especially interesting in the last years of the 18th century: Pedro Alberni, Captain of the primera compañía franca de los Voluntarios de Cataluña of the military garrison of Nootka, the most advanced northern Spanish post in the Pacific Coast of North America, occupied by Spanish forces from 1789-1794. This Spanish outpost was eventually evacuated due to a diplomatic confrontation with Great Britain that was known as the Cuestión de Nutka.

In the latter third of the 18th century, King Carlos III of Spain was concerned with increasing Russian and British encroachment on Alta California. This was due to the fact that Spain laid claim to all lands north of Mexico (New Spain) as being within the viceroyalty of New Spain. In 1766 the Spanish viceroy François Charles de Croix, the marqués de Croix, received royal instructions to defend Spanish territorial integrity in that isolated part of the world. A sparsely populated area is not the most ideal terrain to defend, so the viceroy gave top priority to the Spanish colonization of Alta California by Franciscan missionaries of the Colegio de San Fernando of Mexico City, which included many missionaries from Catalonia and the Balearic Islands, one of whom was the presidente, Fray Junípero Serra. This religious expedition to Alta California in 1769 was accompanied by a military unit of Catalonian Volunteers under the command of Gaspar Portolá.

The Catalonian Volunteers stationed in California originated in April of 1767 as an independent company unit, la primera compañía franca de los Voluntarios de Cataluña - four officers, four sergeants, two drummers and ninty-four corporals and privates- formed from the Second Regiment of Light Infantry of Catalonia stationed in Barcelona. The Second Regiment had been raised five years earlier in the mountainous northeastern Spanish province of Catalonia and clothed and equipped in the traditional style of the Miquelets highland light infantry units. The new company franca de los Voluntarios de Cataluña assumed the traditions of the Second Regiment and wore the same uniform colors: blue coats with silver buttons. As a result of experience gained during the Seven Years' War (1756-63), this new Independent Company was destined for service in Cuba; however, the need for troops was deemed greater in Mexico and so the Catalonian Volunteers landed at Veracruz in August 1767 and marched into the interior of Mexico. One young officer in this Catalonian unit was the twenty year old subteniente Pedro Alberni.

Alberni was born in 1747 in the city of Tortosa in the Catalonian province of Tarragona, the son of Jaime Alberni y Josefa Texedor. The young catalán began his military career in July 1762 as a cadet in the Second Regiment of Light Infantry of Catalonia and participated in the invasion of Portugal during the Seven Years' War. With peace and after nearly five years of service with this unit, he received promotion to subteniente and transferred as fourth-in-command of the primera compañía franca de Voluntarios de Cataluña. This Catalonian military unit received orders to prepare for service in the Americas, sailing from Cadiz for Mexico on May 27, 1767. The young officer soon saw action in northwestern Mexico with the Catalonian Volunteers during the Sonora Desert Expedition, 1767-1771. With the completion of the campaign he was assigned for a short period to the capital of Mexico as second-in-command of the Catalonian Volunteers. In 1776, he was promoted to teniente, and two years later to capitán graduado. In 1782 Alberni assumed command of the Catalonian Volunteers of the military garrison of Nayarit. While serving in this region by the Pacific Coast, he married a girl from the provincial capital of Tepic, Juana Velez, who bore him a daughter.

The last great adventure of the Catalonian Volunteers under Alberni´s command was their assignment in 1790 to the Pacific Northwest and the establishment of fortifications at Nootka on the west coast of Vancouver Island. These troops also participated in expeditions to Alaska and the west coast of Canada, specifically in the Strait of Juan de Fuca, to reinforce Spain's claim to the Pacific Northwest.

A few months before leaving Mexico to take command of the military garrison at Nootka, Alberni became involved in the only serious incident of his military career. Although on closer inspection, it may shed light on the human side of Alberni, as well as demonstrating an altogether too rare quality of military leadership. While serving as military commandant of the Mexican Pacific Coast port of San Blas in September 1789, this officer solicited overdue payment for his Catalonian Volunteers from the intendente (quartermaster) of Guadalajara, Antonio Villaurrutia y Salcedo. There was a confrontation and Alberni accused the intendente of discriminating against his Catalonian troops and of being anticatalán. An aide to the intendente replied that the fiscal office had more important matters to take care of than the payment of these soldiers. Alberni exploded with anger and as a result, the intendente ordered Alberni to be placed under house arrest for seventy days at San Blas, the naval department under the command of Juan Francisco de la Bodega y Quadra. Curiously, this naval officer had been engaged also to a girl from Tepic. Nonetheless, the troops did receive the back pay due to their energetic military commander. While under house arrest, Alberni received orders to prepare his Catalonian troopers for the expedition to Nootka. However, Villaurrutia wrote Viceroy Revillagigedo that Alberni refused to keep him abreast of the expedition.

Freed from house arrest, Alberni departed San Blas on the frigate Concepción for Nootka on February 3, 1790, accompanied by his loyal primera compañía of Catalonian Volunteers. The mission at Nootka was to reinforce the fortifications in what is now on the island known as British Columbia. Alberni's official title was that of comandante de armas y gobernador of Nootka. The Catalonians arrived at their destination on March 25, and commenced work on the restoration of a primitive artillery battery, batería de San Miguel. According to Alberni´s own report from Nootka in August of 1790, his primera compañía franca de Voluntarios de Cataluña had a full strength of 76 soldiers, with only eight now from Catalonia and forty-two from Mexico. With years of service outside of the home region of Catalonia, the compañía had to depend on new recruits coming from New Spain and regions of Old Spain other than Catalonia.

A prior Spanish expedition to Nootka in 1789 had wronged one of their principal chiefs, Maquinna, so Alberni set about to restore the Nootkan's faith in the Spaniards. The plan was that Maquinna would be praised through the native "grape-vine." Alberni released the flattery to a Nootkan villager who unwittingly would pass the good word along. All that the Spaniards needed to do was sit and wait for Maquinna to hear from his own people the laudatory remarks. In another curious incident in the relations between Alberni and the Indians of Nootka occurred in the following manner. Maquinna in a moment of insecurity in his relationship with the Spaniards, so in order to improve the situation Alberni composed the following song with a few Nootkan words that praised Maquinna's greatness and friendship and Spain's loyalty to the Nootkan chief and his people:

Macuina, Macuina, Macuina,
Asco-Tais, hua-cas
España, España, España
Hua-cas, Macuina, Nutka

Macuina, Macuina, Macuina
Es un gran Príncipe, amigo nuestro
España, España, España
Es Amigo de Macuina y Nutka.

The two verses, one Nootkan, the other Spanish, translate as follows:

Maquinna, Maquinna, Maquinna
Is a great prince and our friend
Spain, Spain, Spain
Is a friend of Maquinna and Nootka.

Alberni, the lyricist now turned maestro, taught his soldiers to sing it to the tune of "El Mambrú", a popular Andalusian song. As the Catalonian officer had hoped, the natives took notice of the song and passed the good tidings to Maquinna. Soon the self-styled Catalonian choir was singing their new "top song" to their number one fan, Maquinna. The Spanish naturalist José Mariano Moziño, who arrived on the same frigate with Alberni, wrote that Maquinna asked that the Catalonians sing his eulogy several times so that he could memorize it. This helped to solidify his support of the Spanish presence in Nootka, which included fish and deer meat supplied to the hungry Catalonian troops of Alberni. During his tour of duty in Nootka, the linguist Alberni helped to compile an eleven page list of 633 Nootkan words and their Spanish definitions in which he collaborated with Moziño, author of the famous, Noticias de Nutka. Spanish visitors to Nootka reported on the affection that the Indians felt for Alberni even after his departure.

The arrival on August 13, 1791 in Nootka of the epic expedition of Alejandro Malaspina caused the naval commander to note in his diary:

Veíanse en el fondo del Puerto (Nutka) diferentes barracas, construidas con tablazón vigilaban por su custodia, y buen orden el mismo Alberni con la tropa acuartelada en Tierra; la fábrica de pan fresco, se suministraba diariamente a todos, el cultivo de las huertas, en las cuales la Naturaleza ya prodigaba sus dones, el cuidado de los víveres y pertrechos contra un enjambre harto destructivo de ratas, las herrerías, la misma continuación; o incremento de las casas con el corte necesario de madera, eran otras tantas ocupaciones, en las cuales brillaban... el buen ejemplo, y acierto de los oficiales comandantes... Alberni, influyendo últimamente en la convervación de la salud, y la buena armonía, que a la sazón reinaba entre todos...

Two days later Malaspina continued in his diary regarding the approaching winter in Nootka and praised the performance of Alberni as commandant of the Catalonian Volunteers and of his agricultural expertise, due in no small measure to his Tarragona background. Although Malaspina in turn assisted Alberni in supplying necessities not available at Nootka which included forges, blacksmiths, gunsmiths, as well as farming tools, which helped to maintain the Catalonian garrison at Nootka until the following spring. The two corvettes of Malaspina also supplied Alberni with textiles, cloths, wax, medicine and medical equipment, in addition to flour, broth tablets, and four caskets of Sanlúcar de Barrameda wine, which no doubt were appreciated during the long, cold winters. Not only did Alberni utilize his agricultural talents for growing vegetables, but he also utilized conifers (coníferas) to make a type of strong beer. The Catalonians probably would have preferred a wine to beer, but Nootka proved a bit cold and too far north for adequate wine-grapes.

Alberni's search for the best planting period was assisted by his meteorological studies. Malaspina in his «Descripción Física de las Costas del Norte de la América,» emphasized the importance of Alberni's inquiries:

The fortunate pioneering discovery of Pedro Alberni and the notices which he has communicated has placed us in a situation enabling us to detail many circumstances which certainly can be seen as important toward the future measurement of the temperature of Nootka.

Malaspina compiled a chart of weather conditions based on information collected by Alberni for the years 1790 and 1791 in Nootka. Malaspina in turn gave Alberni a thermometer to record of temperatures. The naval commander also established an observatory at Nootka where Felipe Bauzá, one of his officers measured the exact location of the port. With Malaspina served the painter Tomás Suria who was most impressed with Alberni: «A distinguished officer who will occupy one of the most worthy places in the account of this voyage as a result of his skill and management of these natives.»

During the Malaspina visit, an Indian chief from Nootka went aboard the corvette Atrevida where Alberni acted as interpreter with the Spanish naval captain José Bustamante. When Malaspina was getting ready to sail from Nootka, he noted in his diary concerning Alberni´s leadership, «la gente gozaba de la mejor salud; y el oficial Alberni, cuya atencion hacia nosotros había sido desde el primer día tan finas, como constantes, habían querido últimamente contribuir a nuestro bien estar, cediéndonos para repuesto, la mayor parte de las verduras, que en el día producían las huertas...» In addition to these skills, Alberni was also a builder at Nootka: the mentioned fortifications, hospital, bread oven, houses for the officers and men of the garrison, blacksmith and carpinter shops and ammunition deposit.

Alberni at Nootka showed talents which were not publically demonstrated until that period. The Catalonian officer developed good relations with the Indians who had heretofore lacked confidence in Spanish diplomacy. He also carried on meterological surveys and conducted agricultural experiments that provided not only dietary supplementation for mariners who frequented the area, but added information with reference to which food plants would grow in that northern climate. Alberni kept records of the quantity yielded by plants and studied the best planting periods for the various seeds. Alberni also made a study of the Nootkan language which was helpful during the Spanish period in Nootka, and especially during the visit of the Malaspina Expedition in August 1791.

Alberni trained his soldiers to cultivate his gardens, choosing troops who had utilized farm tools before learning how to fire a weapon. He personally helped dig trenches for irrigation and noted that cabbage, garlic and onions grew best in the summer. Lettuce and radishes grew into the late fall. Potatoes, beans, peas, carrots and artichokes grew in abundance. Garbanzos, corn, wheat, tomatoes and squash did not seem to do as well. Although Alberni was not the first Spaniard to break ground at Nootka, his agricultural experiments were given much recognition, perhaps because he had produced crops on a larger scale and perhaps because more Spanish and foreign visitors were visiting Nootka. There was also livestock: two cows, one bull and one calf, a goat, lamb, twenty pigs and seventy chickens with 400 chicks, in addition to turkey and duck.

While on this assignment in July 1792, Alberni received promotion to the rank of teniente coronel graduado. Malaspina and Juan Francisco de la Bodega y Quadra both recommended him for promotion. The Ministry of the Navy Antonio Valdés also noted:

El virrey de Nueva España [Revillagigedo] ha informado de que el capitán de la primera compañía de Voluntarios (de Cataluña) Don Pedro Alberni había dado las pruebas más apreciables de su actividad y zelo en el puerto de Nutka cuyo establecimiento había fomentado, contribuyendo al cultivo de las tierras y fábricas de algunas casas, y haciéndose amar a los Indios, y he recomendado el mérito de aquel oficial, sin embargo de que S.M. le había distinguido últimamente con el grado de teniente coronel.

As a result of his distinguished service for two years and ten months in this remote and harsh place in the world, Alberni and what was left of this primera compañía de Catalonian Volunteers were withdrawn from Nootka near the end of 1792.

On arriving back in Mexico he had little time to rest and was assigned as comandante de armas of the Castillo de San Juan de Ulúa and teniente de Rey of the plaza de Veracruz, where he served for eight months. Then he served for two years in Guadalajara where he could devote some time to his family. Near the end of 1795 Alberni and 72 Catalonian Volunteers were assigned to Alta California, where he received appointment as comandante de armas of the four presidios of Alta California. A year later Alberni was commandant of the San Francisco Presidio and as lieutenant coronel in the Army, made him the highest ranking military figure in California at that time.

On the ill health of the California governor Diego de Borica, Alberni was assigned to Monterey Presidio in January 1800. However, soon after arrival he was taken ill by a severe condition of dropsy (hidropesía). Knowing that the end was rapidly approaching, he made out a will on December 15, 1801 at the nearby San Carlos Mission at Carmel, leaving his entire estate to his wife, as their daughter had died earlier. Alberni appointed Sergeant Ticó as administrator of the will. He received the rites of extreme unction on March 11, 1802 and died at age fifty-five, and buried at the Mission. He was survived by his widow, who received an estate valued at 9,000 pesos.

Pedro Alberni, a forty year career Spanish officer, left his mark in Mexico, Alta California and British Columbia. He commanded Catalonian troops in Nootka, Nayarit, Guadalajara, Sonora, Veracruz, San Francisco and Monterey. Yet only one landmark survives today of Alberni´s presence. On Vancouver Island, Alberni´s contemporaries noted on their maps of British Columbia a certain long inlet called Canal de Alberni, presently Barkley Sound, a town at the head of the inlet is Port Alberni. Cataluña should feel proud to have men of the calibre such as Pedro Alberni. He was not only a distinguished military commander of the Catalonian Volunteers at Nootka, where in addition to his military qualities, he demonstrated diplomatic, linguistic and agricultural talents. The past year of 1997 was the 250 anniversary of the birth of this catalán in Tortosa, which passed without ceremony. Hopefully this overdue recognition will arrive on the rapidly approaching bicentennial of his death in California. Curiously this distinguished military officer ended his career in Monterey, where a recruit —the author— commenced a brief and undistinguished military career a half a century ago in 1948.

See bibliographie pp. 36 in the Spanish texte.

THE INTEREST IN THE LANGUAGE OF THE SETTLERS OF THE NORTHWEST COAST

Emma Martinell Gifre - Mª José Martínez

The Malaspina Expedition, composed of two hundred men on two frigates, *Descubierta* y *Atrevida*, and commanded by Alejandro Malaspina and José Bustamante y Guerra, sailed from Spain in 1789 and returned in 1794. During sixty-two months, the Expedition examined the coast of the Americas, from Buenos Aires to Alaska, the Philippines, the Marianas, the archipelago of Vavao, New Zealand and Australia.

The objectives which guided this expedition were political and commercial, as well as scientific-cultural, characteristic of the second half of the 18th century.
There was also an interest in America which went further than the immediate commercial or political strategy advantage, referring to the curiosity of knowledge. The desire of the century to classify human species, the taste for the exotic, the debates on the advantages and disadvantages of Civilization and the goodness or bestiality of the natural man were the anthropological concerns of the era.
Malaspina proposed an organization similar to those of the expeditions of Cook and La Pérouse. With their contributions, this was enriching natural history and favoring the next discoveries. The same history of the society was going to be based on general research.
All travel supposes an act of linguistic communication between men, and in one of circumnavigation, that tried to arrive in possessions of Ultramar and study their fauna, flora y people, being necessary to have communication between Europeans and native people. The men of the Malaspina Expedition made contact with native people on six occasions. Chronologically, with the *patagones* in Puerto Deseado (Argentina), with the *huiliches-araucanos* on the island of San Carlos de Chiloé (Chile), with the *tlingits* of the Bahía de Yakutat, Puerto Mulgrave (Alaska), with the natives of Nootka (Vancouver, Canada), with the natives now settled in the British colony of Fort Jackson (explorations to Botany Bay and Parramata, in Sydney, Australia), and finally, with the natives of the archipelago of Vavao (Polynesia). In each one of these six situations, the encounter of the men of the Expedition and the inhabitants of those places was different and was determined by the duration of the encounter: the durations, on five occasions (excluding Parramata), lasted ten, twelve, fifteen days, or a month.
Therefore, the short time, the geographical variety of the zones, the anthropological nature and heterogeneous linguistics created problems at the time of establishing communication between the Europeans with the natives. In spite of this, they facilitated a communicative interchange prior to the arrival of the expeditionaries as well as the help of interpreters.
The expeditionaries attempted to learn about the lifestyle, the customs and language of the people who lived in those places. We will point out the work done of some of the men of the expedition, who developed dictionaries of the native languages. It is true that Malaspina´s men did not produce descriptive nor grammatic linguistic works, but they compiled listings of words, which were included in their diaries and relations.
The manuscripts which contained the mentioned vocabularies belonged to the bibliographic sources of the Museo Naval of Madrid.
The manuscripts are grouped geographically in four areas:

1. *Costa meridional de América*, that is, the Patagonia and the south of Chile.
2. *Costa de California*, to the latitude of Monterrey.
3. *slas del Pacífico*.
4. *Costa noroeste de Norteamérica*, the richest sources. To this zone belongs the lexical repertories corresponding to the language of the Bay or Entrance of Prince William (eyak), which were elaborated by Juan Eugenio de Santelizes between February and March of 1791. Forming part of this area is also the vocabulary of the language spoken in the southern entrance of the Strait of Fuca (makah), elaborated by the Alcalá Galiano Expedition in June of 1792. Together with them we must note that of the language of Port Mulgrave (tlingit, nadéne language), gathered by José de Espinosa y Tello between June 27 and July 6, 1791 and that of Nootka in which we find different series, amongst which we point out the vocabulary of Francisco Moziño and that of Dionisio Alcalá Galiano.

Thanks to the task of recopilation of these expeditionaries, we have available information regarding the communicative interchanges, besides their own description in the diaries. Amongst those terms are the words which designate the most immediate and everyday reality, the terms of the family and hierarchial relationships that the Europeans observed, and the most common action verbs.

All the vocabularies are bilingual, as they give the corresponding terminology between Spanish and native words. The lexical lists are presented by alphabetical or subject order.

The words of the vocabulary are grouped in semantic fields such as: parts of the human body, animals, plants; hunting and fishing equipment, decoration objects, elements related with hygiene, everyday life items; food, dress, home; God, religion and death; navegation; natural elements, atmospheric phenomena.

We shall review on continuation each one of these fields (having a low opinion of the vocabularies of Polynesia, South America, and of the California Coast).

The vocabulary of Nootka presents a very complete repertory of the *parts of the human body*. Selecting "throat", "uvula," all the names of the fingers, "neck," "navel," "armpit," "eyebrows", and metaphors as "nose hole," "eyeballs," "unclear vision"; in detail, the names of the distinctive characteristics of the human body, men and women, are pointed out, as well as the names of all types of secretions. Mentions of muscles, visceras and conducts are also included.

The Nootka vocabulary has numerous words for *animals*: "octopus," "duck,", "horse," "mouse," "deer," "eagle," "sparrow," "seagull," "big and small crows," called by their known names.

In the Fuca vocabulary *hunting and fishing instruments* are not mentioned; in Nootka: "arrow" and "net"; in Mulgrave: "lances," "arrows," "fishing net."

The most frequent *decoration objects* are the "beadworks." In Mulgrave are included: "earrings" and "curved bone and copper cylinders which pass through the cartilage of the nose."

In relation to the *elements* related to hygiene, in Nootka ("comb," "oil" and in that of Prince William ("mirror"). The mirror was one of the gifts which the expeditionaries gave to the natives in order to assure a first peaceful encounter, or at least an encounter not conflictive.

In Nootka, we find "meat," "milk," "fish," "herring," "apple," and the generic "fruit trees" and "fruits."

The words related with *dressing or clothing* are: "the hat," "the gloves," "the feathers tunic," "the fish membrane shirt" (in Prínce William). In Mulgrave to the generic "clothes" they added "underwear," "jacket," "cap or hat" and "dress." And in Nootka, "shawl" and "hat."

Besides the *designations for God*, in the Nootka vocabulary we encounter the words "Hell" and "*Tais* of Hell." In the rest of the vocabularies (Prínce William, Mulgrave and Fuca) such terms are not encountered.

We encountered words belonging to the surroundings of *religion and to death* in Mulgrave ("funeral home or cemetery" and a long list corresponding to the "human figure, large wooden figures, which are placed on a pole near their burial grounds, being that it may represent a person or an idol", that is to say, totem).

It is curious the denomination of the house in Mulgrave, being that we find the same term for "large wooden canoe" and "house of the same." In Nootka "house" and "house alone" are mentioned.

As for the terms referring to *navigation*, in Mulgrave there are various types of boats ("large wooden canoe," "leather canoe") as well as tools ("paddle"). In Fuca we only find pieces of boats ("masts" and "sails"). That of Nootka only has "boat," "canoe" and "paddle." We see how the Indoamerican word "canoe" is transplanted to other places.

The words of *Nature´s elements* are present: in the repertory of Prínce William "waves," "sea," "land"; in that of Mulgrave "clouds"; in Fuca "lagoon," "river."

The Nootka vocabulary is that which offers more words related with *atmospheric phenomena*: "lightning," "rainbow," "strong wind," "good wind," "Northeast wind," "North wind," "South wind," "lightning bolt," "rain," "snow," "hail" and "ice." On the other hand we do not find any word referring to them in Fuca. In Mulgrave, "rain water or perhaps the action of raining."

We know the *utensils of everyday and domestic life* from the Mulgrave vocabulary ("spoon," "knife," "exterior blanket," "interior blanket," "small wicker basquet" and a type of baby crib"). In Nootka ("pillow," "chest" and "bed") are hardly mentioned, and they are not even mentioned in Fuca.

Some words for *animal skins* that are found in Nootka ("fox skin," "otter skin" and "bear skin") and "otter skin and small fox skin in Mulgrave; regarding the *metals* in that of Prince William ("iron," "wire" and "copper") and "copper," "iron" in Nootka; of *parts of the birds* in Nootka ("wings," "tails," "bird peak," and the precise "wing feather" and "plucked feathers"), as well as the *plant parts* ("roots" and "leaves"). In Nootka we find an unique name of a plant, "*espírea.*"

The Fuca and Prince William vocabularies do not have words for *family relationships*. One more time it is that of Nootka which is the most complete, with ten words. In that of Nootka there are words "wet-nurse" and the opposite "friend/enemy."

In the Fuca vocabulary we do not find terms related with the *social relationship*. In Mulgrave there are "captain" or "chief" and the "name of the *Cazique.*" The Indian word again known at the end of the 15th century is used for the new reality seen in the 18th century.

The *descriptive verbs of everyday life activities* gathered are very numerous.

In the word repertory of Prince William "to rain," "to change," "to drink," but not "to eat"; in Fuca "to hear," "to cry," "to swim"; in the Mulgrave listing, together with them are others ("to sleep," "to snore") and those related with the greeting and friendship ("to shake hands" and "to embrace"). In that of Nootka there is more lexical precision. Thus, in the section of personal hygiene are included "to wash oneself," "to comb oneself," "to wash one´s hands," "to cut one´s hair"; in that of alimentation, "burp," "to throw up," "to suck," "to be thirsty," "to be hungry"; in that of rest, "to be awake," "to be sleepy"; in that of sentiments, "to sigh"; in that of the senses, "to smell" (the list is even more rich, but we omit it).

We find *adjectives applicable to the human being and to things* in Mulgrave (only "pretty"), although they do not appear in Fuca and in Prince William. In Nootka: "one-armed," "deaf," "*gibo,*" "sick," "drunk", "mad" and "liar."

The expeditionaries also gathered grammatical elements. In the vocabularies appear *adverbs coordinated of space and time*. Nature´s terminology does not appear either in that of Prince William, nor in that of Fuca: in that of Mulgrave only "nothing," "altogether." It is in Nootka where we find the ("personal you singular," "we," and "your", and the interrogatives headed by the questions: "When?," "How much?," "What?," "Who?." As for quantifying in Nootka, we find "many," "few." On the other hand, we do not find any in the vocabularies of Prince William, nor in Fuca, nor in Mulgrave.

On studying the oceanic words contained in the analyzed lexical repertories surprises us, for example, the descriptive paraphrases of the verbs, the partialization in the denomination of the parts of the day... In fact, it attempts to give an idea of the detail which establishes that language (and perhaps does not know Spanish). At times, it becomes difficult the conceptualization: "*lastimar el humo*," "to see oneself in the eyes of another" (Nutka). In the same line the present reader is aware of the names of colors which are gathered, that, certainly, do not result in receiving attention: en Nutka, "yellow," "blue," "red,", "black" and "green."

We emphasize, amongst other phenomena, the following:

a) the *use of the proverbs* to speak, to give, to be, to have and to say: "to speak to oneself," to speak alone," "to speak too much" and "to speak secretly," "to give offense," "to be awake," "to be silent," "to be tied up," "to be loose," "to be good," "to stand up," "to be sleepy," "to say from memory."

b) the *verbal paraphrases* (verb and noun or object): "to come across something," "to look for something," "to turn over the canoe," "to shoot an arrow," and "to wash the face" (in Nootka).

c) word groupings related with the *welcome*, with *greeting*: "to shake hands" (en Mulgrave), with anger: "to stick out the tongue" (in Nootka), or with the pain: "to burn out the hair" (Nootka).

d) words for the different moments during the *passing of the day*: in Nootka: "afternoon," "night," "summer's day," "winter´s day," "summer's night," "winter´s night"; in Mulgrave: "daily revolution of the sun"; in Fuca: "sunset."

f) *precise information* on the material base of their dressing: "*the fish membrane shirt*," "the feathers tunic" and "the intestines from which dresses are made" in Prince William.

g) the use of *metaphors* related to the parts of the body: "opening of the nose," "clowdy vision," "eye orbit" and "face dimples" in Nootka. We must suppose that the Indian language knows the same metaphor as the European. And that of the epitaphs: "Prince of Hell" in Nootka.

h) the references to *gesture contact*: "to call by signs," "to take by the hand," "to make gestures," "to take by the clothes" and "to take by the arm" in Nootka.

What is surprising to the philologist on analyzing these words from a pragmatic perpective is the use of the language and the conditions of the use, it is the presence of phrases which form a small repertory of structures that should be used for the diverse functions of the most frequent communicative acts.

For its presentation, we emphasize the functions of social relationship, that of information, that of communicative actions and that of sentiments, likes and opinions.

In the formulas of *social relation*, the vocabularies do not have linguistic structures which correspond to greeting. But we do find, on the other hand, constructions utilized to call someone´s attention: "Listen," "Look at that."

As for the offerings and invitations, we have not found structures for asking or offering help or support. Nevertheless, we do find phrases to ask for something from someone: "Give me," "Give me something to eat," "Give me a gift," "Give me something in exchange," "Give it to me to see," "Give me more," "Throw it away," "Turn out the light," "Open," "Close," "Hang on," "Sit down," "Go away," "Go outside," amongst others. We also find the simple "Thank you."

In the vocabularies there are no expressions for condolences nor to ask or accept regrets from someone.

Amongst the expresssions there are those regarding the *information*. There are phrases with which the expeditionaries gathered information from the natives regarding the reality found in those lands: "What is it called?," "In where?." The vocabularies have formulas of affirmation and negation ("yes," "yes sir," "no," "no sir,"), to ask someone to repeat something, or to express doubt, confidence or incredulity or to state that one is not in agreement with someone ("What are you saying?"); to take away importance from something or show indifference ("It is not worth anything"); to prove that the questioner has understood the message ("Do you see?"). On the other hand, we do not find elements of the commencement or termination of a conversation or chat, change of subject, to exemplify or to place something to be pointed out.

Questions do not appear nor affirmations if somebody is sure of something, nor speculations regarding something which could happen.

The constructions do not prentend to persuade somebody to do something, nor suggest something to somebody, but in all the occasions the imperative is used: "Come here," "Come with me," "Go away from there," "Go."

In the relm of the reactions we find formulas to reject somebody and to express irritation for something ("Enough"); to interrupt or to cut off somebody, we find ("No more").

As for the *expressions of sentiments, tastes and opinions*, we do not find formulas which express anger, admiration, surprise, interest and enthusiasm. Neither are found phrases of optimism, pessimism, physical pain, nor formulas to express sorrow for something, express regret, resignation, sadness, pain, disgust, displeasure. We only see the simple "I like it."

The vocabularies contain *strong negative and positive affirmations*. The negatives are formed by the negative adverb "no" and the verb. The positives are such as: "It belongs to me," "This is mine," "Mine."

All the analyzed structures show how the communicative relationship between the two groups are established. And we venture to affirm that the largest part of all of them was formulated by the expeditionaries, perhaps even if others as "Give me something," were said by the natives. For that reason, can we say, that a pacific and verbal domination was exercised, on the speaker of the visited lands, at the same time, as the men of Malaspina obtained the political-commercial objective, as well as the scientific?. The frequent use of the imperatives and the elemental constructions indicate that the expeditionaries were the ones who used the majority of those phrases with forceful exhortation, without mitigating the mandate.

The simplicity of the formulas could respond to the fact that the expeditionaries did not need complex phrases in order to deal with the natives regarding commerce, and due to this circumstance we have to add that the length of stay in each one of those places was brief.

The interests, the preparation and the attitudes towards the words which guided the 18th century expeditionaries were not the same utilized by the 16th century missionaries. Neither in the scientific plan of the trip elaborated by Malaspina, nor in the previous questionaires sent to the *audiencias, corregimientos* and missions, nor in the orders sent to the officials, is a linguistic objective mentioned. The linguistic studies did not form part of the scientific goals of the expeditions of the era. The recopilation of vocabularies and the study of the native languages constituted only as instruments in order to understand more about those groups, but was not an end in itself.

There was no one in the expedition especially qualified to prepare a lingustic study, even if by desire or by natural disposition, some officals were outstanding in this discipline: the naturalist Antonio Pineda in the study of the *patagones*; José de Espiniosa y Tello in the languages of the Northwest Coast of America and California, and Ciriaco Cevallos in the Polynesian language of Vavao.

See bibliographie and notes in the Spanish texte.

In a complete view, the preparation of the dictionaries of the native languages served the Spanish expeditionary as a useful instrument to communicate, with the objective to understand how to approach the native in order to be understood and, at the same time, answer the desire to understand a new Nature in order to obtain the ethnographic information which requires the scientific objective which the expeditions followed.

In conclusion, these vocabularies, even if they were not prepared with a linguistic objective, they constitute a valuable recopilation of oceanic tongues. We have analyzed the manuscript documents and written these vocabularies within the historic place in which they were utilized as a useful tool of communication between the expeditionaries and the natives in order to gather commercial, maritime, geographic, strategic and anthropological information. The anthropologists and ethnologists have studied from all those vocabularies, and still continue a hundred years later which are studying the disappearance or the survival of those people, and analyzing the culture, through those of the artifacts which have come across and of the lingusitic documentation which these vocabularies conserve.

CHANGE AND CONTINUITY IN THE ART OF THE NATIVE CULTURES OF THE NORTHWEST COAST OF NORTH AMERICA. THE CASE OF THE NUU-CHAH-NULTH[1]

Emma Sánchez Montañés

For any person who, for scientific reasons or out of sheer curiosity, is interested in the indigenous cultures of North America, the sole mention of the Pacific Coast or, more specifically, what is known as the cultural area of the Northwest Coast, immediately brings to mind, as if it were a symbol, the image of an elevated post, the incorrectly named totem pole, which stands isolated, filled with a series of painted and carved figures. Its image has been, and is still generally used in public advertisements, standing beside the figure of one of the "Indians" which have nothing to do with this region.

And yet however, neither in a recent past did the native settlements of the Northwest Coast have anything to do with this image, as the heraldic post -as it should be more correctly denominated-, isolated and separated from the living spaces, is neither an aboriginal tradition nor was it characteristic of the whole area. The splendour of the heraldic post corresponds to a clear period of cultural destruction, a kind of "swansong" for a culture seriously affected by the impact of the euroamericans. Today however, it has been recovered, even by tribes who did not originally use it and, as has occurred with other artistic manifestations, some of clear western cut, it has been resumed, re-elaborated, and now performs a full and integrated function in cultures that are fighting to survive maintaining their identity.

However, the case of the "totem pole" is only one of the many misunderstandings that have characterized western knowledge of the native cultures of the Northwest Coast.

Geegraphy of the Northwest Coast of North America

Strictly speaking, the region denominated as the cultural area of the Northwest Coast of North America is the coastal strip which extends between 60º and 40º north; more than 2,400 kilometres as the crow flies, from Yakutak Bay, at the foot of Mt. St. Elias, in Alaska, to Humboldt Bay, north of California. However, traditionally, for researchers and especially academics of traditional art, the "Northwest Coast" has always terminated at the Columbia river.

We are faced with an indented and mountainous landscape, with channels that penetrate up to one hundred kilometres into the mainland, between imposing cliffs, high mountains and a multitude of islands -remains of the primitive coastline. On dry land, the area is surrounded by mountain ranges which, depending on the country, receive a variety of names and which rise sharply to around 1500m. Torrents of water are transported along the channels and inlets, but only a few large rivers communicate with the interior, creating vital transportation links. Given the unevenness of the coastline, the sea has always been, and still is, the main medium of transport.

The climate, affected by the warm Japanese currents and by the mountains which are a barrier to the western winds, is generally mild and very humid. Rainfall levels are high in all parts, although snowfall and frosts vary a great deal descending to the south. Summer is the driest and sunniest season.

This climate permitted the existence of the most exuberant forests of North America, particularly conifers of more than 80 metres, which covered the mountain slopes and extended to the shoreline. Standing out amongst the species of the two forest regions which cover the whole area, are the cedars -the yellow and most of all the red cedar, the prime material for traditional cultures. Amongst the tall trees abounded a great variety of vegetation -giant ferns and, most importantly for the native diet, berry-producing bushes. Today, the remains of the original forests are very limited due to the activities of the forestry industry.

Although different cultural variations exist in the area, there is also a certain unity which characterizes it, based on specific means of use and exploitation of the resources. All the peoples of the area shared a specialized hunter-gatherer economic model, based on the exploitation of temporaryly variably abundant -mainly anadromous fish; they lived in semi-permanent sedentary settlements; they built large, solid, wooden houses; and they had a particular social organization which allowed efficient exploitation of their specific resources.

However, it is important to point out that what are commonly understood as indigenous "tribes" of the Northwest Coast are actually linguistic groups, without any sort of political or social integration in historical times. These aspects were centred around the settlement.

These main linguistic divisions can be grouped into three "provinces" or regions which correspond both to ecological and cultural criteria, and are particularly significant insofar as art is concerned. Hence, in the Northern

Province we find the Tlingit, in the archipelagos and coastal strip of Southeast Alaska; the Haida, in the south of Prince of Wales Island (Kaigani subdivision) and Queen Charlotte Islands; the Tsimshian, on the coastal strip between the mouths of the rivers Nass and Skeena (with two subdivisions -the Nishg'a in the Nass River basin, and the Gitksan in the Skeena basin.

The Central Province, from the Gardiner Channel to Cape Mudge (except the area of the Dean channel) along with the north and west of Vancouver Island and the Olympic peninsula in Washington, was occupied by the Wakashan supradivision. Those traditionally known as the Northern Kwakiutl are made up of the Haisla, which are found in the Gardiner and Douglas channels; the Hai-hais in the Finlayson and Mathieson channels; the Heiltsuk (formerly bella-bella) in the Milbank and Fitzhugh sounds; and de Oowikeeno of Rivers Inlet. From her to Cape Mudge and in the north of Vancouver Island can be found more than twenty subdivisions which formed the formerly named Southern Kwakiutl. Today they call themselves Kwakwaka'wakw. The Nuu-chah-nulth, formerly Nootka are found on the west coast of Vancouver Island and the Makah in the Olympic Peninsula, USA.

The Southern Province is made up of the Coast Salish, situated between Bute Inlet and the mouth of the Columbia river, and in the east of Vancouver Island. An isolated group of Salish tongue are however, found in the north, interspersed with the Northern Kwakiutl, in the Dean channel and in the stretches north and south of Bentick. These are the Nuxalk (formerly called Bella-Coola).

The traditional cultures

The population was sited in large settlements concentrated on the coastal strip, in a sheltered cove with an easily accessible beach and close to a source of fresh water. The settlement was effectively the unit of control and exploitation of resources. The main settlement was occupied in winter, the season of tool preparation and celebration of a number of ceremonies and events. From March to September, the whole population would move to different temporary abodes for the exploitation of certain resources, whilst the structure of the main settlement would remain in place.

The houses were built facing the sea, forming one or two rows, and were made of a permanent structure of logs and a removable covering of planks and boards which were taken to the different summer campsites. The building style varied in the different provinces.

The house was also the unit of social and economic relations. In it lived a chief, the owner, with all his family descendants, slaves and a series of "tenants" or free men who stayed in a temporary fashion, helping with production activities, but with a great mobility. The spatial division in the interior of the house clearly reflected these social differences. The interior supports of the beams and the façades of the houses were also decorated with the emblems of the owner, but the great chiefs would also place large sculptures, whose mouth or stomach constituted the entrance to the house, this being the only access in traditional abodes.

The environment provided a variety of marine and terrestrial resources, but these were only available in abundance in specific areas and at specific times. In addition, variability in the weather could impede access to the most important resources at key moments. Therefore, exploitation of the resources using hunter-gatherer technology was made difficult (Carretero, 1995). It became necessary to specialize in those resources which, besides being abundant, were also suited to storage and conservation for the rest of the year.

The most important element of the diet were the different species of salmon. They were fished both from the sea and, especially, during the time when they swam upriver to spawn, using traps and dams. Their importance was such that those groups which did not have salmon rivers within their territory tended to be smaller, carrying out catches on the coast and obtaining catch by trading with groups from the interior.

From the olachen or candel fish was extracted an oil which was vital to the diet, as it served as both a condiment and a conservant. It was obtained in large quantities only in localized areas, being one of the most important commercial articles, transported over large distances by canoes along the coast and towards the interior, along so-called "grease routes".

Other important resources were the halibut, various species of scorpaenids, the herring and fish spawn. Marine mammals were also significant, most especially whale hunting among the Nuu-chah-nulth (formerly called Nootka), an activity reserved for the chiefs, surrounded by prescriptions and rituals. As a dietary complement, and when other resources were lacking, molluscs, crustaceans and algae were collected and the forests provided a great variety of berries. One of the most appreciate was the bulb of a lilacea, the "camas". Hunting of terrestrial mammals was also of secondary importance.

In this unique environment, temporary abundance and predictability of the anadromous fish allowed an accentuated specialization of these societies with hunter-gatherer technology. However, the capture, processing, conservation and transport of large quantities of provisions that would last the entire year, but that could only be obtained in localised, isolated areas and only during a very brief period of time, were conditions that, in the absence of a complex technology, demanded a very high concentration of work effort with an extremely efficient organisation of the chores (Ames, 1981). This caused the appearance and consolidation of a considerable social stratification. This temporal and spatial variability of resources was accentuated further north, and it is significant that the most characteristic of the cultural models are also found in the Northern Province.

The northern groups were organised socially in "moieties", "phratries", and clans (Boas, 1924; Barbeau, 1912), being matrilineal and exogamous the most important blood links. In the central province the divisions lack the rules of exogamy (Boas, 1924: 326), individual affiliations could change and, in contrast with the northern groups, the terminology of lineage did not reflect distinctions either. Within the southern groups and the Nuxalk there are no vestiges of clanlike organisation, only lineages and local units of patrilineal filiation. Throughout the area, the "phratries" also performed a political function, preventing belligerence between "phratries" of the same crest, which in turn favoured commercial and ceremonial relations.

Phratries, clans, lineages and families recognised each other through crests, generally of zoomorphic and mythical character. The term crest -never totem- exactly describes the representation of the animal or entity by which specific groups were named and through which they were connected by links of special affinity (Barbeau, 1912: 87). The use of crests was constant and multiple: they were painted on the façades of houses, or on the body; they were carved on posts and on the walls of houses, on chests and boxes and also on ceremonial objects like masks, rattles, blankets and robes.

The crest, the name of an individual and his social status were indissoluble and were all bound with hereditary privileges which included, for example, the ownership over land where resources were exploited, the right to live in the house of someone with the same lineage, the right to belong to a specific religious society, the right of possession of certain songs and dances...

The aboriginal society of the Northwest Coast was clearly class based (Ruyle, 1973; Donald, 1985), with three well defined classes -nobles, commoners and slaves; classes which one was born into and which conditioned the whole life of the individual. Each class distinction was clearly visible in terms of clothing, ornaments, diet and practically all aspects of daily life (Ruyle, 1973).

The nobility were the heads of the principal families that owned territories with resources and had the most important names. This principal nobility maintained a strong endogamy and held the main privileges in ceremonial life. A secondary nobility was that formed of the sons and brothers of the great chiefs; these also enjoyed certain privileges, although of lesser rank.

Commoners did not possess territorial rights and therefore held neither ceremonial nor secular privileged roles. They were the most important workforce, being able to lend their services to whoever required them, for which reason they were treated by the chiefs with a certain deference, even being allowed some minor privileges (Drucker 1951: 280).

Slaves were the product of capture through war or trade (Ruyle 1973:613). They had no privileges whatsoever, and were fully the possession of their owners, constituting a considerable workforce, as they were much easier to control than free men (Donald, 1985:239). They were also a symbol of prestige, anyone seeking recognition as a chief had to own at least one family of slaves, important chiefs owning a number of families.

War, as an answer to unequal availability of resources, was a common activity along the Northwest Coast. Its explicit motives varied from reprisals to the need to obtain booty and slaves. Full scale attacks would take place, comprising fully armed warriors against whole settlements. Archaeological evidence exists of frequent armed conflicts at least since 500 AC, war being one of the few mediums which permitted social mobility.

Secret societies, which appear to have evolved amongst the Northern Kawakiutl, from where they spread, reflected the structure of the social stratification with two main groups: the initiates and the uninitiated. The former were the nobles, whose most important chiefs possessed the most important dances and the largest number of ritual prerogatives. For initiates, the model of these rituals was similar: a family ancestor was once possessed by a supernatural spirit which showed him a certain dance and gave him the right to wear certain crests and objects. His descendants dramatise this experience representing the spirit and the ancestor of the novice, the latter feigning spiritual possession and exhibiting the dances and privileges obtained: names, songs, masks, clothing, magic tricks...

Commoners lacked ritual rights, and even had to remain outside the house during much of the ceremonial celebration. Class differences even extended to the disposal of corpses. Only nobles were buried with honours with a mourning post or in some other prestigious manner.

Potlatch, which has also become a symbol of the cultures of the Northwest Coast, gets its name from a word derived from the Chinook jargon, which did not become widespread among the natives until 1860. For the aboriginal times, it is more correct to refer to celebrations with specific names, grouped into four main categories.

The most important and least frequent were those of mourning, succession, handing over of responsibilities and prerogatives and of house building. Others were related to the winter religious ceremonial. Reciprocal celebrations between groups were related to events in the vital circle, marriage, war parties, elimination of stigmas and offences. And local celebrations, of lesser importance and duration, for those families of lower status, local religious or family celebrations, or sharing of food in times of hardship, could be included in the larger celebrations. This collection of celebrations is what is more correctly termed "potlatch complex" (Grumet, 1975).

In order to carry out some of these celebrations, vast quantities of food and gifts were amassed beforehand, new sculptures were carved on the crests of the host, who might also adopt a new name which would be legitimized through the celebration. Historical and mythical episodes related to the origin of the names, titles, clan, phratry or lineage of the host, in which masks and all kinds of theatrical paraphernalia were used, would be dramatised. At the end of the celebration, the guests were named publicly, one by one and with rigorous regard to status, giving each one diverse gifts in accordance with their social standing, in the form of otter skins, blankets, canoes and even coppers. These coppers were the most precious possessions and were of extremely high value. They are a kind of flat shield of about 60 centimetres in height, more or less trapezoid in shape, appearing to represent *Gonaqadet*, a being that lives at the bottom of the sea and bestows wealth to whom he appears (Waterman, 1923: 450-1).

Traditional art

During the aboriginal age, it is more than possible that the role of artists was no different from that of the artists in the rest of indigenous America, referring to, naturally, societies of the same or less social complexity.

Sexual division of labour was made manifest by the first European travellers and diverse authors. Women dedicated themselves to basket-making and weaving whilst men carried out wood carving and painting, activities which were generally linked (Malaspina, 1984: 13; Garfield, 1951: 66; Hawthorn, A. 1979: 5). Sexual division of artistic roles is also reflected in the particular styles of each sex -men evolved a symbolic style whilst the women's style was purely formal (Boas, 1955: 181-2).

From testimonies of the first travellers it appears that the number of artists was low and that overall it had a role of a half time specialist, having the status of a commoner or a slave. Artists were not counted among the chiefs as these could not carry out any kind of manual labour, but they depended on them insofar as they were exempt from the most part of subsistence activities and received assignments directly from the chiefs (Ruyle, 1973: 615) in exchange for which they were paid in kind (Drucker, 1951: 271-2). The position tended to be hereditary, the techniques and necessary rituals which must be observed in order to complete each object correctly were passed down and kept in the family, hidden from everyone else (Drucker, 1951: 273; Hawthorn, A. 1979: 5).

On occasion, artists were slaves who were also rewarded for their work (Jewitt, 1990). However, in some cases they could belong to a minor nobility. This was due in part to the fact that some artists had to elaborate ritual masks and compose songs, tasks which could only be performed by initiates of secret societies, even though they might be of lower rank. In addition, those artists who were exceptionally skilled were attracted by the chiefs with gifts to ensure their services, even having bestowed upon them certain prerogatives.

The materials and work techniques employed by the artists of the Northwest Coast is one of the most changeable aspects of the artistic process, but also one of the most traditional and, although new materials and tools are readily adopted, many others have been maintained until today, together with the form of the carving instruments and techniques.

Wood was and is the prime material used in all the area, being abundant and easy to work with, even in the absence of metal tools. The most widespread is that of the commonly termed cedars, both red and yellow, which in reality belong to the family of the cupresaceae, *Thuja plicata* and *Chamaecyparis nootkaensis* respectively (Stewart, 1984). Their wood was appreciated to the extent that the Tlingit, in whose territory these trees did not grow, would take advantage of the cedar logs carried onto the beaches by the tides and would even import the wood from their southern neighbours (Laguna, 1977: 413).

The tools and techniques employed to fall the large trees and to transport them, convert them into planks and boards, or for the construction of canoes, chests and all types of objects, have been described in great detail by Hilary Stewart (1984). Everything was decorated with paints and was complemented by the most common and probable most ancient method of low relief cutting, obtaining an effect in two dimensions and following the same rules as with the painted designs (Holm, 1965: 17).

Paint was also applied to clothing, especially on ceremonial robes, basketry, and generally, hats. The main colours were black, red, cobalt green or blue (on wood), and yellow (exclusively on fabrics). Black was obtained from lignite, graphite and vegetable carbon; red was obtained from ochres and greens and blues from clays with copper sulphurs. Yellow came from the "wolf moss" (*Evernia vulpina*). The pigment was mixed with an oil based on salmon roe and the paint was applied using brushes of varying size made of porcupine spines inserted into a wooden handle.

Although there are still those who maintain that iron already existed on the Northwest Coast on when the first travellers arrived (Blackman, 1976: 393; Peña, 1969: 156; Crespi, 1774: f. 19r), the evidence points to it being rare, a product of debris brought in by the sea, or of trade with Europeans (Laguna, 1977: 412; Malaspina, 1984: 243; Moziño, 1913: 42). Many of the early testimonies refer to the zest with which natives tried to appropriate any iron object (Bodega & Quadra, 1990: 74; Arteaga, 1975: 75; Martínez, 1964: 121-2).

The small scale and high value use of copper, always as a covering is proven, although the mode of smelting is unknown. It was used for arrowheads, harpoons, daggers, personal ornaments, studs on masks and as "coppers". It was reused thanks to its malleability and its resistance to disintegration. The Tlingit were the main copper owners, trading it either as a raw material or as manufactured objects.

Other materials used were ivory and bone, for amulets made of bear teeth, walruses...; boiled and softened horns for boxes, ladles and vessels, stone and shells. Bamboo, occasionally found on the shore was a valuable rarity and was used by Tlingit girls as hair ornaments (Laguna, 1977: 413).

Cedar appears again as the most important prime material in basketry and weaving, the roots and interior cortex being the parts most used (Stewart, 1984). Chilkat blankets, for example, were made with warped cedar bark covered with mountain goat wool and weft, hand-woven on a rudimentary loom of only one crosspiece. There was a considerable variety in the number of basketry techniques, as with manufactured objects, especially hats.

It may seem at first, that the piece of art should be the easiest element in the artistic process to reproduce, as in the case of the plastic arts -which concern us here, the artwork it adhered to a material object that then serves us as an information source. However, in the case of the Northwest Coast, the custom of mask burning, the elevated humidity and the systematic destruction in some cases by white missionaries, have rapidly made wood, basket and woven materials disappear. Therefore, not many pieces of art dating from before 1770 have survived, and the majority of these are found in European museums such as S. Petersbough, the British Museum in London (King, 1981) or the Museum of America in Madrid (Sánchez Montañés, 1991). However, stone, horn, bone and ivory works, mostly from archaeological excavations have remained and are dispelling the problems surrounding the ancient art of the area, and can be found in museums in Canada and the USA (see, for example, Carlson, ed. 1976).

The description or mere listing of the traditional pieces of art would occupy a great space. We must remember that the façades of the houses, canoes, chests and boxes, clothing and hats, masks and head-dresses, cloaks and blankets, vessels and containers for serving food, spoons and ladles, ceremonial gear, rattles, rods of office, helms, armour, shinguards, nearly all objects, naturally those belonging to chiefs, were painstakingly carved and painted with the owner's family crests.

However, the work considered perhaps as the most distinctive of the Northwest Coast is the incorrectly named "totem pole", in reality a heraldic post. Before colonial times isolated posts did not exist. *Mourning posts* were known, between one and five metres in height. One or two of these posts would support a carved coffin which would contain the remains of a head of family, or they could be hollow at the frontal superior part to contain the remains, then being closed with a large, carved, painted frontal plank. Also in this group are the *memorial posts* which were located near the tombs.

Heraldic posts were placed in the façades of houses or in their interior. In the first case they could be hollow, generally at the mouth or stomach of a zoo-morphic figure that would serve as the entrance to the house, whilst interior posts were usually the main supports of the structure on which various crests were carved. The latter were typical of the Kwakwaka'wakw and the Nuu-chah-nulth.

The characteristic style of crests

The traditional style of plastic art in the area of the Northwest Coast can clearly be defined as an "emblematic" art. By this we mean that the main characters of their representations are the crests or elements by which the different social segments of the population are identified. We therefore find crests representing phratries, clans, lineages, families, and individuals. Crests are generally in the form of animals, mostly from the natural world but some of fantastic character, inspired in some cases from recognisable animals but totally imagined in others.

The modes of representing these animals is very particular and diverse, being easily identifiable in some cases, whereas in others only the most distinctive traits of the animal are recognisable: the teeth and tail of the beaver, the snout of the bear, the fin of the killer whale, etc.

The stylistic configuration of these crests was perfectly structured and regulated to the point that the designs could be reduced to a few motifs that combined to form a figure, for which were regularly used (and are still used) plans. Bill Holm (1965) carried out a study of this subject that has become a classical and essential work, and a leading book not only of researchers of the art of the Northwest Coast but also of the Native artists, who often work following its indications.

Holm unveils the keys for understanding the artistic style of the Northwest Coast. He describes it as a profoundly picturesque and two-dimensional concept, in which the principal lines of design, or formal lines, essentially curved and always in black, come together in the form of a fluid weft. Secondary formal lines in red, and sometimes tertiary lines in blue-green, complete the design. These lines are composed of a series of perfectly codifiable motifs, such as the ovoids, u-shapes, s-shapes, or designs of feathers which are made with the help of casts made from cedar bark.

It is the combination of these particular motifs and the manipulation of the painted line, which is elegantly made thicker or thinner at certain points, that marks this particular style in the traditional art of the Northwest Coast, and that makes it unique among all the Native American art.

However, and as the author acknowledges, the cultures central to the development of traditional indigenous art of the Northwest Coast are found in the Northern Region, and particularly among the Haida of the Queen Charlotte Islands and the Tsimshian on the mainland (Holm, 1965: 20). This is true to the point that the art of the northern groups and particularly that of the Haida, considered "classical" art, has generated an abundant bibliography. Kwakiutl art has also deserved a special attention, mainly because of the fact that the Kwakwaka'wakw are the group that have best preserved their ceremonial traditions, in spite of the tremendous pressures exerted by the government authorities (Macnair, 1984: 71), producing therefore the artistic manifestations that accompany such ceremonies.

But the Northwest Coast does not end, from a cultural and artistic point of view, with the above-mentioned groups. And it may be that the traditional art of the Nuu-chah-nulth is one of the least studied, even, on occasion, the least valued in comparison with the northern styles. By departing from the formal structuring and of the particular style of the northern groups described by Holm, it still lacks a body of studies similar to that dedicated to the art of other groups of the region. It involves however, an original art of its own, which should be valued in itself and not in reference with other styles, and of which we shall attempt to make some commentaries. The objective is not to produce an extensive treatise about the subject, but to call attention to its distinctive character, to reflect upon the variety of art in the area and especially, to learn something of the change in the art of a specific group, of which many examples exist in Spanish museums such as the American Museum of Madrid, where important documentation is also found, for obvious historical reasons.

The traditional Nuu-chah-nulth art

To attempt to generalise about the traditional art of the Nuu-chah-nulth is not an easy task, as the scarcity of existing bibliography is coupled with the fact that in that bibliography information about the aboriginal stage is mixed with that from the colonial period and even with modern art.

The traditional art of the Nuu-chah-nulth was an illustration of the spirit world. This statement by Arima (1983: 160) could well serve as an introduction to a general consideration of the art of any group of the Northwest Coast. To this, would have to be added, as already described here, that it was also an illustration of the social and political world. As in all the area, the different artistic manifestations were perfectly integrated and were also the exponent of acquired hereditary rights. Sculptures in the form of masks and headdresses, clothing, music, songs and dances, and all sorts of ceremonial objects worked together, although westerners, and from a slightly distorted perspective, persist in considering each manifestation separately, concentrating generally on those termed plastic arts. It is therefore necessary to try to understand, albeit minimally, that supernatural world, in order to understand the art that expresses it.

A simple look at the collections of Nuu-chah-nulth art collected by the first travellers to the region, concretely those of the British Museum in London and the Museum of America in Madrid, reveals to us a series of objects common to the tradition of the area, but others that are unique, and also a personal artistic style, different to a certain point, from that of the northern cultures. Some objects could be considered of daily use, although they are profusely adorned, others are related to warlike activities and many probably had a ceremonial function.

Without being exhaustive, we can see a number of wooden vessels, of sculptured character, common to the art of the Northwest Coast, but with stylised, although naturalist human figures. Figures which also appear in some characteristic sculptural groups, unique to the traditional art of the area, representing maternal scenes. We also see combs carved with geometric designs or elementary faces, blankets and capes made with interwoven fibre from the bark of cedars, some decorated with geometric designs; others painted in a traditional style.

Among the weapons, we find ourselves before the characteristic maces made from whalebone, in the form of swords, with the hilt always carved with the head of the Thunderbird, and whose blades are covered with engraved designs. Other weapons are the daggers or short maces made from stone, or with wooden hilts and stone blades, in which also appears the Thunderbird or a human head. And the wooden "picks", with exquisitely worked hilts, perhaps the most sophisticated elements of three-dimensional nuu-chah-nulth sculpture and which represent a series of interlaced animals (King, 1981: 70-71).

There are frontal head-dresses representing the wolf and birds, and extremely realistic masks, of great simplicity but enormous expressiveness, and also some carved heads, of an indeterminable function -amongst other suggestions is that they were used in the winter ceremony (King, 1981: 78). Also characteristic are the drums, with pictorial decorations which either complete the form of a bird, or display motifs of points and curved lines.

A first glance at these and other examples of ancient Nuu-chah-nulth art tells us of a somewhat naturalist art, but above all expressive, which does not disdain the representation of scenes or even states of mind.

As general traits, the traditional Nuu-chah-nulth style lacks the formal rigidity, the rigorous integration of the formal elements of the northern style (Arima, 1983: 160). It involves a loose, fluid style which however, often combines with a certain angularity. Standing out, is the liberty of the formal lines, which do not adjust themselves to any preordained scheme and which flow freely across the background, although they may be limited by use of a border; and the absence of the northern tendency to fill empty spaces with elements of design (Stewart, 1979: 94). The use of ovoids is rare, and when they occur, they present symmetry in both axles and a characteristic round form. Designs derived from ancient tradition but powered with the most recent art are, for example, feather designs, more naturalistic than there counterparts in the north, as they have a characteristic well rounded tip. Their size and development mean that, in this case, they become primary elements rather than "fill in" designs (Arima, 1983: 160). Square and rectangular shapes which represent elements such as rocks, clouds or the sea, are also characteristic, and, according to Stewart (1979: 94) may owe to the influence of basketry designs, being of ancient tradition. According to the author, another typical design is that of the four way split, which originates on uniting two U split designs, and which is sometimes stylised simply in the form of a cross in a circle. Also traditional are lines composed of dashes or parallel dashes, and circular and arabesque elements (Stewart, 1979: 94).

In the oldest pieces, corresponding to the aboriginal period, we find decorative designs which are dominated by points and rows of points, rounded rectangles, curvilinear elements, and most of all designs that aid in the definition of the form, in this case by means of paint rather than carving, to the extent that we can talk about a traditional "graphic style" (Macnair, 1984: 39).

Traditional Nuu-chah-nulth iconography is dominated by representations of the Thunderbird, generally in association with the Lightning Snake (Arima, 1983: 160), which are subjects that also appear in the art of other groups but which gain a special relevance here. They are the crests associated with the hereditary rights of chiefs, shown again and again on painted screens, figures in the interior of the houses and on masks (Arima, 1983: 1963). Today, the present first chief, Maquinna, of the Mowachat possesses a Thunderbird mask, the crest of the main chiefs of the Nuu-chah-nulth. Also characteristic is the representation of the Wolf, the main character in the traditional winter ceremonial.

We shall now pause to consider some of the characteristic manifestations of Nuu-chah-nulth plastic art, in which we find reflected this unique iconography. We shall consider them in context with the traditional period, and we shall contemplate their development until the present. We have chosen the ceremonial masks which, although with changes in form and style, are still used in a context similar to the traditional context; exterior heraldic posts, absent in the aboriginal period but of great importance today, as exponents of the assumption of traditions of the area and recuperation of native identity; and the so-called "chief's hats", which after a period of extinction, have returned, although with a different function to the originals.

Ceremonial masks

Jewitt, the English mariner who was a captive of the Mowachaht between 1803 and 1805, describes in his journal the most important ceremony of the village -the Dance of the Shamans or of the Wolf, the *tlukwana*, which dramatised the kidnapping of the initiates by supernatural beings in the from of a wolf, and their posterior recovery and purification (1990: 235-236). Jewitt also mentions the wolf hide attires worn by the participants and the "masks over their faces depicting the head of that animal" (1990: 236).

The examples of masks or, more appropriately, headbands or frontlets, in the form of a wolf's head, collected in the eighteenth century have a sculptural character. One example in the British Museum, reproduced on a number of occasions, is cut in to separate pieces for each mandible, with a large and prominent snout. It is decorated with black and ochre paint and is encrusted with mammal teeth at the front. The wolf's teeth are depicted with dentalium shells. It is joined with a wide strip of leather to be held on the forehead (King, 1981: 81; plate 65).

After the mid-nineteenth century, a new style appeared in the form of headgear in the shape of a wolf's head, which has been maintained to the present. Their shape and construction are unique. They are conceived to be placed on one's forehead and the sides are completely flat, to the point that they could be called "plank head-dresses". They are unique among the Nuu-chah-nulth and the Makah, and they cannot be understood as a simplification of a sculptural headdress, but as an object with a particular function. All those who make flat sided masks also make other masks that are completely sculptural (Holm, 1983: 46).

The majority of the known examples of this style of head-dress represent supernatural wolves, related to the aforementioned ceremony, but representations of the Thunderbird, the Lightning Snake, the belt and the harpoon of the mythical bird, can also be found.

Their construction is similar, based on fine boards and a structure of light rods which adjust to snugly fit the head of the dancer. Their lightness permits the use of large masks, and given that the dancers jump, twist and rapidly turn their heads, all this over a long period of time, it is evident that the lightness facilitates this type of expression.

They are head-dresses conceived to be contemplated in profile, and the flat space permits profuse painted decoration, mixing elements of old design with other, new designs incorporated at the end of the nineteenth century (Macnair, 1984: 39). Circles and curvilinear elements are combined with U-shaped designs, sometimes also present the traditional Nuu-chah-nulth ovoid, symmetrical in both axles. The use of colour is also profuse, examples are found where black, green, red, navy blue, yellow, white, orange, gold and silver are used (Macnair, 1984: 39) or red, black, blue and grey over a white background and tin encrustations (Holm, 1983: 46).

Also characteristic of this type of head-dress or mask is a finishing touch at the top and back of the mask in the form of an elaborate embroidery.

This kind of plank head-dress has also been used by present day artists, such as Art Thompson, being re-elaborated and interpreted in a very personal manner (Macnair, 1984: Fig. 115 and 116).

Representations of other animals also appear in the form of masks or, more specifically, head-dresses. Some appeared to be helms, part of the war attire used by chiefs (Meares, 1970: 254, in Arima, 1983: 162). Others could be used as camouflage during hunts (Arima, 1983: 162), and also as headgear in certain dances (Moziño, 1913: 50). But in the oldest collections, there also exist some human masks, with simple, though expressive, facial traits and with accessories like human hair (King, 1981: 79; fig. 61 and 62). These were made to be worn over the face and probably represented mythical ancestors or various supernatural beings associated with the winter ceremonial (Holm, 1983: 34).

In the nineteenth century, human facial masks attained a unique style. They are angular masks of great depth, achieving a strong sculptural form with a minimum cut. The strength of the face is shown with a large, aquiline nose, large, open eyes and arched eyebrows. It is precisely these masks that have inspired the contemporary Nuu-chah-nulth to create new and vigorous creations (Holm, 1983: 34; fig. 29 and 30).

Worthy of mention amongst many other present day artists are Art Thompson and Tim Paul. They are the creators of masks inspired on the classical masks of the nineteenth century and even, in the case of Tim Paul, on the eighteenth century collection of the British Museum (Macnair, 1984: 110). They are masks made to be used also in the context of the ceremony. In this sense we can mention the use of one mask, in reality four the same, although with different designs painted on them, which are shown over a panel. They appear and hide so quickly that the eye of the spectator believes it can see one mask changing its expression (Macnair, 1984: 108), a sgood measure of the strong theatrical element of the ceremony, which has maintained itself until the present day.

Other, younger artists like Pat Amos, Joe David, Nick Howard, and specially Sanford Williams, elaborate marked personal creations, influenced in some cases by the styles of other groups of the area, although their refined masks are recognisable as being Nuu-chah-nulth too.

Heraldic posts (totem poles)

We have already mentioned that the isolated heraldic post did not exist during the aboriginal period, although the northern groups and particularly the Haida did have posts joined to the façades of their houses, which served as entrances to the same, through the mouth or belly of the emblematic animals which composed the posts.

In traditional times, and as is understood from the tales of the first travellers, there were no posts in the exterior of Nuu-chah-nulth houses, although the interior posts were carved in some houses. These carved posts, either single or in pairs, represented the crests of the family at the same time that they supported the main beam, and they added splendour and prestige to the house and its owner (Stewart, 1993: 24).

The majority of the first references refer to the Mowachaht village of Yuquot. Cook describes that many of the houses were "decorated with images", trunks of large trees, of *four to five feet in height*, placed singly or in pairs at the back of the house, with the fronts carved with a human face and arms and legs cut into the sides and painted, resulting in a "truly monstrous figure". The general name for these figures was "Klumna", and the names of two particular figures, standing side by side in a specific house (probably that of the chief) were "Natchkoa" and "Matseeta". The posts were partially covered with a hanging mat, which the natives were unwilling to move on any occasion. When they were uncovered, the Natives appeared to speak of them in a very mysterious manner, and Cook believed they were thought of as gods (1993: 367).

Martínez (1964: 121) mentions that when he saw these two main pillars carved with "monstrous masks, painted with incarnadine and black", they were uncovered and "not as Captain Cook saw them". Bodega and Quadra mention that the "columnar figures" are not "true idols" but "mere whims" or, what is more significant, "hieroglyphics which show one of the most outstanding virtues of tais" (1990: 179). Moziño (1913: 16) is formed by the "locals" that they do not represent gods and that "if they had any significance it was purely that of a man whose effort had raised that Tree to the point at which it stood".

At the start of the nineteenth century, Jewitt describes the house of Maquinna and coincides with the description of the posts that supported the main beam, with the frontal part carved with human heads of monstrous size, "painted in their way" (Jewitt, 1990: 190).

Only during this century did solitary posts start to be erected among the Nuu-chah-nulth. Although, it is significant that the most part of them were erected in Yuquot, and the strong Kwakiutl influence in the area due to matrimonial relations is thought to be the reason (Arima, 1983: 160). It is also possible that we find ourselves at the start of the assumption of a tradition, in principle of northern origin and which has slowly extended and been accepted as a symbol of identity against the imposition of western culture.

One of the first and most famous posts erected was, without doubt in Ehattesaht territory, specifically in the winter village Hock,between the Espinosa and Zeballos inlets, north of Nootka island. The post was erected at the beginning of the century by a high ranking Ehattesaht woman, married to Old Captain Jack, one of the Mowachaht chiefs. It is usually known as "Queen Mary" post, the English name of its owner (Jones, 1991: 27). The post was removed in 1985 and taken to the Provincial Museum of British Columbia, despite opposition from the elders. The museum itself commissioned a copy of the post from the Nuu-chah-nulth artists Art Thompson and Tim Paul, which was placed at Ehetis, at the head of the Zeballos inlet on September 30, 1988. Unfortunately, a few weeks later the post was knocked down and destroyed by a storm (Jones, 1991: 28).

According to Drucker, between 1912 and 1915, two isolated posts were erected in Yuquot, which was a novelty in the area. In them were claimed the privileges obtained by the Nimkish through marriage several generations earlier (1951: 76). It is interesting to note that one of them, erected in 1913 according to Arima (1983: 160), was erected by Captain Jack, son of Old Captain Jack, to celebrate his marriage to a Muchalaht woman. It is also known as the "Lord Willingdon Post" as it was presented to him, as governor general in 1929 (Arima, 1983: 160).

The other post was commonly known as the "Top Hat Post" due to the peculiar hat that the figure wore as a finishing touch. The silhouettes of both posts are clearly recognisable in old photographs (Jones, 1991: 19).

In present times, a new category of post has appeared, which may be termed as the commercial post. These are posts commissioned by sources outside the traditional culture, such as governments, corporations, institutions or even private buyers. Although generally, the art and cut of these posts is traditional and they are erected with ceremony, their significance is different (Stewart, 1993: 25). To state a few examples, the post that is found in Nanaimo, at the end of Pearson Bridge, work of Jimmy John with Norma John; or that which was installed in the Psychology building of the University of British Columbia in 1984, carved by Art Thompson and Joe David; or the one erected in 1988 in Stanley Park in Vancouver, by Art Thompson and Tim Paul (Stewart, 1993).

However, in recent times, a series of posts has been erected in Yuquot in a traditional context, specifically, in the interior of a church which, once desacralised, is being used as a kind of "big house". In the month of August 1993, the chief Jerry Jack placed two posts in the spot where the main altar had been, celebrating the corresponding potlatch. These posts are replicas of those which were found in the interior of his grandfather, Captain Jack´s house in the 1940s, as can be seen from a photograph by Barbeau (1950: 376). The crests represented are of both Mowachaht and Nimpkish tradition (Chief Jerry Jack, pers. comm.).

In the summer of 1994, chief Ambrose Maquinna also raised his posts in the interior of the Yuquot church, accompanied with a potlatch, this time in the entrance of the church. In this case, the posts are again replicas of those which were found in front of the house of the Maquinna chief in Yuquot in the 1940s and 50s (see Barbeau, 1950: 733 and 734).

In between the two posts can be found another copy, one of an old funeral monument of Maquinna, a Thunder Bird with extended wings, clutching a whale in its talons, with two snakes around it, in the middle of which there is a sun. Kirk (1986: 79) shows a photograph of the original monument and describes that, when the Thunderbird descended to catch the whale, fountains of oil would emanate from its talons, representing the supernatural meeting that was the source of the supernatural powers in the name Maquinna (Kirk, 1986: 79).

On the other hand, the monument described is clearly an imitation of the complex sculpture of the Thunderbird and its prey, the whale, which was found in the interior of the house of another Maquinna, the grandfather of the actual chief, at the end of the last century, and which was placed at his tomb upon his death, in 1902 (Arima, 1983: 162-163).

THE "MAQUINNA HAT" OR HAT OF THE CHIEFS

One of the traditional artistic objects which has been recovered almost as a symbol of Nuu-chah-nulth art and identity, are the chief's hats, with representations of whale hunts and with a characteristic conical form with a bulbous finishing touch.

Also called "Maquinna hats", thanks to the picture of the famous chief taken by Tomas de Suria in the Malaspina expedition, they have become the logo of the Mowachaht group, their effigy appearing on a multitude of objects.

Nineteen "chief's hats" are known in different museums in the world, with an ethnographic context, the largest collection being that of the Peabody Museum of the University of Harvard, where there are seven or eight examples (King, 1981: 81). The British Museum has three, and the Museum of America four, in different states of conservation. It is probable that some of the oldest registered hats are found in the Museum of America, seeing that, at least one proceeds from the Juan Pérez expedition of 1774 (catalogue nº13.567) and was identified by Bill Holm by its apparently older construction technique, and for having in its interior a find of double hat which clearly differentiates it from the other three (Cabello Carro, 1989: 114-115).

This style of hat is recognised in all sources and modern literature as being characteristic and of exclusive use by chiefs. Their indigenous name was *Seeyapoks* (Jewitt, 1990:193) or, according to Captain Cook's diary *See pooxs* or *Iseea'poox* (King, 1981: 82).

Although at first sight they can appear identical in terms of the material used and the decoration, some differences exist as to the technical aspects of manufacture, although this is not the moment to enter into detailed considerations. In any case, the bulbous finishing touch, the decoration and distinctive texture of the fabric in diagonal are easily identifiable elements.

The materials employed tended to be cedar bark and fibres from roots of spruces. The basketry technique employed was that which we can denominate "twined", consisting of the tight twining or rolling of the fibres of the weft on those on the loom, which ended up completely covered.

The specifics of the materials and their confection are unique in this particular type of hats (Holm, 1990: 625). Their manufacture is double, with an inner layer of cedar bark joined with the outer carapace with a number of files of interwoven material on the border. The warp was made of strips of spruce root. The top of the bulb, the neck and the border were interlaced with tram of spruce roots, whereas the body of the bulb and the hat were woven with cedar bark dyed black. The exterior surface was covered with a layer of surf grass (*Phyllospadix torreyi*), to provide it with a light coloured finishing in which the design stood out from the natural tone of the fibres used (Holm, 1990: 625; Moziño, 1913: 18).

The decorative elements are very similar, varying only in small details. In the bulb and on the superior part of the hat, the decoration is of geometric bands. The principal decorative trend consists of scenes of whale hunts, this subject repeating itself in an almost identical fashion in all examples. At least in those specimens found at the Museum of America a whale dragging a rope behind which is a canoe with a human figure standing holding a harpoon aimed towards the animal, appears on two sides. The larger space of the lower side is completed by adding another canoe, without occupants, except in one of the hats, where there are occupants. The average height of these hats is of thirty centimetres.

Two of these hats depart from the decorative trend and show the Thunderbird attacking a whale with its talons (King, 1981: fig. 11 93A; Holm, 1990: fig. 20). One of the examples is kept in the Peabody Museum and the other in the British Museum, where, as well as the aforementioned scene, there is another showing the monster, Sisutl, or two headed serpent.

The schematization of these representations imposed, in principle, by the support of the fabric, is evident. But the expressiveness and narrative sense of the scene in which a specific activity done in a graphic style, and in which various protagonists, whales, hunters, appear related by a series of objects, ropes, canoes, harpoons, are represented are also palpable. That narrative intention is something unique and removed from the art of the Northern Province where crest animal representation dominates and where, although they may be related, for example in the representation of a myth on a post, they are also depicted dissociated from each other, simply juxtaposed.

This unique style of hat and its mode of manufacture disappeared relatively quickly, in the mid-nineteenth century (Drucker, 1951: 93). The anthropological bibliography does not assign reasons for this, but it seems evident that the disappearance of its function and sense accelerated its own disappearance. All the information from visitors to the area at the end of the eighteenth century and the beginning of the nineteenth century refer to the fact that only chiefs wore these hats (Moziño, 1913: 18; Jewitt, 1990: 192-193), a fact added to the idea of their decoration, as whale hunting was an activity exclusive to chiefs, a difficult and dangerous task that required previous arduous ritual preparation.

It is possible that those hats did not only identify their wearers as chief whalers, but that they also functioned magically as a kind of appropriate prayer for the whale hunt. The iconography of the Thunderbird capturing whales represents essentially the same idea, as the mythical bird was and is the crest of the most important Nuu-chah-nulth chiefs. Once the traditional society and economy had been destructured, there was no longer any place for these hats.

At the end of the nineteenth century, and from Makah territory, the technique of basketry was reintroduced among the Nuu-chah-nulth for the manufacture of articles for sale to tourists (Drucker, 1951: 93). The old iconographic motifs of whales, canoes, Thunderbirds, Lightning Serpents accompanied by geometric adornments reappeared, but this time on rounded bottles, rectangular baskets (Arima, 1983: 163) or rounded, generally with a lid. Although they are commercial objects, their fabric is always of high quality and fineness, and are still made today.

In this century, the Nuu-chah-nulth weavers have begun to make replicas of the ancient chiefs' hats. Although their form and decoration appear similar, they differ in the techniques and the materials employed, cedar bark warp and natural dyed grasses for weft (Holm, 1990: 625), but they can always be recognised by their distinctive diagonal texture (Holm, 1983: 49). In the literature we find mention of artists such as Jessie Webster or Ellen Curley (Kirk, 1986: 43; Macnair, 1984: 109); from here, we cannot forget the name of Cecelia Savey, of the Mowachaht band.

The theme represented on these hats is the traditional one of the whale hunt, although subtle and interesting pieces occur, such as the addition of sails to the whaling canoes, or the unique treatment of the empty space which converts these examples, not in mere copes of the past but into a distinctive and original work of art, worthy as being valued as a real piece of artwork. It is necessary to mention however, that these weaver artists are not full time specialists as are their male counterparts, or even female sculptors. They fulfil a more traditional role, that of housewives and weavers in their free time, the same as more than two hundred years ago.

It is interesting to point out that the unique image of this hat has also been used in other artistic manifestations like engravings. We mention one of Joe David's pieces in which the picture of that unique silhouette of the hat and the traditional scene stands out cleanly from a white background, using exclusively the colour black. The canoe, the hunters and the harpoonist, the whale and above all, the Thunderbird, make up a happy and fluid composition, full of cleanliness and vitality. Once more, we find ourselves ,not before the literal copy of a scene from the past, but before the reinterpretation of a motif as traditional as the recognition of a recovered identity. The "chief's hat" has, once again, a full relevance in a transformed culture.

See notes and bibliographie pp. 52-53 in the Spanish texte.

YUQUOT, AHAMINAQUUS, TSAXANA. THE LONG ROAD OF THE MOWACHAHT TOWARDS THE FUTURE

Leoncio Carretero Collado

Mowachaht? Nuu-chah-nulth? Who are the Mowachaht? What's this Nuu-chah-nulth thing? Thousands of kilometres away from British Columbia, and save on rare occasions, this is the response that you get from colleagues and scholars when you mention these and other gentilic names. However, when the word "Nootka" arises, they appear to recover the confidence of one who is with one's family. For living-room chats of academics living far from Nootka Sound this does not cause more concern than a simple erudition point. In these circles, what foreign personages like Captain Cook, or old school textbooks may say, is of more importance than what the Natives affected might say. For this reason, it is still too common that the gentilic names of Native peoples of the "Northwest Coast", today in general use by Natives and non-natives alike, continue to be ignored by most of the academics in distant places. The fact that the last and most prestigious ethnographic handbook of North America has maintained the term "Nootka" has not helped in clarifying this terminology amongst scholars of distant places (Arima and Dewhirst, 1990).

Fortunately, the Mowachaht and their neighbours have not had such bad luck as other Native North Americans, which are generally known in anthropology by names that correspond to some derogatory term with which other, neighbouring and often rival peoples, would call them. In reality, the term "Nootka" corresponds to one of many ingenuous misunderstandings which occur when one does not sufficiently understand the language of another (Moziño, 1913: 56). According to the most widely accepted version among the Mowachaht of the present, when Captain Cook asked them what their people were called, making circular signs to convey the idea of a group of people, they understood that he was asking about something to do with the land, and so replied "nut-cha" or "nootka", that is, yes, this land is an island (Nootka Island) and could be circumnavigated, or making reference to the semicircular cove in which the village of Yuquot is located (Jones & Trepanier 1978; Jones 1991:12; Sam Johnson, 1993). The word was incorporated onto the navigation charts of all countries as the name of the place, and immediately adopted as the gentilic of the inhabitants.

And in this way they have come to be known also in classical anthropology. However, the matter of nomenclature does not end here. Anthropologists, loving comparative studies and obliged to make scientific generalisations, expanded the term "Nootka" to encompass all the native peoples that spoke the same language and dialects close to that of the Native inhabitants of Nootka Sound. Included therefore, are the Native inhabitants of the west coast of Vancouver Island, from Brooks Peninsula to the Jordan river, with the addition of a triangle of about 50 kilometres around cape Flattery, today in the American state of Washington. In this manner, when the term "Nootka" is mentioned, it generally vaguely refers to all the Native groups included in this last category.

Finally, the comparative studies and anthropological textbooks and handbooks, combined wit the natural human tendency to generalise and simplify, especially what one knows little about, caused larger generalisations. In this way, the "Nootka" have been encompassed within another major grouping of peoples who share a common linguistic origin, with different languages but with whom there must have been some connection centuries ago. This grouping was termed "Wakashan", also thanks to an observation from Cook's expedition, making reference to the custom of happily greeting one other saying "wa-kash", which means "bravo!", "hello", and "welcome" all in one, that the Natives of Nootka Sound had.

In this sense, one who only has access to anthropological textbooks and handbooks will find it very difficult to understand who the Mowachaht really are, there degree of social, cultural and political autonomy, and there identity as an individual ethnic group.

The traditional culture of the Native inhabitants of Nootka Sound has been well described by Drucker (1951) and Arima (1983). But in both cases, the Mowachaht (using their correct name) are treated as part of a larger group, or superior entity which englobes them, giving the unaware reader the impression that they are subordinated to that superior grouping, without having an ethnic, cultural and political autonomy of their own.

Surprisingly, numerous ethno-historic and anthropological studies exist about the Mowachaht in particular and their neighbours in general, some of great quality, but only a small number have been published or circulate with some fluidity between the different academic media. This further complicates the issue.

In any case, and in spite of this lack of academic interest, it is also true that even when there is a real interest to know the names of the inhabitants of Nootka Sound, the task is not an easy one. First, due to their traditional seasonal itinerant residence, it was not easy for foreigners two centuries ago to determine which individuals or groups should be included under the same term, and the Natives could include different groups under the same denomination depending on the season or the place of residence during that period. Second, because in contrast with the wrong, but widespread idea transmitted by the "etnographic present" of clasic anthropology, the inhabitants of Nootka Sound have not always had the same socio-political structure. In other words, the collection of groups that has lived in Nootka Sound has not always been unvarying, neither have the groups been organised within themselves in the same way. So, the evolution of the name is intrinsically linked to a series of social, political, religious and cultural changes that determine various changes in the names that these Native groups have used to denominate themselves. And that is what these pages will discuss.

Yuquot, Yuquotaht

Within such a variable social, political and cultural reality, there is, however, a constant: the present-day Natives are descendants of the original inhabitants of the area, independently of the names that they have given themselves during other periods. Archaeological works carried out in the zone points to the fact that Nootka Sound has been inhabited continuously for the past 4300 years, probably by the same peoples (Dewhirst, 1978: 20; Folan and Dewhirst, 1980). Although various demographic changes have occurred, derived from groups which have emigrated, were extinguished, or amalgamated, these changes never occurred traumatically, neither did they entail significant ruptures. Such changes are characteristic of the intrinsic and autonomous evolution of all human society, without there having been a significant cultural and demographic rupture until the end of the eighteenth century, with the arrival of the Euroamericans.

Another constant is that all the native groups that have lived in Nootks Sound have always shared the same cultural pattern. All the groups had a seasonal residential pattern, moving on two or three occasions every year to different places as a function of where the resources of that season were. But, which native groups lived in Nootka Sound before the arrival of the foreign Euroamericans?

In contrast with neighbouring native peoples, who have an oral tradition which relates the origin of that people, the Mowachaht do not have a consensus on their story, rather, each group in Nootka Sound has its own version of the founding of the Mowachaht (Drucker, 1951: 223; Marshall, 1993: 191-2), and of other historical episodes. This complicates the study of the composition of the groups that inhabited Nootka Sound just before the arrival of the Euroamericans, although historical accounts of the eighteenth century can help to complete the versions.

What is made clear by archaeologists, oral native traditions and the historical accounts of the eighteenth century alike, is that Nootka Sound was inhabited by a series of totally independent local groups. These could be grouped together in five areas of political alliance or influence: the outer coast of Nootka Island (see figure 1), the upper section of the Tahsis inlet, the upper section of the Tlupana inlet, Muchalat inlet, and an area that included the centre of the Sound and part of the Hesquiat peninsula (Marshall, 1993: 192). In each of these areas there were a number of local groups, each of them fully independent, with their own hunting and fishing grounds, privileges and chiefs who acted independently.

Therefore, the independent socio-political and basic economic units were the local groups. A "local group" was composed of one or more "ushtakamlh", which can be generically translated as "group of people" (Drucker, 1951: 22; Curtis, 1916: 180), or more specifically as family line, or lineage. In truth, each "ushtakamlh" was composed of a number of families, to which would be united other residents somehow related. And given that each "ushtakamlh" possessed its own big, multifamily house, they are sometimes known as "houses" (Drucker, 1951: 223).

Each "ushtakamlh" took its name from a founding chief or from its place of origin. When the name of its founding chief was adopted, the suffix "-takamlh7ah" was added. So, "Umiiktakamlh7ath" means "group or lineage of Umiik", Umiik being the name of the chief, "-takamalh" the group or lineage, and "-ath" the ending that makes reference to "persons, village or residents" (Drucker, 1951: 222-3).

When a local group was formed by more than one "ushtakamlh", these were organised in a hierarchy based on the proximity of the founding ancestor, and the local group would usually take the name of the originating "ushtakamlh". The composition of the local group would vary in time, as some "ushtakamlh" grew and divided, whilst others disappeared, and a strong local group could absorb "ushtakamlh" from other weakened or reduced groups (Dewhirst, 1990: 19,35-38).

Each "ushtakamlh" and each local group had an internal rank as well as one in relation to the other groups, following criteria of birthright and proximity to the founding chief, and each rank implied a social position or function, with its corresponding social, political, religious and ceremonial privileges. The chief of the oldest "ushtakamlh" was at the same time chief of the local group, and was the owner of all the local group's terrestrial and marine resources and territory, as well as holding many other privileges (Drucker, 1951: 247-57). The subordinate chiefs, representing younger "ushtakamlh" held other, minor privileges, such as the right to fish in a certain place, but not the ownership of the resource (Dewhirst, 1990: 19).

Local groups would form larger socio-political units or tribes by means of marriage, alliances or conquest. A "tribe" was the formal union of a number of local groups, with a series of stratified positions held by their chiefs, and which shared the same winter village, in which each group was represented by at least one permanent house (Drucker, 1951: 220-1). The tribe tended to adopt the name of the dominant local group and the rank within it was determined by other factors which depended on historical events, ancestral links, marriage or dowry commitments (Dewhirst, 1990: 19).

The enumeration and origin of all the local groups of which some reference exists has been covered in a number of studies (Curtis, 1916: 181-2;Drucker, 1951: 231, 263; Folan, 1972: 41 and ss, cited in Marshall, 1993: 191-203; Dewhirst, 1990: 36-42). Basically, it can be said that around the eighteenth century, Nootka Sound was comprised of a number of local groups that varied between thirteen and eighteen. These local groups tended to nucleate in the aforementioned five areas. Of these, the most powerful local group seems to have traditionally been that of the "Yalhuu7ashta<u>k</u>amalhat<u>h</u>", which proceeded from the actual reserve of A-ass (E-ass) at Bajo Point, on the southwest coast of Nootka Island. Their power may have consolidated to the point of forming an alliance between the groups of the outer coast. As a consequence of various political avatars, these formed an alliance with another nine groups, for the most part at the head of the Tahsis inlet, and this alliance provoked the expulsion from Yuquot of its former occupants, the "Umiikta<u>k</u>amlhat<u>h</u>" (allied with the groups of the area of the Muchalat inlet), who moved to Hisnit (Drucker, 1951: 228; Dewhirst, 1990: 38-9; Marshall, 1993: 188-197).

Yuquot hence becomes the spring-summer residence of an alliance of Yuquot-Tahsis, which consolidates as a "tribe" during the seventeenth or early eighteenth centuries, and which also counts with Tahsis and Coopte as fall-winter villages. This "tribe" is structured with the same hierarchal criteria and links as the local groups, each of which now has at least one permanent lineage house at Yuquot (Drucker, 1951: 220-1). The first local group in the tribal rank was the "Yalhuu7ashta<u>k</u>amlhat<u>h</u>" and the first chief (Tyee Haw'ii) of this group held the hereditary name "Maquinna", being at the same time the chief of the whole tribe. Further than the names of the local groups, the name of the tribe has not been recorded, but following the guidelines of the Natives of Nootka Sound, when naming peoples and human groups, it would be appropriate to accept the name "Yuquotaht" proposed by Dewhirst (1990: 38-9).

In spite of the existence of this tribe, it was no more than the sum of a collection of independent local groups, that at any moment could form part of another alliance, and that at all times tried to exert their independent authority (Marshall, 1993: 200). But the tribal organization consolidated and spread to other neighbouring groups so that, when the Europeans arrived, and during the last quarter of the eighteenth century, we can appreciate the existence of three tribes inhabiting the area of Nootka Sound: the Yuquotaht, the Tlupananuulhaht and the Muchalaht in their respective inlets.

So far, all the local independent groups, of the past and present, along with the recently formed tribes, had been developing internal and autonomous dynamics, within a political independence, but sharing the same cultural environment with their neighbours. From the arrival of the Europeans, a drastic change will occur which from then on will significantly affect the lives of these tribes in Nootka Sound. Now, there are new agents, completely foreign in technology, biology and culture, who will decisively mark future development.

Around 1780, historical accounts of the time estimate a population of around 4000 natives in Nootka Sound. However, the lack of exhaustiveness to carry out a detailed census of all the places in Nootka Sound, and the lack of knowledge of the interior, separated from the shoreline, makes an estimate of around 7000 individuals in the three tribes sound more realistic. But these figures begin to fall immediately due to the strange diseases brought by the foreigners.

Contact with the Europeans was always desired by the Natives, in order to obtain the advantages of technology and the foreign luxury articles. But this brought changes that, at first were controlled by the Natives of Nootka Sound. When Yuquot (Friendly Cove) became the obliged stopover port for all explorer, merchant and military ships, the Yuquotaht became intermediaries of trade between the foreigners and other groups without direct access to their products, hence increasing their power and that of their chief, Maquinna, as well as that of the chiefs where the ships used to lay anchor, like chief Wickaninish of the Tla-o-qui-aht, causing also an increase in belligerance (Fisher, 1978).

YUQUOT, MOWACHAHT

Thanks to this increase in power, although it would probably have occurred through internal evolution sooner or later, the Yuquotaht and Tlupananuulhaht joined at the start of the nineteenth century, at some moment after 1804, forming what they call the Mowachaht "confederation" (Dewhirst, 1990: 40-1). It is not known why the confederation adopted the name "Mowachaht", but the truth is that this is the name of the original local group of Mowach'a (Mout-cha) and the name signifies "people of the deer". At that time, this group had been engulfed by the "<u>H</u>ianuwashta<u>k</u>amlhat<u>h</u>" of the Tlupananuulhaht, who, after the amalgamation with the Yuquotaht received the right to have houses in Yuquot, although during the winter season they did not move to Tahsis and Coopte, but continued living apart in their traditional village of Uuwis (Hoiss). In the mid-nineteenth century they were already so integrated that the confederation was invited as one group to potlatches (Drucker, 1951: 230-1).

But the life of the Mowachaht was already marked by great contrasts. From being the point of reunion of all the Euroamerican ships on the Pacific coast, and even having hosted on their lands, the first foreign, Euroamerican settlers on the north-west coast of the Pacific, they suddenly became one of the most avoided places. After a series of attempts to take over a Euroamerican ship by some of the most powerful chiefs of the west coast of Vancouver Island, and after a few skirmishes, the Mowachaht of chief Maquinna captured the vessel "Boston" in 1803, leaving only two survivors, which would be kept as slaves until their release nearly three years later (Jewitt, 1990).

From that moment, they virtually disappeared from international trade and information circles, and during the nineteenth century only a few written reports of the Mowachaht existed, the people of whom most had been spoken and written in Europe, North America and Southeast Asia during the last quarter of the previous century.

Such a brusque change must have altered the daily life and power structures of the Mowachaht confederation, although we hardly have any written records of the account. It had the advantage that it permitted them to continue their own autonomous cultural development, although they did adopt some isolated elements brought by the foreigners. What we do know is that the disparities brought about by the external agents caused continual wars and conflicts between the Mowachaht and the Muchalaht, which did not end until the decade of 1870 (Moser, 1926: 183; Marshall, 1993: 256-262).

However, and to their misfortune, they were not as isolated from the outside world as the scarcity of historical reports would have us think. They received some short, occasional visits, such as from La Roquefeuil in 1817 or Edward Belcher in 1937 (Akrigg & Akrigg, 1975: 299-300). And after the 1820s, they also began receiving sporadic visits from dogfish oil traders, vital for the lumberjacks that had begun to spring up like mushrooms all over the northwest of the USA (Drucker, 1951: 12).

The year of 1852 would mark an event in Mowachaht history. Not precisely for the visit of Hamilton Moffatt, of the Hudson Bay Co., who had arrived at Yuquot from Port McNeil, following the Nimpkish trail (Jones, 1991: 58), but above all because, in that year a terrible smallpox epidemic decimated the Mowachaht and their neighbours, without the disease ever disappearing, recurring from time to time (Drucker, 1951: 12).

Soon after, in 1858, Wiliam Spring and Hugh McKay established a small commercial post (mainly a warehouse) in Yuquot. They dedicated themselves to seal hunting in the north and they tended to contract Natives in southern ports, including Yuquot. The hunters had to use their own equipment and canoes and were paid $2 per skin (whites were paid $3), but they had to pay for their food and accomodation while they were aboard. The hunting of seals ended in 1912, the year after it was banned by law to prevent the total extinction of the seals (Jones, 1991: 57-8).

Two years later, in 1860, they also received the visit of Malcolm G. Sproat, who records that the whole native population of Nootka Sound (Mowachaht and Muchalaht) does not reach 600, out of which 160 are adult Mowachaht males and 36 are Muchalaht males (Sproat, 1987: 185, 207).

The Commissioner for Indian Affairs, I. W. Powell travels through Nootka Sound in 1874, taking with him the photographer Richard Maynard, to whom most of the oldest photographs of this area belong (Jones, 1991: 34). And that same year, the Mowachaht receive the visit of Father Brabant, who, the next year, would establish a church in Hesquiat as a base of the start of his Roman Catholic apostolate in the west of Vancouver Island (Brabant, 1977: 13-37). But 1875 would be marked in Mowachaht history by a far more tragic event: on his return from Victoria, Imhapp, second chief of the Mowachaht, brings with him clothes contaminated with smallpox which would provoke his death and that of over two hundred natives of Nootka Sound (Dewhirst, 1990: 45). From that moment, the Mowachaht are conscious of the fact that their chances of survival as a group are seriously in jeopardy.

But these events are not isolated. They came in conjunction with a colonial process that was being initiated in British Columbia and would develop into a planned genocide with terrible consequences for the Mowachaht and all the Natives. If up to now, the Mowachaht were controlling their lands, resources, culture, and the evolution of their pace of development in an autonomous manner, they would, from now on, be stripped from all this and persecuted for trying to develop their culture. Besides, the changes would now occur at a vertiginous pace.

The first official census of the Mowachaht was carried out in 1881, year in which there were 254 living Mowachahts, inhabiting 10 houses, and 92 Muchalahts inhabiting 7 houses (Marshall, 1993: 282-7). But these survivors were not only counted, but received anglo-saxon names, and were persecuted by a process which affects all the Natives and starts with the prohibition of the potlatch and the winter ceremonial of 1884 (Fisher, 1978: 207; Tennant, 1990: 51-2).

In 1886, the Indian Act arbitrarily defines who are and who are not "Indians" (Tennant, 1982:15); gives the official name "Nootka" to the tribe (officially, a "band") which calls itself Mowachaht; and at the same time gives more legal (although not legitimate) backing to the foreigners to take over the lands and resources of the Mowachaht, annexed unilaterally in 1871 when they became the Canadian "province" of British Columbia. The legal backing of these violations was continued by the prohibition of legal assis-

TABLE 1. YUQUOT HOUSEHOLDS, AS IN CANADA CENSUS FOR 1891.

Lineage Name	Place of origin	Lineage Rank	H. Area (m^2)	Census #	H. population
			900	227	7
Malhtsas7ath	A'ass	13	2100	288	9
Umiiktakamlh7ath	Yuquot-Hisnit	12	2900	229	21
-	-	-	-	230	4
Tukwiittakamlh7ath II	Hatoq	6	4300	231	15
T'ashiis7ath	Tahsis	2	5000	232	13
Tlasmaas7ath	Ta'atis	10	3100	233	15
Nissak7ath	Nisaq	11	6000	234	6
Hiyanuwashtakamlh7ath	Mowatcha	9	5700	235	14
Yalhuu7ashtakamlh7ath	A'as	1	11400	236	23
Na7iitsa7aptkamlh7ath	Tsark-sis	8	2700	237	11
Tukwiittakamlh7ath I	Hatoq	5	4100	238	9
Ts'awin7ath	Tsowwin	4	5100	239	29
Shaxmashtakamlh7ath	Coopte	7	300	240	4
-	-	-	300	241	4
-	-	-	400	242	10
Sayaach'a7ath	Tsark-sis	3	3900	243	20
TOTAL				17	214

tance to the Natives so that they could not make claims in court (Tennant, 1982: 16; 1990:112-3; Kew, 1990: 166); and the situation would only began to be relaxed after the participation of the Natives in World War II, thanks to which, in 1951, many prohibitions are lifted. Although Canadian citizenship is not given to all Natives until 1960 (Kew, 1990: 162).

In this way, in 1888 the then Governor of the Province, James Dunsmuir, buys lands for the mining activities in Head Bay (Tlupana Inlet), and the timber merchant, William Parsons Sayward buys the rights to exploit the wood of the forest at Muchalaht Inlet, carrying out his activities on a small scale during the next two decades (Jones, 1991: 59). So, for the first time the expropriation of Mowachaht and Muchalaht lands is carried out without them, like the majority of Natives in British Columbia, having ever conceded sovereignty or ownership over the lands or resources by neither treaty nor war (a singular case amongst North American Natives).

The next year, Father Brabant builds a chapel in Yuquot (Brabant, 1977: 109). But his dream is only realized in October 1890, when the "Christie Indian Residential School" is opened in Kakawis, Meares Island, Clayoquot Sound, with the objective of indoctrinating by means of a boarding school regime, the children of Kyuquot and Nootka Sounds, and which would operate until 1974 (Jones, 1991: 33). All native children were, from then on interned there almost all year round with their native tongue strictly forbidden, denied visits, with harsh rules and where abuses of all kinds were not rare (Thompson, 1995).

At these moments, the census of the Canadian government in 1891 shows the demographic decline, registering 214 Mowachahts living in 17 houses in Yuquot and 67 Muchalahts living in 7 houses in Muchalaht inlet (Marshall, 1993: 282-7). At this time the native houses of Yuquot have already adopted western styles of construction, although the Mowachaht still live in multi-family houses, and their traditional life still evolves in an autonomous way. But they have already lost control over their lands and the resources of Nootka Sound, as of the possibility of developing their culture in an autonomous way; which seems destined for extinction along with themselves. For this reason, it is important to show how the houses of Yuquot were distributed at this time, which has been recorded by Folan (1972, quoted in Marshall, 1993) and Marshall (1993: 289-98), and that we have reproduced here in figures 3 and 4 and table 1.

The Mowachaht, at these dates, in spite of so many changes, still maintain a traditional lifestyle, living mainly from fishing, with the only external economic factor being those who are employed in the seal hunting of the Arctic seas, which does not, in itself, entail an activity removed from traditional activities. They still speak their native language, live in multi-family, lineage houses and carry out their ceremonies, although some have started to decline due to such high mortality and the private property of each rite, song, or ceremonial privilege.

Yuquot, Mowachaht-Muchalaht

From the last decade of the nineteenth century, much more traumatic structural changes begin to occur in Mowachaht society. With the low rate of survivors, and the clear tendency of decline, the two neighbouring tribes of Nootka Sound change definitely their previous relations, and now a close relationship evolves between the Mowachaht and the Muchalaht, consolidated with a high percentage of marriages between the two groups (Dewhirst, 1990: 41). On the other hand, the lineage houses, reproached by missionaries and government agents, start to be relegated to places of meetings and ceremonies, and life starts to take place in uni-familiar houses (Marshall, 1993: 293-8).

But the most traumatic event of this new period would be the official loss of their territories and traditional resources, without the Mowachaht having ever ceded their sovereignty or ownership. In 1895, they are completely stripped of their land and only assigned a few reserves, in a legislative process that is provisionally concluded in 1914, and continues to today. Mowachaht territory is reduced to eleven small and dispersed lots of land, called "Indian Reserves" and Muchalaht territory to another six (see figure 1 and table 2).

The commercial activity of the Euroamerican foreigners brings new possibilities to Yuquot, such as the inauguration in 1897 in Nootka (three kilometres north of Yuquot) of the first fish processing plant in Nootka Sound, to which must be added the fur warehouse of Spring and McKay, a pier for large steam boats, and a post office (Jones, 1991: 160-3). The first decade of the twentieth century also brings the start of logging activity in Nootka Sound, although initially, this is carried out in a traditional way and on a small scale, and marble mining in Hisnit Inlet (Jones, 1991: 62, 113-4).

But the turn of the century would also bring significant changes to the social structure of the Mowachaht. Two decisive events will shape the future of the two neighbouring tribes of Nootka Sound. Firstly, in 1901, Hai'yah (Maquinna), first chief (Tyee Haw'ii) of the Mowachaht, passes away without leaving any direct heirs. It therefore arises, that the closest descendent is a Muchalaht nephew of his, Napoleon, born in Mooyah Bay, and son of Muchalaht Bob and So-ei-akothla (Mowachaht). Napoleon adopted the surname "Maquinna" and moved to Yuquot with a large part of the Muchalaht, especially from his village (Brabant, 1997: 117; Drucker, 1951:231). Secondly, soon after, Captain Jack, second chief of the Mowachaht, marries Mabel Peter, daughter of Muchalaht Peter (chief of the Ts'aax7aana7ath lineage of the Muchalaht, originating from Tsaxana) and of Uukwumhiyakshiilh. The marriage gives residential rights in Yuquot to many other Muchalaht, who effectively move there.

In Yuquot now reside the totality of the Mowachaht and the most part of the Muchalaht. Some Muchalaht families remain in Ahaminaquus, which is still the fishing camp for the whole tribe and permanent settlement for some families, at least until the end of the 1930s (Jones, 1991: 22). In this way, they intermingle even more with marriage ties, through which members of each tribe gain potlatch places and other tribal privileges from the neighbouring tribe, although both maintain their separate identity (Dewhirst, 1190: 42, 61-3). However, their future was inexorably linked.

The second decade of the twentieth century signifies, from Mowachaht perspective, the most obvious evidence that they are no longer owners of their lands and traditional resources. In 1912, a small community of Latvian immigrants is established close to Beano Creek, where they cut down the original forest, plant fruit trees and initiate

Table 2: Mowachaht-Muchalaht Indian Reserves.

RESERVE NAME	I.R. #	LOCATION	ACRES	HECTAREAS
Yuquot	# 1	Friendly Cove	206	83.36
Tsark-sis	# 2	Beano Creek	81	32.77
A-ass	# 3	Bajo Point	14	5.66
Ne-suk	# 4	Nesook River	5	2.02
Mout-cha	# 5	Moutcha Bay	15	6.07
Suc-wao	# 6	Head Bay	36	14.56
Hisnit	# 7	Hisnit Inlet	11	4.45
Ho-iss	# 8	Hoiss Creek	44	17.80
Coop-te	# 9	S. Tahsis Inlet	35	14.16
Tsow-win	# 10	Tsowwin River	34	13.75
Tahsis	# 11	Leiner River	42	16.99
Ahaminaquus	# 12	Gold River	39	15.78
Match-lee	# 13	Burman River	12.5	5.05
Hleep-te	# 14	Kleeptee Creek	14	5.66
Cheesish	# 15	Hanna Creek	29	11.73
Moo-yatl	# 16	Mooyah River	13	5.26
Ous	# 17	Silverado Creek	24	9.71
SUBTOTAL[1]			654.5	264.867
Average size			38.5	15.58
Tsaxana[2] (since 1994)	# 18	Gold River	308.8	125.00
TOTAL	18		933.3	377.69
Average size			51.85	20.98

1 Until March 15, 1994.
2 Gained in the Relocation Agreement, March 15, 1994. On the other hand, the Mowachaht-Muchalaht Band surrenders 30 acres of Ahaminaquus Indian Reserve # 12 to Avenor Inc.

agricultural and livestock activities with cattle and fowl. Another emigrant, Karl Leiner, settles at the mouth of his namesake river in the Tahsis inlet. Another English family settles at the eastern mouth of Esperanza inlet... (Jones, 1991: 61).

The next year, the steam boat "S.S. Princess Maquinna" begins service as a cargo, post and transport ship, covering the coast between Victoria and Port Alice every ten days. This is how regular contact springs up between the Mowachaht and the rest of Canadian society (Jones, 1991: 3).

In 1917 the fish cannery in Nootka begins operations, working with tinned salmon, pilchard and oil. This company was the first Canadian business to produce tinned pilchards, and would run until 1948. Many of the inhabitants of Yuquot were employed in the factory and would move there to live during the fishing season, returning to Yuquot in the winter. They live in what was called "Indian Camp", a section of the factory composed of communal barracks for a number of families and various unifamily houses of two or three bedrooms (Jones, 1991: 18, 63, 65, 70).

In this way, 1920 arrives, when 108 Mowachahts and 38 surviving Muchalahts are registered. These are times of large and difficult changes for them. New opportunities for employment have introduced the Mowachaht to a large extent to the Euroamerican commercial system, changing their diet, and depending now on the market economy for their subsistence. This, in conjunction with pressure from missionaries and government agents, would undermine for good the system of beliefs and the social structure of the lineage, now without lands, without resources, and almost without individuals, fragmented by the independence that individual salaries bring (Marshall, 1993: 287, 299).

In 1923, Friendly Cove (Yuquot) is designated as a National Historic Site by the Canadian Government, without this having meant any benefit for the Mowachaht to this day. In reality, from that moment, they only have one idea in their minds: survive by any means. However, the number of survivors will continue to decrease until the mid 1930s, when some 97 Mowachaht and 35 Muchalaht are registered (Maquinna, 1993).

Factors external to the culture and society of the Mowachaht are becoming even more numerous and intense, so that much of their language and traditional culture have disappeared along with the loss of control of their lands and resources. The few survivors of the two tribes now live together in an amalgam. And in this way, gathered in Nootka, the Mowachaht and Muchalaht chiefs, on the 15 May, 1950, sign a document declaring their tribes officially amalgamated, although each still retains its position in the potlatch. This union would acquire official recognition the next year, making formal a situation that had been brewing for the last half century. The resulting union is carried out under the official name of "Nootka Indian Band". "Nootka" was, in reality, the official name under which the Mowachaht had legal identity before Canadian institutions, and this in turn facilitated the agreement so that the Muchalaht would not feel alienated under the name of Mowachaht.

For the first time in 4300 years, all the inhabitants of Nootka Sound has a common agreed name, but in reality it was neither a traditional name nor was it produced in an independent socio-cultural situation controlled by themselves.

Mowachaht-Muchalaht: Ahaminaquus, Tsaxana

Thanks to the lifting of many prohibitions against the Natives in the new Canadian constitution of 1951, a series of pan-tribal movements begin to occur, of territorial vindicative, indigenous nationalism, or syndicalist character, which had been brewing since the start of the century. The most active in this sense have always been, and still are, the Nishg'a. The second intertribal organization which consolidates in this sense would be called "Allied Tribes of the West Coast", founded in 1958, with headquarters in Port Alberni, in which were integrated the Mowachaht and their neighbours of the same language (Tennant, 1990: 124). This organization would be transformed in 1964 into the West Coast District Council, which does not count on political or financial backing from the government, which is banned by law from any type of financing of native organizations. The Mowachaht (the Nootka Indian Band) are integrated in this and Maurus Mclean stood out as an activist (Peter, 1994: 5).

The ambiguity of their functions and the lack of will of the government to treat the native vindications made these pan-tribal organizations ineffective, with more enthusiasm than results. Naturally, the different "bands" remain independent and autonomous in all their management and as recognised legal institutions.

But other important changes would affect the Mowachaht. In 1965 a paper pulp mill is built inside the territory of the Ahaminaquus reserve, and twelve kilometres away, a village called Gold River to accommodate the workers (Jones, 1991: 167). Negotiations, which began the year before, did not make clear the terms of agreement, although the Mowachaht-Muchalaht always maintained that the agreement would only affect a small part of the reserve. In spite of this, the company owning the mill would carry out successive expansions until the area left for the Natives in the reserve was reduced to 9 acres (3.64 hectares).

The government and the pulp mill company would encourage the Mowachaht-Muchalaht, who, for the most part still lived in Yuquot, to move to live in the nine acres that were left of their reserve of Ahaminaquus, with the promise of employment and day schools, so to have the children close by. In this way, in 1968, the majority of the Natives have already moved to Ahaminaquus, far away from the outer coast of Yuquot, their sacred place. Although this supposed a trauma for the older people, it also promised hopes for a better future.

The Mowachaht-Muchalaht people have always questioned the extent to which the initial promises of employment were kept. But above all, the acoustic, air and water pollution resulted so utterly unhygienic that living conditions and health deteriorated terribly for the Natives. In addition, the remaining habitable surface area of the reserve did not permit the installation of new houses. With scarce chances of economic survival in Yuquot, there took place a massive emigration of the Mowachaht-Muchalaht, away from their reserves, towards the big cities, in search of some way of life. This would deliver another hard blow to the traditional social structure and, this time, also to the actual identity of the group, as more than half the Mowachaht-Muchalaht now live dispersed around towns to the south-east of British Columbia, mainly in the area close to Victoria, and to a lesser extent, in Vancouver.

Maybe it was the fear of the loss of tribal identity that, in 1975, motivate them to change their previous official name from "Nootka Indian Band" to that of "Mowachaht-Muchalaht Indian Band" (Dewhirst, 1990: 42), making definite justice to their own native name and their own ethnic reality.

Soon after, during the annual assembly of the West Coast District Council, Abel John, a Mowachaht elder, proposed that the name of the Council be changed to "Nuu-chah-nulth[1] Tribal Council". The name was officially approved in a meeting of the Council celebrated in the month of October in Ahousaht (Ha-shilth-sa, 1978: 4; 1981: 3). The second of April the following year, the Nuu-chah-nulth Tribal Council is officially constituted, with the presence of the Mowachaht-Muchalaht and thirteen other groups of the formerly known as "Nootka". This intertribal council has mainly administrative functions, to facilitate the proceedings that the groups might have with the Canadian government and to redistribute resources, of common accord, between the participants. But it has no more executive functions or other initiatives than those which are proposed by all its integrants, in the name of whom it acts. Every one of its members also has the right not to participate or follow any of the agreements or programmes with which they are not in agreement, and in this case would manage their own resources without going through the intertribal council filter. Inshort, the basic independent legal unit within the Nuu-chah-nulth Tribal Council is still each one of the member "bands".

All this historic process of such deep changes has affected the lifestyle of the Mowachaht-Muchalaht to the extent of threatening their ethnic identity as a group. Although their demographic figures have been recovering, they have also lost participants of social life to emigration. On the signing of the Relocation Agreement of 1994, the Mowachaht-Muchalaht numbered a total of 435 registered individuals, of which 142[2] lived in their reserves. Only two of the tribal reserves were inhabited: Yuquot, where only the family of Ray and Terry Williams lived, and Ahaminaquus, with the rest of the residents in reserves distributed in houses like those in page 155, as in the previous winter, Jerry Jack and his family had left their residence in the Tahsis reserve, where they had been living since 1979. The fact that other reserves were inhabited, as well as the most important of Ahaminaquus, owes not only to romantic heroism, but also to prevent the Canadian government from taking over reserves of great historical value. Mowachaht-Muchalaht life at this time is explained perfectly in H. Brody's documentary (1994).

In these living conditions, the Mowachaht-Muchalaht started to question the legality of the new expansions of the paper mill and the temporary terms for which permission to use the land had been granted to the company. These claims led to a court case against the owners of the puplp mill in 1988. Thanks to this, a process of negotiations involving four parties begins, between the Canadian government, the Provincial government, the company owning the mill and the Mowachaht-Muchalaht Band, which concludes with the Relocation Agreement signed on the fifteenth of March 1994. In this way, a new piece of land of 125 hectares, some 20 kilometres away from the mill, and within the boundaries of the traditional territories of this people, is handed over to the Mowachaht-Muchalaht Band, with the legal status of a reserve, termed "Indian Reserve Land N°18", and whose native name is Tsaxana. Nine million dollars were also given to construct houses and public buildings for the community that would move there.

The transfer to Tsaxana took place in the month of May, 1996, it being officially inaugurated the fifteenth of June. In contrast with other transfers of Natives in Canada, in this case, the Mowachaht-Muchalaht had some say in the project. However, in many senses, it has resulted equally traumatic. The oldest Natives resisted with all their strength to being moved a second time in their lives, this time to the interior, colder, with bigger temperature changes and, most importantly, away from the sight and sound of the sea a step away from the front door. Besides, no family living away from the Ahaminaquus reserve and the village of Gold River (even if this was due to the impossibility of new housing on reserve or making a living there) during 1994 would receive a house in Tsaxana, although there were not too many candidates to return, at least while employment prospectives would not increase. In all, 178 individuals lived in Tsaxana in October 1996.

However, Tsaxana offers new possibilities of life undreamed of a few years ago, including the prospect of building new homes. In comparison to life in Ahaminaquus, the new reserve represents a great source of hopes and illusions that for the most part will be realised. The plan of the new settlement is show in figure 6.

On the other hand, changes are occurring at breakneck speeds for the Mowachaht-Muchalaht, as in, at the moment they are immersed, as are most of the Natives of British Columbia, in a negotiating process with the Canadian government, to establish the treaties of land concession that were never signed, so that a series of services or conditions that the natives have, for the most part, already achieved through other means, can be regulated. It is to see, and above all, to hope, that this process ends in a beneficial manner for this people who have had to support such harsh conditions for their survival.

Without doubt, the Mowachaht-Muchalaht are sure of the questions relating to their identity. It is true that the culture and society run by the famous chief Maquinna at the end of the eighteenth century have disappeared, as have emblematic figures of this century, like Napoleon Maquinna, Captain Jack, Abel John, Maurus McLean or, more recently, August Dick. But Picasso and other great European figures have also disappeared, and Europe has become a better place in many cases than the Europe of two hundred years ago.

The descendants of these characters are led by people like the respected chief Ambrose Maquinna (First Chief of the Mowachaht), and are directed by the combative impulse of Chief Jerry Jack (who has already passed his position of Second Chief of the Mowachaht to his son, Jerry, Jr.), the laboriousness and effort of Max Savey (third Mowachaht chief) and his family to fill Tsaxana with children, the joy of living and pledge to restore the native tongue and traditional dances of Violet Johnson (Fourth Mowachaht chief), along with the traditional spirituality of her husband Sam Johnson, Sr., the serene attitude of Tom Dick, Solomon Mark, Norman George and Ben Jack, Sr. (the last two being First and Second Muchalaht chiefs respectively), the firm educational orientation and patience of Shirley Andrews, the capacity for organisation and work of Margarita James, the heroic firmness to keep Yuquot and its traditions alive of Ray and Terry Williams. In short, the will to overcome adversity of each and every one of them, together with better educational preparation, and the pride of reconciling their traditions with the integration in the modern world of the younger generation, all constitute a sure guarantee of a better future for the Mowachaht-Muchalaht of today and their descendants. They deserve it.

See notes and bibliographie pp. 63 in the Spanish texte.

SPANISH CARTHOGRAPHIC COLLECTION OF THE NORTHWEST COAST OF AMERICA IN THE NAVAL MUSEUM IN MADRID.

Luisa Martín-Merás

This paper seeks to give detailed bibliographic information on the collection of carthographic manuscripts, gathered under the name Northwest Coast of America, which is kept at the Department of Carthography in the Naval Museum pending a specialized catalogue on which we are working.

The group of nautical charts and port plans were drawn up by the officers and pilots which participated in the different expeditions from the Department of San Blas of Nayarit in Mexico to explore the West coast of North America up to Alaska, mainly during the last third of the XVIII century. The geographic area that this carthography includes extends from the San Blas port of Nayarit in Mexico to Alaska, i.e., from 21° 50' lat. N. until 61°.

This work completes other works by the author already published regarding technical aspects of the Spanish carthographic draw ups in that area.

During the first part of these expeditions, the carthography was entrusted to the pilots at San Blas station, the majority of which belonged to the Pilots College in San Telmo which did not have a scientific qualification because the charts were not drawn up by astronomic methods nor by the Mercator method. Most of the time these pilots did not sign the charts and it is necessary to consult the logs of the expeditions to know by whom they were carried out. Some of the letters are summaries of the geographic discoveries of former expeditions, made by some pilot of the station to help the next expedition, as is the case of the summary chart of the discoveries which Bodega y Cuadra carried out in 1791 for the Malaspina expeditio, or as a reminder of the merits of one of the participants, as illustrated in Maurelle's factitious atlas. Without doubt the pilots are the base on which the carthographic activity of the area depended until the arrival of the Malaspina expedition, especially with regard to the drawing up of ports. As Tolfino states, when consulted in 1773 during the organization of the Bodega y Cuadra expedition:

To draw up the plans of the coasts of the ports, and so on, a graded semicircle is required with a one foot radius and a plancheta, the sort of instruments which will only suffice to survey and map a short coast. But if the task were the discovery of vast coasts of which charts must be drawn for the government at a later stage, exact observations of longitude and latitude of its main points are required and for these astronomic instruments are required, such as an astronomic pendulum, a two and a half foot radius quadrant and two telescopes with a 24 inch focus; and in this case it would be very convenient that the appointed officers spent a period of three or four months in our Academy and Observatory where theycwould practice in the field of Astronomy and in the use of instruments.

The charts drawn without systematic astronomic observation of latitude and longitude are called "reduced charts" and they were carried out averaging the different measurements made by the participants in the expedition. Only the Malaspina expedition carried out charts with the Mercator system based on astronomic observation, these were called "sphere charts".

The first charts are made with reference to the Tenerife or Cadiz meridian simultaneously with that of Paris. Later on they refer to the San Lucas Cape meridian, then related to the San Blas meridian, and rarely to the Nootka meridian, where the Malaspina officers established an observatory.

It must be stressed that from the first expedition by Juan Perez in 1774, which did not produce direct carthography until the 1793 data of the expedition by Eliza and Martínez Zayas, nineteen years went by in which all the Northwest coast of America from San Blas to 61° latitude N was explored and mapped. During those years the charts evolved both in quantity and quality until highly satisfactory results were reached in the more scientific expeditions of this period, the charts of which were rapidly published: Those of the Sutil and Mexicana in 1792 wee shown in complete form; those of the Malaspina expedition only partially.

The catalogue has been organized by chronological order and where possible by expeditions; the plans of the ports have been annotated first and then those of the general charts. The carthographic card, necessarily concise for reasons of space, is headed by the year it was carried out, otherwise by the year in which the expedition that produced the chart took place; only when we do not know this data, have we opted for enclosing the data in square brackets. In the plans of the ports, the present day country follows, whereas this data has been omitted from the general charts, which very frequently cover a vast geographic area englobing Mexico, the U.S.A. and Canada. The third part of the heading is the name of the author which is enclosed in square brackets when it does not appear on the chart but its author is known through the corresponding log of the expedtion or any other source; when it is attributed to someone it is between question marks.

The body of the record is made up by the title, which is between square brackets when it is factitous or when it has been taken from the verse of the chart; followed by a physical description and height and width measurements in centimeters, together with a commentary on the map and finally catalogue number.

To identify charts with classification problems we have carefully followed Henry Wagner's work which we think fundamental, discovering that some of those in the Naval Museum are not therein, and thus stated. The charts which are Spanish copies of foreign ones, mainly English and which were a reference for the Spanish carthographers are grouped in final position.

We have not included the views of the coasts produced by the Malaspina expedition in the present catalogue because we doubt they are carthographic and have already been catalogued and made public in the excellent critical catalogue of the materials of this expedition.

See the catalog in the spanish texte, pp. 66-72.

Conclusion

The 124 charts that make up this catalogue, some of which we have more than one original, have not been made public until now, unless we include the Guillen account we have already mentioned,and never as a homogeneous group and assigned to the expedition that generated them. To value carthographically each expedition would not be possible in this work because a certain number of parameters would have to be considered with which we do not count on at the moment. Awaiting a conscientious appraisal as a result of a detailed study of the expeditions in the meantime we shall offer a few notes on the Spanish expeditions as a whole.

The expedition which produced most charts was obviously the Malaspina expedition which at the same time benefitted from the results of all the others.

The poorest results, taking into consideration the means with which they counted on, was the Sutil and Mexicana expedition, of which we conserve several draft copies and only two charts which. On the other hand, were finished later on by Felipe Bauza at the Hydrographic Department while the astronomic observations were calculated by Espinosa to be published in the edition on the schooner voyages.

The first Spanish expeditions to the Northwest coast were motivated by the Russian presence in Alaska. This stage ends with the Esteban Martínez expedition in 1789 and the beginning of the Nootka controversy with the English. It is dominated by the carthographic influence of Francisco de la Bodega y Caudra and Francisco Antonio Mourelle who during two joint expeditions, 1775 and 1779, generated a vast carthographic documentation and a methodology for the mapping which was the base subsequent mappings. The pilots' and officers' meetings took place to "estimate" the latitude of the places visited. In 1789 Bodega is appointed commander of the post in San Blans and in 1792 he was sent as Spanish comissioner to the Nootka conflict, until 1793 when he became ill and retired to Mexico where he died. From his post in San Blas he organized and drew the navigation logs and carthographies of all the exeditions. In this sense, we have to note the times in which he was consulted by viceroys and the charts he provided the Eliza (1790) and the Malaspina expeditions with.

On the other hand, after the war with the English, Maurelle was sent to Mexico as secretary to Revillagigedo, the viceroy, where he had the chance to organize and systematize all the expeditions in the Northwest and where the factitious atlas comes from, together with the 17 charts that appear in this catalogue.

The second stage of carthography on the Northwest coast is marked by the astronomy maps and sphere charts of the Malaspina expedition and those of the Sutil and Mexicana which the rest of the Spanish expeditions in the area used to make up their charts. Felipe Bauzá and José Espinosa y Tello are the main carthographers of both expeditions who not only drew up charts during the expedition but also finished and completed them in their post in the Hydrographic Department, not only those corresponding to the Malaspina expedition but also that of those of the Sutil and Mexicana.

Lastly the expeditions which were a real geographic discovery were those which carried out the exploration of the Juan de Fuca Strait, i.e., those of the Quimper, Eliza and Fidalgo. The charts of this last expedition, which were thought lost, can be found at the Naval Museum and are included in this catalogue.

See the notes in the spanish texte, p. 73